中原作家群年谱丛书

徐洪军　主编

徐洪军　著

年谱

郑州大学出版社

图书在版编目（CIP）数据

田中禾年谱／徐洪军著. -- 郑州：郑州大学出版社，2024.6
（中原作家群年谱丛书／徐洪军主编）
ISBN 978-7-5645-9983-6

Ⅰ. ①田…　Ⅱ. ①徐…　Ⅲ. ①田中禾 - 年谱　Ⅳ. ①K825.6

中国国家版本馆 CIP 数据核字（2023）第 201691 号

田中禾年谱
TIAN ZHONGHE NIANPU

策划编辑	李勇军	封面设计	孙文恒
责任编辑	刘晓晓	版式设计	孙文恒
责任校对	孙精精	责任监制	李瑞卿

出版发行	郑州大学出版社（http://www.zzup.cn）
地　　址	郑州市大学路 40 号（450052）
出 版 人	孙保营
发行电话	0371-66966070
经　　销	全国新华书店
印　　刷	河南瑞之光印刷股份有限公司
开　　本	890 mm×1 240 mm　1／32
印　　张	14.375
字　　数	307 千字
版　　次	2024 年 6 月第 1 版
印　　次	2024 年 6 月第 1 次印刷

书　　号	ISBN 978-7-5645-9983-6	定　价	68.00 元

"中原作家群年谱丛书"总序

程光炜

2011年秋冬之际，我到常熟理工学院林建法、丁晓原二位先生刚创办不久的《东吴学术》杂志做客。其间与建法先生谈起，能否在该刊开辟一个"当代作家年谱"栏目。一年后，在人大文学院再次跟他聊起此事，不承想，这个原本遥不可及的目标，已在他手里实现。如果我没记错，"中原作家群年谱丛书"的个别年谱的"简编"，就曾经刊载于这家杂志。但我不知道，这套年谱丛书的策划起意，是否与这件事情有关。

在当代文学史上活跃着一大批河南籍或者长期在河南生活、工作的作家，他们中的一些人已经在中国文坛上产生了重要影响，如姚雪垠、魏巍、李準、李季、白桦、张一弓、二月河、周大新、李佩甫、刘震云、李洱等。对于当代文学中的河南籍或者长期在河南生活、工作的作家来说，这套"中原作家群年谱丛书"对于他们生平事迹、生活道路、创作情况的介绍，对于他们不再以作品"制造者"，同时作为写作了这些故事的作者的"生活史"，出现在研究者和广大读者的视野中，是有很大的意义的。据我粗陋的印象，此前这些作家中的有些人，不仅从无一本"研究资料"，更谈不上"年谱"；所以，我想"中原作家群年谱丛书"的问世，对于河南当代文学研究，对于中国当代文学研究，切实提供了一批难能可贵的基础性的文献材料。

在文学批评之后，与文学史研究同步开展的作家传记、年谱和其他材料的整理，在近些年越来越受到当代文学研究界的注意，相关研讨会也此起彼伏。但是作为将这些工作进一步细化、深入化的年谱整理及研究，则是一项更为寂寞、艰苦和长期的基础性研究。由此可见本套丛书所经历的过程，作者所付出的努力，以及从初稿、统稿到出版的日日夜夜。

此前，信阳师范大学文学院就已经组织出版了两辑共 23 卷的"中原作家群研究资料丛刊"，现在又推出这套"中原作家群年谱丛书"，可以看出他们对中原作家群研究的逐步深入，这是特别值得肯定的地方，也借此机会向他们表示祝贺。

2023 年 11 月 3 日记于北京

目　录

contents

1989 年　49 岁／146

1990 年　50 岁／152

1991 年　51 岁／158

1992 年　52 岁／167

1993 年　53 岁／175

1994 年　54 岁／183

1995 年　55 岁／189

1996 年　56 岁／196

1997 年　57 岁／203

1998 年　58 岁／214

1999 年　59 岁／224

2000 年　60 岁／230

2001 年　61 岁／240

2002 年　62 岁／250

2003 年　63 岁／255

2004 年　64 岁／259

2005 年　65 岁／263

2006 年　66 岁／266

2007 年　67 岁／271

2008 年　68 岁／276

2009 年　69 岁／281

2010 年　70 岁／286

2011 年　71 岁／297

凡例

一、在中国当代文学史，尤其是新时期文学史上，河南作家占有十分重要的地位。从 1906 年出生的著名诗人苏金伞，到 1994 年出生的知名作家小托夫，在中国文坛上产生过较大影响的河南作家有近 40 位。在十一届茅盾文学奖 53 位获奖作家中，河南作家占了 10 位。为了总结当代河南文学的实绩，为此后的当代河南文学研究奠定基础，我们编著了这套"中原作家群年谱丛书"。

二、本丛书之谱主均为河南作家。其判断标准是，该作家或出生于河南——这种情况在本丛书中占绝大多数，或长期在河南工作、生活，主要作品在河南创作发表——如二月河，或在文化血缘上与河南有着十分密切的关系——如宗璞。

三、每位作家编著年谱一册，以呈现该作家的文学活动为重点，兼及中国文坛、河南文坛的相关问题。

四、每册年谱一般包括作家小传、年谱正文、参考资料、附录、后记等五部分。

五、年谱正文一般包括本年度大事记、作家活动、作家研究相关文献。

六、年度大事记选取该年度与作家生活、创作有关联、有影响的，或者对中国文学有较大影响的事件录入。全国社会生活、文学活动资料很多，从严录入；河南省文学活动资料整理有限，尽可能详细；各位作家出生、求学、工作、生活地域的资料依据不同作家灵活处理。

七、作家活动。

1. 作家年龄使用虚岁，即出生当年为一岁，以此类推。

2. 引用文献和人物介绍均使用脚注。

3. 正文中如有需要解释说明的内容，则不使用脚注，而用"按"；如有多条按语，则用"按一""按二"标识。每个作家的具体内容由编者人灵活处理。

4. 为了更为直观地呈现作家的文学活动，一般在年谱相应位置插入一些图片。这些图片主要包括作家及相关人物照片、作品发表期刊照片、作品版本照片、作家参与活动照片、重要地标照片等。

5. 如有可以直接引用的文献，一般原文引用，以显示"无一字无出处"；如需要引用的文字太多、太长，则由笔者概述。直接引用文献包括两类，一类是公开发表文献，将注明出处；作家日记、书信等一手文献原文，引用次数较多的，可以不用——标明。

八、研究文献。

1. 一般研究文献只列作者、题目、报刊、出版年月等信息，如果该文献比较重要，则视情况概述该文献主要观点。

2. 研究文献归属年份：一般作品的研究文献，放到该文献发表年份表述；重要作品的研究文献，为方便读者了解该作品的研究现状，一般在该作品发表、出版年份将其所有研究文献集中展示。

九、附录的内容可以包括但不限于作家的创作年表、作家佚文或稀见作品文本、比较重要的作家访谈等。

田中禾小传

田中禾，原名张其华，原籍河南省唐河县大张庄。自田中禾父亲张福祥起，定居县城牌坊街。1941年2月5日，日军攻占唐河县城，田中禾出生于城北李棚村。

在唐河县城，田中禾读完了小学和初中。1957年，田中禾自唐河第一中学高中部转学至河南第一工农速成中学（今郑州市第七中学）。在这里，他借助河南省图书馆阅读了大量文学作品，为以后的文学道路打下了坚实的基础。高二暑假，在唐河老家，田中禾遇到一位因生病而迷信神药的伯母。以此事为原型，他创作了长篇童话叙事诗《仙丹花》并投稿给《奔流》。因篇幅太长，编辑丁琳将该诗推荐给了河南人民出版社并顺利出版。这首长诗的出版给田中禾文学创作的梦想插上了有力的翅膀。

受二哥政治问题影响，田中禾虽成绩优异，依然未能考入理想的大学，最终被1958年才刚组建的兰州艺术学院录取。因对教学内容不满，正在读大三的田中禾不顾老师、同学劝阻，毅然选择退学。或许因为大学生活不够理想，田中禾的文学创作几乎从未涉及这一领域，只有一篇散文《关外洋芋》可以看到其大学生活的一些侧面。

自兰州大学（1962年兰州艺术学院中文系重回兰州大学）退学到郑州郊区参加农业劳动开始，田中禾开始了他为期二十年的艰难岁月。在郑州郊区时期，因得罪生产队队长而无法在当地继续生活，田中禾带着妻小离开郑州到信阳投奔姐姐。信阳六里棚的生活大概是田中禾一生中最不愿回忆的一段时光，以至于多年以后，即便到信阳出差，他也不愿再回到当年生活的地方。当信阳也不能为一家人提供必要的庇护时，田中禾最终回到了唐河老家。此时正赶上城镇人口返乡高潮，大量城镇人口到农村定居。在此背景下，田中禾一家无法回到县城，只能居住在老家大张庄一个堂侄的厨房中。从这时候开始，直到1981年平反后到唐河县文化馆工作，为了一家人的生计，田中禾长期在河南、湖北流浪，靠画毛主席像、写毛主席语录、推煤、烧锅炉、跟剧团拉琴、办街道小印刷厂谋生。

在唐河县文化馆工作期间，尤其是担任馆长之后，田中禾为唐河县的文化事业做出了很多实实在在的工作。通过各种措施，他解决了文化馆的经济压力。通过敞开办理借书证，增加了图书室的图书，满足了县城读书人的需求。田中禾清理、盘点、收集了唐河县的大量文物，多方争取经费，修葺了"唐河县的标志"——泗洲塔。这些工作既活跃了全县的文化氛围，提升了人民的文化素养，也为文物的保护提供了切实的保障。

平反伊始，田中禾就恢复了文学创作。1981 年 9 月 10 日在《人民日报》发表了诗歌《鲁迅的眼睛》，1983 年 7 月在《当代》发表了短篇小说《月亮走，我也走》，1985 年 1 月在《上海文学》发表了短篇小说《槐影》，1985 年 5 月在《山西文学》发表了短篇小说《五月》。1988 年，《五月》获得第八届（1985—1986）全国优秀短篇小说奖第一名。短短几年，田中禾不仅恢复了业已中断了二十年的文学创作，而且一下子就站在了全国读者的面前。从 19 岁出版叙事长诗《仙丹花》和 20 世纪 80 年代前期恢复创作并短时间内达到一个常人难以企及的高度这两点看，我们不得不承认，田中禾天生就是一个优秀的作家。

1987 年，田中禾被调入河南省文联从事专业创作，并先后担任河南省作家协会副主席、主席等领导职务。20 世纪 80 年代后期至 90 年代末是田中禾中短篇小说创作的高峰期。十余年间，他先后在《人民文学》《上海文学》《当代》《收获》《十月》等文学名刊发表中篇小说《最后一场秋雨》《明天的太阳》《枸桃树》《轰炸》《南风》《坟地》《草泽篇》以及短篇小说《落叶溪》系列等一大批作品。该时期唯一一部长篇最初以《城郭》为名在《花城》上发表，后以《匪首》为名由上海文艺出版社出版。这一时期，田中禾频繁在文学名刊上发表作品，创作风格也努力融入文坛流行的"新写实""新历史"文学思潮，但从其一生的创作历程看，他自己真正的文学家园和创作风格才刚露出历史地表。

自 1999 年起，田中禾似乎开始有意识地开垦独属于自己的文学领地。此后二十余年大概可以归入他文学创作的第三个时期。内容上，全力书写自己的故乡和亲人；艺术上，在追求结构新颖的同时坚守叙事的现实主义；体裁上，成就最大的当然是晚年的三部长篇小说——《父亲和她们》《十七岁》《模糊》。这些作品出版以后在文学界引起了广泛而持久的反响，或许，在将来的文学史上，它们，连同《落叶溪》，会被视为田中禾的代表性作品。

2023 年 7 月 25 日，因感染新冠病毒引发基础疾病，田中禾在郑州去世。生前意愿："不举行任何告别、悼念仪式，不举办任何纪念会、追思会，不发讣告。"

按：泗洲塔，从塔下的石碑介绍看，准确的名字应该是泗洲寺塔，但在很多文献中都被习惯性地叫作泗洲塔，本年谱也使用这种习惯性用法。另，有些文献将该塔的名字写作"泗州塔"，是错误的。

1941年　1岁

1月27日，农历正月初一，唐河县民众组织民车200辆为国民革命军运粮，在源潭镇遭日军轰炸，死伤民众100余人、牲畜200余头。

2月5日，日军占领唐河县城。7日，日军向信阳方向撤退。

是年秋，唐河大旱，秋禾大部分枯死。

按：本年谱大事记中有关唐河县历史的内容，均来源于《唐河县志》（中州古籍出版社1993年版）。

田中禾，原名张其华，1941年2月5日（农历辛巳年正月初十）清晨唐河县城被日军攻陷时，出生于唐河县北部"一个偏远的小村，当地人叫它列棚，后来才知道它叫李棚。日本人和二十九军正在为争夺县城激战，父亲带着全家逃亡到这座几户人家的小村，寄住在一个贩卖山货的朋友家中。我出生在蛇年正月初十。这一天是石神的生日，按规矩乡下人要在石磙、石碾、石臼、石槽旁摆上供品，点化香裱，插上几炷香。各家各户烙薄饼、卷菜，叫作十烙，暗含'实落'的意思，祝祷新的一年五谷丰登，日子富足，家有节余。和石头共一个生日，我从小就觉得自己很坚硬，常和邻居的孩子比试，和他们碰头，在牌坊街所向无敌"①。

田中禾祖居唐河县城东三里文峰塔下大张庄（侉子营）。曾祖父张凤吾是唐河县最后一次乡试的秀才。关于这一点，田中禾在《十七岁》等自传体小说中曾不止一次提到，但是这个颇可以引以为豪的书香文脉在田中禾父亲那里似乎并未得到传承。"父亲最先觉悟，他不再如祖父那样留恋'之乎者也'，他去向

2001 年与大哥张其俊（右）在老家大张庄

① 田中禾：《十七岁》，花城出版社，2022，第18—19页。

一个大字不识的远亲学手艺，及早成为牌坊街的灯笼匠，变为县城的市民。"① 在唐河县城牌坊街办起了"永聚祥"铁器杂货店。

按一：田中禾的出生日期是笔者向田中禾本人确认的。在一些官方介绍及履历表中，田中禾的出生日期均显示为1941年12月15日。据田中禾介绍，该错误的出现是由于当年统计户口的两个年轻工作人员的工作疏忽造成的。等田中禾发现这个错误要求更改时，却发现更改户口信息并非想象中那么容易。因为不是特别紧要的错误，田中禾索性将错就错，一直沿用下来。

按二：根据笔者2016年8月对田中禾的一次电话采访，《十七岁》关于唐河人敬拜石神风俗的描写完全属于写实的内容。田中禾的书斋取名"同石斋"大概就和他出生的日期及其家乡的风俗有关。另，田中禾有散文随笔集《同石斋札记》四卷，大象出版社于2019年11月出版。

按三：查唐河县地图，田中禾老家村庄的正式地名是"大张庄"，现已融入唐河县城。在唐河火车站北侧，有大张庄花园小区、大张庄腾龙小区、大张庄高庄小区。"侉子营"这一说法的来历，从《十七岁》这篇小说可以略知一二。"在我从小长大的过程中，老家经常诱发着我的想象。我想象着在很早很早的从前，有一帮灾民，担着担子，推着手推车，携家带小，从遥远的北方来到这座县城。他们走出南门，越过城河，走过一座

---

① 田中禾：《十七岁》，花城出版社，2022，第5页。

石碑搭起的小桥。向东望去，一道丘陵的影子隆起在东方天宇，丘陵上耸立着一座九层砖塔。沿着长满野草的土路走上冈坡，脚下是一片沟壑隔断的荒野。这些外乡人在这外乡的荒坡里住下来，盖起房屋，种下树木，打下水井，搭起鸡舍、牛棚。文峰塔下有了炊烟，有了呼儿唤女的声音。他们操着和本地人不同的口音，在周围庄园里干活。人们把这地方叫作'侉子营'。也许这些被当地人称为侉子的人就是我的先祖，也许在某一次变迁中，我的先祖从侉子们手中把这座庄园变成了自己的产业。"①

按四：在《外祖父的棺材和外祖母的驴子》这篇作品中，称呼张凤吾时，田中禾使用的词汇不是"曾祖父"，而是河南方言"老爷"（田中禾：《故园一棵树》，海燕出版社2001年版，第46页）。在这里，"爷"字不读轻声，老爷（lǎoyé）即曾祖父。在江苏文艺出版社2011年版《十七岁》中，"老爷"被误改为"姥爷"。"姥爷"是外祖父，与河南方言"老爷"完全不是一回事。这一错误在花城出版社2022年版《十七岁》中被改正了过来。

按五：张凤吾之所以成为唐河县最后一次乡试的秀才，主要是因为唐河县近代史上一次有名的农民暴动。1900年春，在义和团运动的影响下，唐河县东王集乡罗庄村人罗正杰组织齐心会，率众捣毁城关老君庙街天主教堂，城南常庄教堂也被当

---

① 田中禾：《十七岁》，花城出版社，2022，第3页。

地民众捣毁。1901 年，暴动失败后，清政府强令唐河县按户摊派，赔偿教会损失款银 2.7 万两，重建教堂一座，停止唐河县文、武科举考试五年。① 1905 年，清政府宣布废除科举考试。这样，1900 年之后，唐河县再也没有人参加过科举考试。所以，在田中禾的叙述中："这桩发生在光绪年间的公案，断送了我老爷的前程，影响到张家的门楣。一个耕读持家的家族，从此心灰意冷，'读书还有啥用啊'？"②

按六：牌坊街现为唐河县城新民路。

"我一直觉得自己是个幸运的人。上帝把我造就在一个历史悠久的小县城，生在一个不富贵也不贫穷的小商人家庭，让我有一个智慧而坚强的母亲，两位具有文学天赋和浪漫性情的哥哥。"③ "小城故事多，县城是乡村与都市文化交汇的地方，是人性表演的很好的舞台。生在小商人家庭，从小在柜台边长大，看来来往往各种人的行状，听市井里各种各样的传说故事。我的很多小说都来自母亲的讲述，来自街坊邻里、店铺伙计们留在我童年里的记忆。家乡县城给了我丰富的文学资源。"④

唐河县位于河南省西南部，南阳市东部，南与湖北省交界，有着悠久的文明历史和丰富的文化积淀，诞生了著名哲学家冯

---

① 唐河县地方史志编纂委员会编《唐河县志》，中州古籍出版社，1993，第 24 页。

② 田中禾：《十七岁》，花城出版社，2022，第 5 页。

③ 田中禾：《因文学而幸福（代序）》，载《明天的太阳》，河南人民出版社，2014，第 1 页。

④ 苗梅玲、田中禾：《在文本现场自由行走——田中禾访谈录》，《东京文学》2012 年 3 月刊。

友兰、地质学家冯景兰、文学家冯沅君、诗人李季等诸多历史文化名人。活跃在该县城乡的汉剧、曲剧、豫剧、越调、鼓词等传统民间文化艺术给了田中禾丰富的文化营养和艺术熏陶。

1943 年 3 岁

　　大姐张书桂去世。生前，张书桂大概留下了一张少年时代的照片。"那是一个十五六岁的女孩，剪发齐耳，面颊丰润，眼睛奕奕有神，一副善良、温存、娇气十足的表情。"① 她去世时是一个十七岁的风华正茂的女校高才生，性格乖戾而执拗，因对婚事不满早年夭亡。"'她是因为婚事不如意抑郁成病的。'母亲向我追忆这位从未见过的大姐的志向、才情、乖戾和执拗，'是她把你爹叫走了。你爹是她的老奴才，没有他，她在黄泉里没人照应。'"② "在我从小长大的过程中，大姐只是我家坟地边缘的一个土丘。她独处于一块庄稼地的路埂边，与祖父、祖母和父辈们的坟茔相隔几垄土地。按照风俗，早夭的未成年人不能进入家族墓地，大姐成为父辈身边与大人遥遥相望的永远的孩子，一个有别于成人的小小的坟墓。"③

　　① 田中禾：《十七岁》，花城出版社，2022，第 52 页。
　　② 田中禾：《梦中的妈妈》，载《故园一棵树》，海燕出版社，2001，第 15 页。
　　③ 田中禾：《十七岁》，花城出版社，2022，第 52 页。

按一：田中禾大姐去世的时间是笔者将年谱校样发给田中禾审定时，他专门订正的。在《十七岁》中，田中禾说："她是我出生后第二年离开人世的。"① 不确。

按二：张书桂去世时"十七岁"的说法指的是周岁。按本年谱计算方法，张书桂去世时当为十八岁。因田中禾在不少作品中都说大姐十七岁去世，故本年谱尊重作者说法，不作更改。另，本年谱引用田中禾作品时，除特殊说明外，年龄均为周岁，与本年谱计算方法不同。在《十七岁》中，田中禾说："我大姐出生在虎年，她选择了学生们上街游行的时刻。"② 1926 年为农历虎年。这年 4 月，"为纪念'五卅惨案'一周年，河南青年协社唐河分社组织青年集会游行，反对帝国主义，销毁日货，冲进县政府砸了百货厘金局。后被军警驱散"③。这一史实，也与小说的描述相印证。

按三：《十七岁》中田中禾描述张书桂的神态时说："最令父亲骄傲的是我的大姐，她已经长成牌坊街出众的女孩。朝阳初升的时分，街两边的店铺刚刚打开栅板门，店里的人都会看到'永聚祥'的大小姐身穿童子军服，头戴宽边遮阳帽，肩挎雅致的书包，从西城门里的家中走出来，走过大牌坊，穿过长长的大街，到黉学对面的女子学校去读书。那走路的身姿和目

---

① 田中禾：《十七岁》，花城出版社，2022，第 54 页。
② 田中禾：《十七岁》，花城出版社，2022，第 9 页。
③ 唐河县地方史志编纂委员会编《唐河县志》，中州古籍出版社，1993，第 29 页。

不侧视的神气，一副盛气凌人的样子。"①

田中禾父母共生养子女五人：长女张书桂生于1926年，十七岁去世。其故事主要出现在《十七岁》中的《十七岁的杂货店小姐》一章。

次女张书雯生于1930年，在堂姊妹中排行第六，被田中禾习惯性地喊为"六姐"，其青少年时期的故事主要出现在《十七岁》中的《六姑娘十七岁》一章。

六姐张书雯

按：小说《十七岁》在描述六姐出生时的历史环境时提到"红二十六军路过县城的故事"②。根据《唐河县志》，这一年在唐河县短暂驻扎的并不是"红二十六军"，而是"中国工农红军第9军26师"，而且也并非仅仅"路过"，而是在毕店镇建立了苏维埃政府。③

长子张其俊（乳名长流）生于1931年。"我大哥来到世上不久，崔二蛋的杆子打进县城，在城里驻扎了十几天。土匪过后，城里瘟疫流行，死了很多人。"④ "在我从小长大的过程中，

①　田中禾：《十七岁》，花城出版社，2022，第11页。
②　田中禾：《十七岁》，花城出版社，2022，第10页。
③　唐河县地方史志编纂委员会编《唐河县志》，中州古籍出版社，1993，第31页。
④　田中禾：《十七岁》，花城出版社，2022，第10页。

2016 年与大哥张其俊（左）

大哥一直是我崇拜的偶像。当我以蒙童初开的眼睛看他的时候，他是临泉高中的高材生。在我眼里，他是那样风流倜傥，博学多才。当他的同学到家里来时，他们兴致勃勃，谈天说地，彻夜不眠，让我既羡慕又敬仰。当大哥吹箫的时候，那优雅的神态、幽咽的曲调深深感染了我，把一个少年的朦胧情怀带入遥远的遐想之中。"① "我的爱好和个性受他影响极大，差不多是他一手造就，……他以十二分的疼怜悉心地培养着我，给我买了很多书，订杂志，从《中国儿童》到《中学生》。"② 大哥"是我的文学启蒙者，他影响了我和二哥"③。甚至田中禾在创作短篇小说《老堆二伯》时，曾完整地使用过大哥笔记本上的一个细节："天黑下来。村路上传来呱呱的咳嗽声。老堆二伯抽着烟，烟袋上飘出的

---

① 田中禾：《浪漫是人生的翅膀——读〈长流诗钞〉》，载《同石斋札记·花儿与少年》，大象出版社，2019，第 319 页。

② 田中禾：《梦中的妈妈》，载《故园一棵树》，海燕出版社，2001，第 15—16 页。

③ 田中禾：《因文学而幸福（代序）》，载《明天的太阳》，河南人民出版社，2014，第 1 页。

火星在风里飞舞。"① 大哥的故事主要出现在《十七岁》中的《少年远行》和《鼠年的疮疤》两章。

按一：在花城出版社2022年版《十七岁》中，"大哥"的名字叫"书勋"。

按二："长流是我大哥其俊的乳名。长流、长安（二哥其瑞）、长林，这名字早已没人叫了，却象征着母亲与相依相伴的三兄弟的挚爱，深藏着童年的幸福记忆。"②

按三：田中禾对大哥出生时唐河县城的描述可以在《唐河县志》中得到印证。"（1931年）4月，杆匪崔二旦占据县城18天，四处抢劫、拉票。第20路军75师旅长韩文英率部进攻县城，经过激战，崔匪带肉票1000余人逃窜。""7月，瘟疫、伤寒流行，死人很多。"③

按四：关于"崔二旦"的名字，田中禾小说《十七岁》与《唐河县志》写法不同。本年谱尊重原著，不作更改。一个土匪，名字到底怎么写，恐怕他自己也说不清楚。

次子张其瑞（乳名长安）生于1934年。"他降生在狗年九月九日"④，毕业于西安公路运输学校，是新中国培养的第一批

---

① 田中禾：《浪漫是人生的翅膀——读〈长流诗钞〉》，载《同石斋札记·花儿与少年》，大象出版社，2019，第320页。

② 田中禾：《浪漫是人生的翅膀——读〈长流诗钞〉》，载《同石斋札记·花儿与少年》，大象出版社，2019，第318页。

③ 唐河县地方史志编纂委员会编《唐河县志》，中州古籍出版社，1993，第32页。

④ 田中禾：《十七岁》，花城出版社，2022，第10页。1934年为农历狗年。

1952年张其瑞自新疆给田中禾邮寄的照片

专科毕业生。毕业后被分配到成立不久的新疆维吾尔自治区交通厅。因爱好文学，参加文学活动，组织了一个文学社，崇拜路翎、绿原，在"反胡风运动"中被批判，从乌鲁木齐被调到乌苏新疆第三汽车运输公司。1957年鸣放时，他贴大字报，为自己在肃反中受到的审查处理向领导提意见，遭到反击后，又因态度不好被划为右派，送到兵团劳动教养，在那里劳动了大半生。"沿巴楚、泽普、叶城、和田、且末，绕着塔克拉玛干大沙漠修公路、铁路，直到1979年被平反，重回三公司。"① 平反时已年近半百，患了被迫害狂的妄想症，不能融入正常社会。1992年悒郁而终，享年58岁。张其瑞对田中禾影响很大，不仅对他文学道路的选择具有重要启蒙作用，其右派身份也使田中禾不能如愿进入理想大学，而且其人生遭遇亦为田中禾反思那个特殊的年代提供了直接的历史经验和情感体验。张其瑞参加工作后，从遥远的边疆"寄给我整套的普希金和莱蒙托夫，而且全都用红蓝铅笔圈点过。在郑振铎校订的最优秀版本的《水浒全传》上题着'赠给未来的文学家小弟……'"②。

---

① 田中禾：《西行日记——岁月深处的寻找》，载《同石斋札记·花儿与少年》，大象出版社，2019，第258—259页。

② 田中禾：《梦中的妈妈》，载《故园一棵树》，海燕出版社，2001，第17页。

"受二哥右派的影响，我走入人生低谷，在社会底层漂泊。二哥的书成为我流浪生涯里的精神港湾，在艰难岁月里，给我的心灵以滋养和安慰。书上留下的红蓝铅笔圈画的印迹让我触摸到二哥的心迹，激发我对文学的向往和崇敬。其瑞二哥，是我的文学殉道者。他为文学牺牲了自己，成全了我。"① 1992 年 7 月，田中禾创作了具有纪念意义的

张其瑞在乌鲁木齐给哥哥张其俊邮寄的照片

《印象》，以小说笔法简单勾勒了二哥的三段婚恋、西安求学、在新疆的工作及磨难，还有他晚年的不幸。2015 年，以二哥的人生经历为背景的中篇小说《库尔喀拉之恋》发表于《大观·东京文学》2015 年 1 月上旬刊。这篇小说其实就是长篇小说《模糊》的一部分。2020 年 12 月，依然是以二哥为原型，反复书写二哥悲剧性命运的长篇小说《模糊》由花城出版社出版。

　　按：关于张其瑞大学的校名，田中禾在不同的作品中有不同的写法，有的地方写作"西安交通专科学校"，有的地方又写作"西安交通学院"。就此问题，笔者曾专门向田中禾先生咨询。2022 年 5 月 5 日，他通过微信回复说："张其瑞毕业的学校是'西安公路运输学校'，中专。此后经历升级、合并，据他的

---

　　① 田中禾：《因文学而幸福（代序）》，载《明天的太阳》，河南人民出版社，2014，第 1 页。

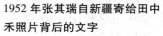
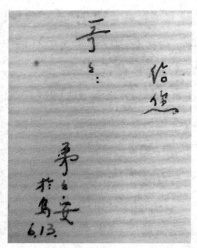

1952 年张其瑞自新疆寄给田中禾照片背后的文字

张其瑞在乌鲁木齐给哥哥张其俊照片背后的文字

一位同学说，现在他们的学籍保留在'西安公路学院'。前些年他通过同学复印了一份学籍花名册寄给我，容我有空时查找。"查西安公路学院相关资料得知，1951 年 4 月在兰州成立西北交通学校，1952 年学校东迁西安，更名为交通部西安汽车机械学校。1956 年国家筹建北京公路学院，1958 年北京公路学院筹委会与西安汽车机械学校合并组建西安公路学院，隶属交通部。1995 年学校更名为西安公路交通大学。2000 年 4 月 18 日，西安公路交通大学、西安工程学院、西北建筑工程学院三所部属院校合并组建长安大学。因此，张其瑞读大学时，学校的名字应该是"交通部西安汽车机械学校"。

三子张其华（乳名长林），即田中禾。

1944 年　4 岁

4 月，杆首傅老三等 3000 余人在唐河王集烧民房 300 余间，打死打伤民众数十人。

是年深秋　因为生意失败，父亲张福祥受到很大打击，不久因"温季肆疟"去世，享年 59 岁。

按：关于父亲的病，田中禾在《十七岁》中有过一段描述："'温季肆疟'，这夺去了我父亲生命的神秘的病名，令人闻而生畏，成为我从小铭刻于心的记忆。这个带着灰色阴影的词，我始终弄不清是哪几个字，也无法推断它出自哪部秘传典籍。……长大以后，听母亲讲，父亲临死时眼珠发黄，全身透出黄褐色斑块，我怀疑是不是急性黄疸型肝炎。如果真是这样明白确切的病，父亲病逝的神圣性就会消减，我最好别妄下推断，宁愿父亲害的是谁也不懂的神秘的'温季肆疟'。"①

---

① 田中禾：《十七岁》，花城出版社，2022，第 102 页。

1955 年田琴在唐河

张福祥生于 1886 年，有兄弟姐妹五人，排行老二，[1] 以编灯笼笊篱起家，最初在牌坊街摆摊，后来开起"永聚祥"杂货店。37 岁时由父亲做主，把年龄缩小 9 岁，由四弟代替自己到田家相亲，用一头驴子的代价与小他 18 岁的田琴结婚。

按一：张福祥的出生时间依据的是田中禾给笔者发来的《田中禾家庭概况》（未刊）。

按二：张福祥去世后，张家"店铺的字号由'永聚祥'改为'福盛长'"[2]。

按三：据《十七岁》中《1944 年的枣和谷子》一章提供的信息，田中禾父母结婚的时间为 1923 年，时年张福祥 37 周岁，田琴的出生时间应该是 1904 年，时年 19 周岁，张福祥比田琴大18 岁。在《田中禾家庭概况》中，田琴的生卒年被清楚地叙述为："生于 1903 年（癸卯兔年）农历十一月十五，卒于 1984 年3 月 9 日（甲子年二月初七）。"癸卯兔年农历十一月十五日换算成公历纪年应该是 1904 年 1 月 2 日。这个时间与《十七岁》

---

① 田中禾：《十七岁》，花城出版社，2022，第 78 页。
② 田中禾：《十七岁》，花城出版社，2022，第 106 页。

的表述是一致的。在田中禾 2017 年 12 月 30 日的日记中，其母亲的生日被表述为 1902 年农历十一月十五日，换算成公历纪年是 1902 年 12 月 14 日。如果田琴出生在 1902 年，属相应该是虎。按照中国人计算年龄的传统习惯，个人的属相一般不会出错。所以，田中禾 2017 年的日记应该有误。

按四：田琴的娘家原在唐河县城郊城拐角村。"'城拐角'和'侉子营'隔一条大路，冈上冈下相望，和文峰塔构成三角。两村的土地隔一条荒沟。"① 田琴的父亲田老庚是个木匠，在唐河县城南阁街开有磨房。1923 年，田琴的父亲去世，田母需要一头驴子。"外祖母有了一头驴，舅父、舅母就能继续开他们的磨房，继续卖蒸馍。我母亲为了换这头驴，嫁给了牌坊街的灯笼匠。"②

"我几乎记不得父亲。我只记得一具乌黑的庞大的棺材，被许多人抬上牛车，大哥肩上扛着一支白花花的很好看然而又很令人害怕的幡杆。我记得在我常常玩耍的小楼上大箩大箩地堆着油馍，吃得人人反胃。还有熏得呛不过气来的烧纸的浓烟，震耳的鞭炮声和人人头顶上缠着的白布。"③ "不知是出于我的记忆，还是来自母亲、姐姐和哥哥们谈话中的印象，父亲在我心中的形象是一个穿着宽大的袍子，身材高大，行动迟缓，正

---

① 田中禾：《十七岁》，花城出版社，2022，第 4 页。
② 田中禾：《十七岁》，花城出版社，2022，第 4 页。
③ 田中禾：《母亲三章·河的记忆》，载《故园一棵树》，海燕出版社，2001，第 3—4 页。

值盛年的男人。"① "父亲早逝，给我的童年打上了悲悯的烙印，使我对世界很敏感，多愁善感、悲天悯人成为我性格的底色。在全家人娇纵下长大，又形成了桀骜不驯、骄矜自若的个性。"②

---

① 田中禾：《十七岁》，花城出版社，2022，第 83 页。
② 苗梅玲、田中禾：《在文本现场自由行走——田中禾访谈录》，《东京文学》2012 年 3 月刊。

1947 年　7 岁

12 月 14 日，中原军区第 10 纵队第 28 旅解放唐河县城。19 日，28 旅撤离。

是年　入唐河县私立模范小学读书。该校是民国时期唐河县城最好的小学。田中禾在这里只读了半年，学校就在战火中解散。其后，田中禾一直在私人兴办的临时学校里流荡。

1948 年　8 岁

2 月，唐河县部分地区开展急性土地改革。

8 月下旬，唐河县开始剿匪反霸斗争，斗争中共活捉匪首
152 人、匪徒 858 人，611 名匪徒投诚，1261 名匪徒服法登记，
罪大恶极者被枪决。

按：据中州古籍出版社 1993 年版《唐河县志》，近代以来，
唐河县农民起义、农民暴动以及由此衍生出来的土匪杆首层出
不穷。1851 年，段庄村农民段四麻子响应捻军，率众起事。
1861 年，刘象功、杨恍树旗造反。1866 年，桐河寨民众捣毁当
地教堂，驱逐教徒。1900 年，罗庄村农民罗正杰率众捣毁唐河
县城老君庙街天主教堂。1909 年，宋庄村农民王振铎组织农民
暴动。1912 年杆首何天长、马四楼聚众抢劫杜坡村。1913 年，
杆首侯玉振率众抢劫汉龙潭。1914 年，杆首曹鸿玉率众抢劫马
庄村。1917 年，曹庄村民曹文德率众攻破城南马庄村，烧房数
十间，杀人五十余。1918 年，杆首王迎春在县城南起票（抓人
质，索取财物）、叫场（向某村或某户勒索财物）。1920 年，杆

首赵学诗率众三百余攻打祁仪镇。1922年，杆首宗万林率众攻破郑老庄寨，烧房数百间，打死烧死三百余人。1923年，杆首刘瑞卿、高宝胜率众千余人攻打黑龙镇、汉龙潭，烧杀抢掠。1925年，杆首吉蜚午率千余人攻克源潭镇，烧房千余间，杀人五百余。1926年，杆首马占元率众二百余攻克上屯镇。1928年，杆首王泰率众将源潭镇抢劫一空。1931年，杆首崔二旦占据县城十八天，四处抢劫、绑票。……田中禾长篇小说《匪首》或许就是以此为背景。

11月3日，中原野战军一部解放唐河县城，彻底结束了国民党在唐河县的统治。

12月下旬，桐柏区公安局在唐河县城关设禁烟办事处，后于1949年9月、1952年8月两次掀起全县禁烟高潮，吸食鸦片者基本绝迹。

按：田中禾的不少小说，尤其是《落叶溪》，都曾写到唐河县人吸食鸦片的情节，由此大体可以看出鸦片对当地人影响的深刻。

1949 年　9 岁

7 月 2—19 日，中华全国文学艺术工作者第一次代表大会（简称"文代会"）在北平（今北京）召开。

7 月 23 日，中华全国文学工作者协会成立大会在中法大学大礼堂举行。1953 年第二次文代会期间，中华全国文学艺术界联合会更名为中国文学艺术界联合会，中华全国文学工作者协会更名为中国作家协会。

7 月，唐河县举办为期一个月的小学教师讲习班，培养骨干教师。此后，小学教育在唐河县普遍展开。

8 月，唐河县立中学在竹林寺开办，1954 年 8 月增设高中班，更名为唐河第一中学。

9 月 25 日，《文艺报》正式创刊。

10 月 1 日，中华人民共和国中央人民政府成立。

10 月 25 日，《人民文学》创刊。

12 月 7—11 日，河南省文学艺术界联合会筹备委员会在开封市召开成立大会，大会推举岳明①为主任，赵悔深②、苏金伞③为副主任。

唐河县第一完全小学成立，田中禾在这里继续小学学业，直至毕业。小学五年级时，曾尝试以当年逃难回到县城，看到家中满院荒草为背景创作长篇小说，却只以这个场景写了开头，没能写出下文。

1950年在唐河县第一完全小学读书时的田中禾（这是田中禾生平第一张照片）

---

① 岳明，时任河南省委宣传部副部长。

② 赵悔深即李蕤。李蕤（1911—1998），男，原名赵悔深，河南荥阳人。1939年肄业于河南大学中文系。曾主编《河南文艺》和《翻身文艺》。1953年调武汉市，任中南文联、中南作协第一副主席，《长江文艺》副主编。

③ 苏金伞（1906—1997），男，原名苏鹤田，河南睢县人。河南省文联第一届委员会主要负责人。著有诗集《地层下》《窗外》《鹁鸪鸟》《入伍》《苏金伞诗选》等。

1950 年　10 岁

1 月 15 日，由河南省文联筹委会编辑出版的文艺半月刊《翻身文艺》创刊。这是一本"面向工农群众的地方性的通俗文艺刊物，以发表演唱材料为主，并适当地增加其他各种文艺创作，力求提高刊物的思想性艺术性，以适应国家建设的需要"①。

3 月 1 日，由河南省文联筹委会与开封市文联合办的《河南文艺》创刊。该刊物为月刊，16 开本，72 页。"它以知识分子、文学爱好者为读者对象，发表小说、诗、评论。"②

3 月 25 日，唐河县召开土地改革工作会议，学习土改的政策和方法。会后，土改工作在全县分批次展开。1951 年春，全县土改工作完成。

3 月，唐河县梆子剧团成立，1957 年更名为唐河县豫剧团。

---

① 《〈翻身文艺〉改变刊名启事》，载李允豹主编《河南新文学大系·史料卷》，河南大学出版社，1996，第 181 页。

② 钱继扬、丁琳：《从〈翻身文艺〉到〈奔流〉》，载李允豹主编《河南新文学大系·史料卷》，河南大学出版社，1996，第 191 页。

按：南阳宛梆、河南豫剧是田中禾十分熟悉的家乡剧种，他曾有不少文章专门讨论这些戏曲。

5月1日，由郑州市文联筹委会主办的纯文学期刊《郑州文艺》创刊。1952年下半年《郑州文艺》停刊。1954年7月《郑州文艺》改为内部资料性出版物《文艺学习》。1956年10月《文艺学习》停刊。1956年12月《郑州文艺》复刊，更名为《百草园》（由郭沫若题写刊名），仅出版一期，于1957年停刊。1958年5月再更名为《百花园》，1960年10月停刊。1974年1月以《郑州文艺》复刊，只出版一期，再次停刊。1978年1月恢复《郑州文艺》双月刊，由著名作家茅盾题写刊名。1981年第1期正式复名为《百花园》（由著名书法家费新我题写刊名）至今。

按一："《郑州文艺》的前身是《大众文艺》。《大众文艺》于三月一日创刊，在《郑州日报》上发表，每旬出刊一期，共出了四期。"①

按二：在《我和〈百花园〉》一文中，田中禾简要回忆了他和《百花园》之间的渊源。"读高中时，知道有份《百草园》杂志创刊……后来它更名为《百花园》，心里失落更深，草都不能做，更何况花？而且颇为因鲁迅美好童年的寄托而诗意盎然的好名字被改得俗艳而生出一丝愤慨。"1982年，《百花园》第4期、第5期接连发表了田中禾的第一篇小说《小县里的新闻人物》和第二篇小说《玉鸽》，"而且在目录上均被以黑体字排在

---

① 《〈郑州文艺〉创刊号编后记》，载李允豹主编《河南新文学大系·史料卷》，河南大学出版社，1996，第213页。

前两题。一个刊物接连两期发同一作者的稿子当时还属少见，《百花园》的气魄震动了文风极盛的南阳，田中禾的名字便第一次进入笔会的名单"。①

按三：文中时间依据《〈百花园〉70年大事记》。这里的有些时间与邢可《风雨〈百花园〉》中的信息有出入，可参看邢可文章（李允豹主编《河南新文学大系·史料卷》，河南大学出版社，1996年版，第218—219页）。

5月，唐河县开始宣传贯彻《婚姻法》，废除封建婚姻制度，进行婚姻登记，颁发统一的结婚、离婚证书。

按：在短篇小说集《落叶溪》、长篇小说《父亲和她们》《十七岁》等作品中，田中禾曾多次书写《婚姻法》的颁布对人物命运的影响。

7月，唐河县成立抗美援朝总会。12月，3860名青年报名参加抗美援朝志愿军。

按：在长篇小说《十七岁》中，"母亲"曾动员"六姐"和"姐夫"参加抗美援朝。

10月，镇压反革命运动在唐河县全县展开。至1951年，全县共镇压特务、反动军政官吏、地主、恶霸、土匪等800余人。

11月，为集中力量办好《翻身文艺》，《河南文艺》停刊。②

---

① 田中禾：《我和〈百花园〉》，载《同石斋札记·花儿与少年》，大象出版社，2019，第337—338页。

② 钱继扬、丁琳：《从〈翻身文艺〉到〈奔流〉》，载李允豹主编《河南新文学大系·史料卷》，河南大学出版社，1996，第191页。

1951 年　11 岁

5 月 23 日，西藏和平解放。10 月 26 日，人民解放军进藏部队进驻拉萨。

9 月 20—30 日，中共中央召开全国第一次互助合作会议，通过《关于农业生产互助合作的决议（草案）》。会后，农业生产互助合作运动开展起来。

是年　随母亲到郑州市找大哥张其俊，对郑州市有了最初的印象。"十岁时我曾跟随母亲到省城去过一趟。火车站的汽笛，德化街的灿烂灯火，大同路东头的青少年俱乐部，让我念念不忘。"①

按一：田中禾文中的时间为周岁，与本年谱计算方式不同。

按二：1954 年，河南省政府由开封迁往郑州，郑州市成为河南省省会。1951 年田中禾随母亲去郑州时，郑州还不是省会。

---

① 田中禾：《独自远行》，载《同石斋札记·花儿与少年》，大象出版社，2019，第 301 页。

1952 年　12 岁

12 月 14 日，唐河县人民政府成立扫盲工作委员会，下设办公室，开展扫盲运动。

按：大概就是在这次扫盲运动中，田中禾的母亲开始"识字"，有了自己的姓名，开始追求进步。新中国成立后，"她让儿女们都去参加革命，一个人继续过着孤苦的日子。后来不做生意了，让我给她买一本《妇女识字课本》教她读书。那课本黄草纸，印刷粗糙，但那内容挺新鲜。到了晚上，凑着煤油灯，母亲举着那本书，皱着眉头，一个字一个字跟我念，还把'张田氏'的名字改为'田琴'。从那以后母亲坚持每天记账，虽然写的字歪歪扭扭缺笔少画，但她记得很认真。在街道上当'代表'，风风雨雨地跑，甚至还写过一份入党申请书"①。

---

① 田中禾：《母亲三章·手帕兜着的一碗饭》，载《故园一棵树》，海燕出版社，2001，第 8 页。

1953 年　13 岁

7 月，从第十三本起，《翻身文艺》改名为《河南文艺》，办刊宗旨、刊期、篇幅均无变化。[①] "1955 年 11 月，因进行肃反运动，《河南文艺》停刊，1956 年 4 月 1 日复刊。……1957 年 1 月，《河南文艺》改名《奔流》，为月刊，16 开本，页码时有增减，一般稳定在 72 页。" "文革" 期间，《奔流》停刊。20 世纪 70 年代初期，《文艺作品选》创刊，后更名为《河南文艺》。[②] 1979 年 1 月，《奔流》复刊，《河南文艺》终刊。[③]

本年开始，我国开始实施第一个五年计划。

考入唐河县立中学读初中。此间，田中禾受到文学启蒙。"引

---

① 《〈翻身文艺〉改变刊名启事》，载李允豹主编《河南新文学大系·史料卷》，河南大学出版社，1996，第 181 页。

② 钱继扬、丁琳：《从〈翻身文艺〉到〈奔流〉》，载李允豹主编《河南新文学大系·史料卷》，河南大学出版社，1996，第 191 页。

③ 《〈奔流〉复刊启事》，载李允豹主编《河南新文学大系·史料卷》，河南大学出版社，1996，第 187 页。

2001 年与大哥张其俊（右）在唐河县立中学旧址合影

1953 年随母亲第一次去郑州
与大哥张其俊（右一）合影

1955 年唐河县立中学读初中
时的田中禾

导我走上文学道路的是我初中的老师杨玉森。她出身名门，是县城第一代新女性。她上语文课，不拘泥课时计划，经常一连几天给我们朗读小说。她赞赏我的文章，常把我的作文、周记拿到课堂上去读，在她的热情鼓励下，我开始给杂志投稿，直到有一天，出版了自己的书。"①

是年暑假　"十三岁"的田中禾"终于实现了自己的愿望"②，第一次独自远行到郑州市找大哥张其俊。在《独自远行》这篇散文中，田中禾详细回忆了当年的情形。

按：《独自远行》的回忆与提供的照片在内容上有冲突。前文照片下方"1953 年随母亲第一次去郑州与大哥张其俊合影"，是在给上海图书馆名人手稿馆数据库提供照片时田中禾本人书写的。

---

①　田中禾：《因文学而幸福（代序）》，载《明天的太阳》，河南人民出版社，2014，第 1 页。
②　田中禾：《独自远行》，载《同石斋札记·花儿与少年》，大象出版社，2019，第 301 页。

1956 年　16 岁

1 月 14—20 日，中共中央召开关于知识分子问题的会议。周恩来代表中共中央作《关于知识分子问题的报告》，充分肯定知识分子在社会主义建设中的作用，宣布知识分子的绝大部分已经是工人阶级的一部分。

1 月，唐河县肃清潜藏的反革命分子运动展开，运动中揭露和肃清了一批潜藏在干部职工中的反革命分子和坏分子，但也伤害了一部分干部。

1 月，唐河县共有 2053 户私人工商业店铺过渡为国营商业机构，或参加公私合营、合作商店。

5 月 2 日，毛泽东在最高国务会议第七次会议上正式提出"百花齐放、百家争鸣"的方针。

9 月 15—27 日，中国共产党第八次全国代表大会召开。宣告社会主义制度已经基本上建立。国内的主要矛盾，已经是人民对于建立先进的工业国的要求同落后的农业国的现实之间的矛盾，已经是人民对于经济文化迅速发展的需要同当前经济文化不能满足人民需要的状况之间的矛盾。

11 月 11—17 日，河南省第一次青年文学创作会议召开，到会代表 119 人。①

考入唐河第一中学高中部。此间，田中禾阅读了大量中外诗歌，其中，臧克家编选的《中国新诗选（1919—1949）》和袁水拍翻译的《五十朵蕃红花》激起了他对诗歌的爱好，影响巨大。同时，田中禾也创作了不少诗歌，甚至还为自己编了四本诗集，有《晨钟集》《晨钟续集》《晨钟三集》和《啼血集》，均未刊。

按：在与笔者沟通过程中，《五十朵蕃红花》的译者最初被田中禾误记为郭沫若，经笔者核实，应为袁水拍，遂改正。但在笔者将修改稿发给田中禾审订时，他又将袁水拍改为郭沫若，说是记忆若此。笔者再次核实为袁水拍后，与田中禾电话沟通，他才最终确定是记忆有误。笔者将该细节赘述于此，并非要说明自己如何严谨，而是想说记忆有时何其顽强，也想借此提醒研究作家回忆录的学者对回忆录的内容保持应有的警惕。

---

① 左翾：《造就文学新人 振兴河南文坛——我省召开第二次青年文学创作会议》，《河南作家通讯》1984 年第 4 期。

1957 年　17 岁

　　1 月 1 日，由洛阳市文联主办、以发表文学作品为主的综合性文学期刊《牡丹》创刊。由郭沫若题写刊名。创刊号问世后，即因"纸张供应不足，编辑力量薄弱，加以全国各地正纷纷精减刊物，故《牡丹》出版创刊号后就停刊了"。1958 年 6 月 1 日，《牡丹》第一次复刊。1960 年 10 月，因国民经济发生严重困难，《牡丹》再次停刊。1980 年 1 月，《牡丹》第二次复刊。①

　　1 月，由《河南文艺》改版的纯文学杂志《奔流》创刊。②

　　按：田中禾的处女作长诗《仙丹花》最初投稿给《奔流》，因太长，《奔流》无法发表，由编辑丁琳③推荐给河南人民出版社出版。由此，田中禾与《奔流》及其编辑丁琳结下了深厚友

　　① 李玉朝、韩晓玲执笔：《几番沧桑话〈牡丹〉》，载李允豹主编《河南新文学大系·史料卷》，河南大学出版社，1996，第 244—250 页。

　　② 南丁：《郑州工人第一新村·平房院之一》，载《经七路 34 号》，河南文艺出版社，2017，第 43 页。

　　③ 丁琳（1930—2004），男，河南新密人。曾任《奔流》编辑部诗歌组组长、评论组组长、副主编、主编，《散文选刊》主编，1987 年获得首届文学期刊优秀编辑奖。

谊。"1979年《奔流》复刊，我在故乡县城一个街道小厂里，写了一组诗寄给他，丁琳先生马上给我回信，鼓励我继续写作。后来我到了县文化馆，发表了《五月》，丁琳请我和乔典运①去，住在文联招待所写稿子。当年心目中崇拜的老师，以一副谦恭的态度殷勤地招待我，每天到楼上来看望，让我心下十分不安。此后，我的《春日》《椿谷谷》《娃娃川》都由《奔流》推出。《春日》获了那一届的'奔流奖'。"②

11月，唐河县整风反右派斗争开始，出现严重扩大化，至1958年斗争结束，共划右派884人。1962年进行甄别，为166人摘掉右派帽子。1978年，除4人外全部予以改正，因右派问题受牵连的家属也得到了安置。

转学至河南第一工农速成中学（今郑州市第七中学）。"郑州七中给了我一生中最丰富多彩、最爽朗快活的时光。……在那儿我不但很好地完成了学业，为一生的知识打下了坚实基础，而且参加了大炼钢铁、勤工俭学，在金水河边栽树，到人民公园挖湖，和筑路工人一起修大学路，冒着冬季的严寒去挖东风渠；在那儿，我还发表了自己的处女作，出版了第一本书。"③

---

① 乔典运（1930—1997），男，河南西峡人。曾任西峡县文联主席、河南省作协副主席。代表作有短篇小说《满票》《村魂》《笑语满场》等。
② 田中禾：《我和〈奔流〉》，载《同石斋札记·花儿与少年》，大象出版社，2019，第341页。
③ 田中禾：《为青春作序——序母校郑州七中同学作品集》，载《同石斋札记·花儿与少年》，大象出版社，2019，第311—312页。

按：据《郑州市第七中学校志（1950—2002）》，该校"1950年3月始建于开封。1952年10月学校迁至郑州文化区大铺，1953年更名为'河南第一工农速成学校'（简称'工中'）。1955年奉命停止招收工农干部和产业工人学员，并开始招收普通中学班……至1958年学校定名为郑州七中，学校各方面建设已初具规模"①。据此，田中禾入校读书时，校名当为"河南第一工农速成中学"。撰写《田中禾文学年谱》（《东吴学术》2017年第4期）时，笔者曾就此问题采访过田中禾先生，他当时提供的校名是"河南省第一工农中学"。在修订《田中禾年谱》时，笔者在查找了郑州市第七中学的相关信息后，于2022年5月5日通过微信再次向田中禾先生请教。他的回复是："你查阅的郑州七中校史是正确的。"并提供了他当年转学的具体信息："这所学校原为部队转业干部设立，迁入郑州开始招收普通学生。建筑、设施高档，远超当时的大专院校。我入学时，'工中'已招收了三届普通高初中毕业生，我是高二届甲班。当时我在唐河高中一年级读书。哥哥在郑州工作，暑假让我去郑州玩。我独自逛郑州新建的北部城区，新修的马路，新建的楼房，新盖的机关，马路边的树木花草，非常新奇。看到这所学校，楼房崭新、漂亮，校园美丽、整洁，走进去看，教室的设施让我惊奇。教学楼外布告栏里贴了一张招收插班生的布告（上世纪六十年代之前，各学校都有招收插班生的习惯。假期期

---

① 郑州市第七中学校志编纂委员会编《郑州市第七中学校志（1950—2002）》，内部交流资料，2004，第2页。

间，根据各班休退学缺员情况，补招外校转入学生插入班级），让我大感兴奋，跑到教导处，找到一位老师，问了情况，报了名，隔两天按时去参加考试，投考的有一二十人，录取了三名，编入高二甲班，分配了宿舍，暑假开学转学，迁户口，住校。非常简单。"

此间，田中禾阅读了印度史诗《沙恭达罗》。该书对田中禾的文学观念和文学创作产生了很大影响。"《沙恭达罗》使我明白了什么是诗，明白了什么是文学的魅力，我于是告别了曾经非常喜爱曾经非常崇拜的马雅可夫斯基和郭小川，整个暑假都沉浸在印度文学里。""迦梨陀娑和泰戈尔用诗歌为我打造了一艘诺亚方舟，使我在此后二十年的沉沦中不消沉、不气馁，保持着不息的热情。这是真善美的力量，人的激情与尊严的力量。"①

是年夏　田中禾系统阅读了莎士比亚的作品。"他的十四行诗让我一唱三叹，终生难忘。一口气读完《罗密欧与朱丽叶》《哈姆雷特》《奥瑟罗》《威尼斯商人》，诗与历史、故事与人生在语言的力量里被溶化为甘醇的美酒。"②

---

①　田中禾：《从〈沙恭达罗〉到〈第二十二条军规〉》，《世界文学》2001年第6期。

②　田中禾：《从〈沙恭达罗〉到〈第二十二条军规〉》，《世界文学》2001年第6期。

1958 年　18 岁

4 月 28 日，唐河县部分干部、职工、学生代表集会，欢送首批 122 名干部上山下乡或下工厂参加劳动。

8 月，唐河县在浮夸风中开展大搬家运动，建立卫生村，一些村庄一度实行房屋统一规划，男女分别集中住宿。绝大部分木制家具被食堂烧掉，厕所、粪坑被毁。唐河县因此被中央爱国卫生运动委员会授予"卫生先进县"荣誉称号。

9 月，唐河县建立常年农民食堂 4389 个，机关、学校、幼儿园、敬老院、妇产院食堂 995 个，全县人民全部入食堂就餐，吃饭不要钱。1961 年，农民食堂全部停办，其他食堂也相继停办。

9 月，在以钢为纲、全面跃进的"左"倾思想影响下，全民大办钢铁，林木大部分被毁，造成巨大损失。

按：在《十七岁》《父亲和她们》等小说中，田中禾多次写到家乡的大炼钢铁运动给民众带来的巨大影响。

是年暑假　回唐河老家，遇到一位堂伯母生病，前去看望。
"回到学校后，我眼前老晃动着伯母瘦削枯皱的脸，还有那只瓦
盆，泔水似的神药。不久，伯母去世了。到了寒假，我就构思
并写出长诗《仙丹花》。"①

---

　　①　田中禾：《花儿与少年以及春天》，载《故园一棵树》，海燕出版社，
2001，第 267 页。

1959 年　19 岁

7月2日至8月16日，中共中央在江西庐山先后召开政治局扩大会议和八届八中全会，"反右倾"斗争开始。

5月　长篇童话叙事诗《仙丹花》由河南人民出版社出版。

"这是一部童话诗，一千二百行。写一个少年徐全在村里瘟疫蔓延父母病逝后，决心寻找仙丹，为乡亲们治病。他靠着善良和勇敢，战胜风暴、严寒，战胜贪婪歹毒的恶人，取来仙丹花，使全村人恢复健康。这是一个美丽的幻想。"[①]

在一次采访中，田中禾回忆了这首诗的创作经历、自我评价以及创作诗歌的体会："《仙丹花》产生于'激情燃烧的岁月'。一个高中二年级学生，经历了'大跃进'，大炼钢铁，大办人民公社，一夜'跑步进入社会主义'，充满革命豪情，每天在黑板报上发表马雅可夫斯基式的阶梯诗。暑假回乡，被一个

---

①　田中禾：《花儿与少年以及春天》，载《故园一棵树》，海燕出版社，2001，第267页。

《仙丹花》封面

民间传说感动，写出这首童话诗，第二年'六一'出版，被选
入《河南（建国）十年儿童文学选》，参加了一个国际书展，
从此迷上文学。""那时的诗风是公众语言，现在的诗风是个人
语言。我偶尔私下模仿女儿张晓雪的诗写上一首，自感格格不
入，不得不老老实实写小说。所以我常说自己'写诗不成，改
写小说'。但还是比较喜欢读诗，在小说里追求意境、节奏、色
彩和感觉。喜欢的人说语言优美，不喜欢的人说过分追求纯粹。
没办法，一个人的语言就像他的个性，只能随心而为，顺乎自然吧。"①

按：《河南（建国）十年儿童文学选》的书名为田中禾误记，正确的书名是《河南十年儿童文学选（1949—1959）》。

关于该书的出版过程，田中禾回忆说："1959年春天，我还在郑州七中读书。寒假里写了一部童话长诗。开学后的一个星期天，我拿上诗稿到工人新村的省文联去。办公室里一个戴眼镜的人值班。他举止斯文，谈吐儒雅，面对一个十七八岁的高中生，像和蔼的师长一样用低沉的声音和我交谈，讨论诗歌，讲卞之琳，讲艾青，和我谈了两个小时。他叫丁琳，是《奔流》杂志的编委。一星期后，我接到河南人民出版社的信，说我的长诗太长，《奔流》无法发表，丁琳老师推荐给他们，他们已经读过，决定出版，要我到出版社去一趟。这年'六一'，这部诗出版了。它就是我的处女作《仙丹花》。"②

"十七岁的夏天，省会新华书店儿童读物门市部门口出现一则新书广告：'迎接"六一"儿童节新到童话长诗《仙丹花》　田中禾著　情节曲折　语言优美。'那时我刚刚高中毕业，正在等待大学的录取通知。我压抑着激动的心情走到柜台边，指着书架向年轻的女营业员说：'把那本书拿过来。'她拿下一本，我说：'要十五本。'她诧异地瞪着我。我很想告诉她，这本书是我写的，

---

① 舒晋瑜：《田中禾：没有人强迫给你的大脑植入芯片》，《中华读书报》2019年11月27日第18版。
② 田中禾：《我和〈奔流〉》，载《同石斋札记·花儿与少年》，大象出版社，2019，第340页。

我要多买几本赠送朋友。可是我只向她笑了笑。"[1]

按：按本年谱计算方法，是年作者 19 岁。

是年　在郑州七中读书。"在我即将从郑州七中毕业的时候，图书馆终于开放了。它那宽敞明亮的阅览室，种类齐全的报纸、杂志，舒适的座椅、书案，安静的环境，使我把所有的课余时光几乎全都给了它。"[2]

按一：从兰州大学退学回到郑州以后，田中禾把这里的图书作为自修完成大学高年级文学课程的主要资源。"图书馆的编目卡片成为我的导师。在卡片索引的帮助下，我以文学史为纲，以作家作品为对象，一个专题一个专题研读，写心得、作笔记、录卡片。一边读书，一边写作，在短短的两年中读完了大学高年级的课程，写了两部长诗、一部长篇小说的前半部。图书馆里外国文学的编目卡片凡能借到的，几乎全都借读了。两年后我离开了郑州。生活的动荡和时代的动荡使我再也没能找到这样好的读书条件。"[3]

按二：这里的"图书馆"指河南省图书馆。

是年　田中禾从郑州七中毕业，考取了 1958 年才刚组建的兰州艺术学院。在田中禾心目中，兰州艺术学院似乎并不理想，

①　田中禾：《一个孩子对一个老人的记忆》，载《同石斋札记·花儿与少年》，大象出版社，2019，第 326—327 页。
②　田中禾：《我的大学》，载《同石斋札记·花儿与少年》，大象出版社，2019，第 329 页。
③　田中禾：《我的大学》，载《同石斋札记·花儿与少年》，大象出版社，2019，第 331 页。

1959年郑州七中高中毕业时的田中禾

"心高气傲的我因为二哥的株连而未能升入理想的大学，头顶那片灿烂的天空一瞬间变得阴霾迷离"①。"春天的西北高原又干又冷，兰州的天，像一块冷冰冰的铅板，在我的记忆里留下永生难忘的印象。"②

按一：田中禾读高三时，河南第一工农速成中学更名为郑州市第七中学。

按二：1958年，兰州大学中文系、西北师范学院艺术系、甘肃省文化艺术干部学校合并组建兰州艺术学院。1962年，兰州艺术学院撤销，原兰州大学中文系重新并回兰州大学，美术系、音乐系并入甘肃师范大学（现西北师范大学）。田中禾的退学证由兰州大学签发，因此，在田中禾的官方介绍和履历表中，学历部分都填写为"兰州大学中文系肄业"。

有关大学期间的生活，田中禾交代不多。有一篇《关外洋芋》的散文回忆了他在兰州读书期间的饮食生活，为我们了解

---

① 田中禾：《从〈沙恭达罗〉到〈第二十二条军规〉》，《世界文学》2001年第6期。

② 田中禾：《青春之梦》，载《同石斋札记·花儿与少年》，大象出版社，2019，第248页。

他的大学生活提供了宝贵的资料。"在兰州大学读书期间正逢国民经济困难，大家的肚子经常饿，也就特别注重吃。陕西来的同学喜欢到五一广场附近吃酿皮子、饸饹。有钱的调干生（就是拿着工资来上学的干部）热衷酒泉路悦宾楼的小烤馍和旁边店里的酥油茶；星期日他们还会专门搭火车到西宁去吃一顿青海湖的黄鱼。甘肃同学到学校来，总会背一袋炒面。""据说他们的炒面里放了

1960 年兰州艺术学院读书时的田中禾

核桃仁、杏仁、桃仁，味道特别香，他们一冲炒面，满寝室都是香味，弄得人人无心看书，连头也不好意思抬。河南学生比较惨，既没钱，又没粮票。街上的饭店没粮票根本没法进。""有些同学饿得去买酱油精冲开水喝，春天上树去够榆钱，用开水烫了放上盐。好在那时学校食堂免费供盐。他们越这么折腾反而越见饿，弄得惶惶不可终日；我却还在那儿不慌不忙地读自己的书。看我不眼馋别人的吃食，也不为饭票、粮票着急，他们就有点奇怪，带几分嘲讽、带几分钦羡地称我为'大神'——就是大神经的意思。""我的办法是早晨不吃饭。别人去吃饭，我端上一杯开水到四楼平台去读外语，读一阵就不饿了。""那时一日三餐只有中午这顿饭让我感兴趣。早晨二两稀

面汤（那时是十六两制），他们叫糊糊，不吃不饿，吃了更饿。晚上六两玉米面菜粥，不稀不稠，放几片青菜。中午半斤蒸洋芋。那年头的洋芋似乎特别体恤大学生们饥饿的心情，不但长得丰满肥大，而且淀粉特足，咬开沙楞楞，干面干面的，吃起来很过瘾，吃完再把那碗宝贝菜汤喝下去，肚子有了暂时不饿的感觉。"退学回家，"母亲拉着我的手，仔细看着我说，我怕你瘦成一把骨头回来见我，看你这样还行，不像受罪的样儿"。①

---

　　① 田中禾：《吃喝二题·关外洋芋》，载《同石斋札记·花儿与少年》，大象出版社，2019，第212—220页。

1960 年　20 岁

3 月 22 日，中共中央批转鞍山市委《关于工业战线上的技术革新和技术革命运动开展情况的报告》。毛泽东代中央起草批示，将鞍钢实行的"两参一改三结合"的管理制度称作"鞍钢宪法"，要求在工业战线加以推广。

11 月 3 日，中共中央发出《关于农村人民公社当前政策问题的紧急指示信》，要求坚决纠正农村人民公社的"共产风"。

5 月　《仙丹花》再版。

诗歌《公社雨》发表于《宁夏文艺》5 月号。

6 月　诗歌《儿童诗二首》发表于《甘肃文艺》第 6 期。

10 月　散文《社会主义的晨歌》发表于《广西文艺》第 10 期。

12 月　文论《工人阶级的创业史》发表于《甘肃文艺》第 12 期。

1961 年　21 岁

1 月 14—18 日，中共八届九中全会召开，全会通过对国民经济实行"调整、巩固、充实、提高"的方针，国民经济转入调整的轨道。

4 月 9 日，中共中央转发中央精简干部和安排劳动力五人小组《关于调整农村劳动力和精简下放职工问题的报告》。到 1963 年 6 月，全国共精简职工 1887 万人，减少城镇人口 2600 万人。

7 月，《奔流》第 7 期（复刊号）发行。

是年上半年　再版后的《仙丹花》被文化部选送到"巴黎国际儿童读物博览会"展出。

7 月　《仙丹花》被收入《河南十年儿童文学选（1949—1959）》，由河南人民出版社出版。

《河南十年儿童文学选（1949—1959）》封面及目录

1962 年　22 岁

1 月 11 日至 2 月 7 日，中共中央召开扩大的中央工作会议（即七千人大会），初步总结了"大跃进"中的经验教训，切实贯彻调整国民经济的方针，以迅速扭转国民经济困难的局面。

3 月　从兰州大学中文系退学。

在散文《青春之梦》中，田中禾写道："中文系开设的所有课程都使我厌倦，在课堂上，我觉得自己像一匹被禁锢在马厩里的小马驹，内心充满躁动和愤懑。""寒冷而漫长的夜晚，我躺在母亲特意为我缝做的八斤棉花装成的棉被里，一遍遍地转悠退学的念头。上下铺的床板发出嘶哑的响声，饥饿阵阵袭来，陶渊明的诗句在我心中翻腾：'归去来兮！田园将芜胡不归？既自以心为形役，奚惆怅而独悲？''我得退学，那些文学原理、概论……还有那些考试、考查，对我没有任何用处！我干吗还要待在这儿浪费宝贵的青春？'"

田中禾将退学的想法告诉老师、同学后，他们进行了劝阻。

"和一位青年教师谈，他说：'你不可惜文凭？这是一所重点大学呀。'我挥了一下手，轻蔑地笑了笑。'你退学后打算干什么？''我要当作家。'我毫不犹豫地说，'在这里读下去，我就当不了作家了，我就完了。'"在办理退学手续时，"班主任、系主任、教务长、学生处长、系办公室和学生处的干事们，都像对待一个无理取闹的无赖一样冷眼相看，现在想起来真是又好笑又抱歉。那些日子，我几乎每天去缠他们，装出一副可怜相耍尽拙劣的花招。在他们的记忆里，我肯定是个调皮捣蛋、令人厌恶的坏学生"。

离开兰州的时候，"那么多同学前来送行，我不禁深受感动，虽然我和他们相处得并不融洽。由于我在精神上的孤僻、傲慢，同窗两年半，竟不知道班里有多少同学，也叫不出每个人的名字。我们走了很远，沿着坎坷的山坡从兰州东站货场绕进车站。始发车空空荡荡，他们把我的行李放好，站在车窗边同我说话。我就着黄昏的车灯给他们写了一首满怀豪情的诗"。[1]

在另一篇文章中，田中禾用相似的笔墨充满深情地回忆了他离开兰州时的场景："我忽然想到那个寒冷的春天的夜晚，一群大学生提着行囊、网袋，簇拥着一个面目清俊的小伙子，走进兰州东站的货运闸口。他们沿着在黑暗中闪闪发光的铁轨，找到东去的列车，在车厢前喧哗，祝福。小伙子安放好行李，伏在车窗上与同学挥手告别，满脸喜气，兴头十足，像一个仗

---

① 田中禾：《青春之梦》，载《同石斋礼记·花儿与少年》，大象出版社，2019，第248—252页。

剑远行的侠客，飞出樊笼的小鸟。"① 他还"就着昏暗的车灯给同学们写了首小诗算作告别，那首小诗写道：夜已密缝/我醒来时将看到故乡的太阳"②。

退学选择务农的最初想法是"在农村体验一下生活，顶多二三年，定能写出使世人吃惊的大作品，然后回城去做专业作家"。但是他无论如何没有想到，退学会给他带来"整整二十年的漂泊"。③

是年春 与韩瑾荣结婚。韩瑾荣比田中禾小一岁，气质与他一样浪漫。"她在新婚时曾赋短诗数首，其中有《寄桃花二首》，写道：离了枝儿薄了命，从此枯在荒草间。""母亲和妻子，是田中禾生活中和事业中两个伟大的女人。"④

在一次访谈中，田中禾谈到了他对女性的理解："这是我的软肋。追根求源，我对女性的崇拜、怜爱，与三岁丧父，一生依恋母亲有关。细心的读者一定会发现，我小说里的女性总有一种母性的坚韧、包容、宽宏和自尊。我写不出女人的邪恶。不忍心让笔下女人暴露出人性的阴暗和肮脏。""我人生的最艰难岁月全靠两位女性支撑。一位是我的母亲，一位是跟随我漂泊半生、无怨无悔奉献全部情爱的妻子。她们是我精神的支柱，

---

① 田中禾：《二十一世纪我在怎样生活？——自述》，《小说评论》2012 年第 2 期。

② 南丁：《浪漫的田中禾》，《中国作家》1995 年第 1 期。

③ 田中禾：《青春之梦》，载《同石斋札记·花儿与少年》，大象出版社，2019，第 254 页。

④ 南丁：《浪漫的田中禾》，《中国作家》1995 年第 1 期。

困境的依靠。女人是男人坚强的后方。她们是世界的灵魂，真正的上帝。人类的苦难由男人造成，却要女人来承担。男人落魄时靠她们温暖、爱抚，男人得意时，首先抛弃患难糟糠，另寻光鲜配偶，以展示自己征服世界的荣耀。男人女人这样简单的搭配却是世界错综复杂的本源，造就了永不枯竭的人类历史，文学写不完的故事。"①

5月　落户郑州市郊区葛砦大队唐庄村。"一九六二年春天，一对新婚夫妇坐着马车，装着简单的家具，到郑州郊区葛砦大队去落户。大队支书亲自接我们。一张旧桌，一张修补过的棕板床，一个方凳。有一户人家下陕西了，我们就住在那空院里。两间草房，对面是生产队育红薯秧的池子。那时候我们太年轻，爱幻想，容易满足。"②

最初，田中禾的工作是给"满仓叔"跟车。"每天天不明，我到饲养室去把马牵出来，套好车，装上菜，满仓叔接过鞭，我跟在车后。如果是轻车，我们俩都可以坐在车上。在菜站卸下菜，把马喂上，满仓叔招呼车，我到市图书馆去借书。回程时，马在公路上轻快地小跑，在悦耳的马蹄声里，我趁着西下的阳光读书。下了雨，我们披着蓑衣，跟着摇摇晃晃的菜车在泥水里走，我心里写着诗：'大车走在风雨里……'满仓叔向我讲他年轻时的风

①　舒晋瑜：《田中禾：没有人强迫给你的大脑植入芯片》，《中华读书报》2019年11月27日第18版。
②　田中禾：《浪漫之旅》，载《在自己心中迷失》，河南大学出版社，2012，第315页。

流韵事，讲他如何拐了一个女人，带她私奔，躲藏在郑州的小巷里，给我讲老郑州的妓院，讲城里乡下的逸闻趣事。"

落户后，田中禾一边参加生产队劳动，一边坚持读书写作。"按照大学高年级的课程设置，我为自己设计了一套进修课表，这套课表把理论放在次要的、提纲的位置，将中外文学名著作为主教材。我得感谢郑州市图书馆在大同路那座陈旧拥挤的小楼，它的编目索引卡片为我提供了很大的方便。在马车上，我系统地读完了中外文学史，按照年代、作家和专题阅读了大量作品。不知道那时二十二三岁的我，何以有那样充沛的精力，不但读了那么多书，超额修完了自定的大学高年级课程，而且写了两部长诗、三本抒情诗、长篇小说《奔流的贾鲁河》的前四章。白天坚持生产队劳动，夜里读书、写作到凌晨，五六点钟起床去套车。也许那是我一生中最快活最自在的年头。"①

其间，田中禾虽然创作了不少作品，但是发表、出版时却并不顺利。"首先是原来已经定下来要出版的一部长诗被出版社退回来，理由是'纸张困难压缩计划'。然后是另一部长诗在编辑部长久待着，老说出，老出不来。接着是两首百余行的叙事诗已经编发，临时被抽撤（退回来的稿子上已经圈好了红）。长篇小说根本没写完就碰上了生存危机。"②

---

① 田中禾：《青春之梦》，载《同石斋札记·花儿与少年》，大象出版社，2019，第252—254页。
② 田中禾：《青春之梦》，载《同石斋札记·花儿与少年》，大象出版社，2019，第254页。

唐河县泗洲塔   1958 年韩瑾荣在郑州

1962 年春田中禾夫妇婚后在郑州郊区合影

是年秋 与母亲一起回唐河。"那是我刚从大学退学之后，我们从驻马店乘坐班车西行。黄昏将近，尘烟里蓦然冒出一截枯树似的黑色影子，在天与地的浑蒙中兀立。母亲用肩膀碰我一下，低声说：'塔。'我俩一齐伸长脖颈，透过车窗外迷离的暮色盯着泗洲塔伟岸的影子，随着车体的奔驰移转着身体和视线。""中篇小说《轰炸》的开头就是这番情景的写照。塔是故土的象征，是悠远的历史的象征，蕴藏着无穷故事，无穷幽思，无穷生生死死爱爱恨恨。"①

---

① 田中禾：《乡愁四题·我心中的泗洲塔》，载《同石斋札记·花儿与少年》，大象出版社，2019，第68—69页。

1964 年　24 岁

2 月 10 日，《人民日报》发表通讯《大寨之路》，并同时发表社论。此后，全国农村掀起"农业学大寨"运动。

5 月，《毛主席语录》出版。

10 月 16 日，中国第一颗原子弹爆炸成功。

1 月 21 日　农历正月初七，长子沛出生。

"下陕西的这一家突然回来了，我们不得不搬进队里的车棚去住。那是两间车棚，把西头的一间用土坯垒起来，梁头以上用秫秆插，糊上泥。她即将临产，又是岁尽年毕，雪扑进门里，冻成溜冰。……要求了多次，加上私自协商——那村的群众对我太好了——才在大年初六搬进一个老人的空房里，当天夜里就不得不去请收生婆，黎明时分，我们的长子就降生了。那座空房原是生产队的仓房，屋里留着两个水泥池，是队里酿酒堆放柿子的地方，里面残留的烂柿子散发出一阵阵酸臭味。"①

按：2004 年 1 月 28 日，田中禾日记记载："1 月 28 日，正月初七。四十年前的今天，清晨六点来钟，小沛在唐庄的一座生产队仓房屋里出世。"

8 月 离开郑州到信阳落户。田中禾因告发支书、队长伙同郑州市一个工厂的供销科科长套购工业酒精充当白酒而被报复，无法在葛砦继续生活，无奈之下到信阳市郊区六里棚村（今浉河区六里棚社区）投奔姐姐、姐夫，居住在生产队的牛屋里。

"一九六四年盛夏，转徙到信阳投靠姐姐。在那里，我们代课，办农中，参加四清运动，一直到'文化大革命'开始。""几乎还是那么多家具，多了两只纸箱、一个孩子。我们自己拉了架子车，到六里棚小村。生产队把牛屋夹出一间让我们住。两头水牛在箔篱外，我们三口人在箔篱里。我们吃饭，牛把屁股掉过来，擦着锅台，拉一串牛粪。"②

按：具体情况是，"春节临近，生产队年终分红的账目早已张榜公布，队里的钱却被队长和支书挪用，伙同市里一家工厂的科长去捣腾酒精了。我是生产队会计，血气方刚，回到城里向大哥诉说，大哥说，你写个材料，我帮你转到市委。这封信经市委批示，支书、队长和那位科长都受到追查，受了处分。

① 田中禾：《浪漫之旅》，载《在自己心中迷失》，河南大学出版社，2012，第 316 页。

② 田中禾：《浪漫之旅》，载《在自己心中迷失》，河南大学出版社，2012，第 316—317 页。

大年二十九，乡亲们领到了钱，我却成了报复对象"①。

在信阳期间，田中禾夫妇成为代课教师和学习毛主席著作的积极分子。在工作、劳动间隙，田中禾依然坚持文学创作，阅读名著。

---

① 田中禾：《青春之梦》，载《同石斋札记·花儿与少年》，大象出版社，2019，第 254—255 页。

1967 年　27 岁

　　1 月 1 日，《人民日报》发表社论《把无产阶级文化大革命进行到底》。

　　5 月 4 日，《人民日报》发表社论《知识青年必须同工农相结合》。

　　春夏之交　二哥张其瑞解除劳动教养获准回乡探亲。① 探亲过程中，张其瑞遇到了自己的第二任妻子。这一情节先是被田中禾写进了中篇小说《印象》，后来又写进长篇小说《模糊》。

　　按：2022 年 5 月 5 日，笔者与田中禾先生微信沟通，他的回复是："二哥与小六相亲是在信阳，我在场。《模糊》的描写是真实的。"

　　"那是他从劳教人员变为就业人员之后，第一次回乡探亲。"从新疆回唐河途中，张其瑞先到郑州去见母亲。"经历了'大跃

---

　　①　田中禾：《西行日记——岁月深处的寻找》，载《同石斋札记·花儿与少年》，大象出版社，2019，第 284 页。

进'，老家老屋拆除了，母亲离开县城到省会来投靠哥哥。在一座家属楼的筒子房里见到母亲，章明有种做梦的感觉，找不到儿时的记忆，心里只觉木然。"从郑州回唐河时，母子二人又在信阳田中禾处做了一个短暂的停留。"章明与母亲一起回老家，从这座小城经过，顺路看看在郊区落户的弟弟，在小湾停留一天，第二天回老家。""回到老家后，母亲才明白世道不同，人心不同了。她的家庭和孩子不再像从前那样让亲戚、邻居羡慕高

1967 年在信阳送别二哥（前排自左至右：六姐张书雯、母亲田琴、长子张晓沛、妻子韩瑾荣。后排自左至右：二哥张其瑞、六姐夫曹国新、田中禾）

看。"张其瑞在老家相亲以失败告终。回程路上，"章明和母亲再一次来到小湾，住在弟弟家，准备第二天返回省城"。此时，"小六还如上次那样靠在门外墙边"。弟媳提议将"小六"介绍给"二哥"。张其瑞回到新疆以后，"小六""只身一人在戈壁滩里一次次招手拦车，搭陌生人的便车，在风沙里穿过荒原，走几千里路，到昆仑山下的营地"找到了他，成了他的第二任妻子。①

---

① 田中禾：《模糊》，花城出版社，2020，第 187—195 页。

1968 年　28 岁

5 月 4 日，唐河县文教局集中中小学教师开展"清理阶级队伍"运动。6 月，唐河县革命委员会（简称"革委会"）转发这一"经验"，"清理阶级队伍"运动在全县展开。

12 月 22 日，《人民日报》发表毛泽东的指示："知识青年到农村去，接受贫下中农的再教育，很有必要。"全国掀起知识青年上山下乡的高潮。

12 月　离开信阳回唐河老家。"文革"初期，田中禾被作为"文艺黑线的黑苗子"进行批斗，在信阳无法生活的田中禾夫妇回到唐河县城。

"在大队的一个群众会上，我成了斗争对象。发疯的人群包围着我，喊着：'打倒文艺黑线的黑苗子！''打倒政治扒手！'我抓过话筒，想向乡亲们说明一下，想抗议大队'文化革命委员会'对我的污蔑，遭到几个小伙子的推打。在拥挤中，小孩子向我扔土块，眼镜被打掉了，我被追到麦地里。""在举目无亲的信阳郊区，一次又一次野蛮的迫害接踵而至。""整个大队为了我分成两派。农中、夜校的学生，他们的家长，是我的同情者和保护者，他们夜里为我巡逻，手里提上棍子，保护我从一个村转移到另一个村。""在母亲的苦苦劝告下，我们决定迁回故乡。我是怀着怎样痛苦的心情回到故土的啊，文学梦几乎烟消云散，保护我的乡亲们、学生们没有看到我的昭雪，没有得到我丝毫的报答。我像个叛徒懦夫一样逃跑了。"①

按：在回忆这段生活时，田中禾说："在淮南一座城市的边沿，我们经历了一生最可怕的磨难。"②

---

① 田中禾：《浪漫之旅》，载《在自己心中迷失》，河南大学出版社，2012，第317—318页。
② 田中禾：《青春之梦》，载《同石斋札记·花儿与少年》，大象出版社，2019，第255—256页。

1969 年　29 岁

1 月 7 日，唐河县革委会召开大会，欢送 3000 多名干部和城镇居民到农村安家落户，后来，这些干部和城镇居民又陆续返回县城。

4 月 1—24 日，中国共产党第九次全国代表大会召开。大会肯定了"无产阶级专政下继续革命的理论"，使"文革"的错误理论和实践合法化。

2 月 9 日　农历腊月二十三，女儿晓雪出生。

按：田中禾 2013 年 2 月 3 日日记记载："2 月 3 日（3，February）腊月二十三。今天是雪生日。1968 年小年，将近过小年放鞭炮的时候，这个女儿在信阳妇幼保健院出世。我踏着雪奔走。"

是年　因为恰好赶上城镇人口的下乡热潮，田中禾一家暂居农村老家大张庄，借住在一个堂侄家的厨房里。

"回到故乡，搬家的车还没有卸下，就遇上'我们也有两只手，不在城里吃闲饭'的市民下乡的龙卷风。母亲提前几个月为我们修葺的老屋根本没能住上。我们只是在县城换了一套户口粮食手续，就把行李拉到爷爷生活过的大张庄夸子营村。"①

初回故乡的田中禾夫妇被安排在大队当民办教师。"妻子在本村，办一个一、二年级合班的复式班，我到大队中学教数理化。"②

因为在 1962 年给一位高中女同学的信中不同意"毛泽东思想是当代马列主义最高峰"，并批评"大跃进"以来的社会现实，田中禾被作为攻击毛泽东思想的现行反革命分子遭到逮捕。"当晚我就被投入'天爷庙'（我们县城的监狱）。"

"刚当上民办教师不到一个月，突然有两个公安机关军管会的人到大队找到我。经过半个多小时捉迷藏似的谈话，我才明白，他们是为我和一位同学的通信来的。"③

"那年我在'天爷庙'里待了将近一个月，那里不准亲人探视。同我挨肩的一个小伙子磨了一支竹针，在裤子反面绣上几个字：我很好放心。（他是因为在窑场做砖坯，砖坯上发现一句'反语'被抓进来的）。我也想给妈妈绣句话，可是，那竹针我怎么也用不好。我就要求'班长'给墨水、蘸笔、稿纸，说是

---

① 田中禾：《浪漫之旅》，载《在自己心中迷失》，河南大学出版社，2012，第 318 页。

② 田中禾：《浪漫之旅》，载《在自己心中迷失》，河南大学出版社，2012，第 319—320 页。

③ 田中禾：《浪漫之旅》，载《在自己心中迷失》，河南大学出版社，2012，第 320 页。

写检查，在裤子反面写了一行字：妈，别挂念，保重身体。隔天，家里有人来送东西，就捎出去。想到母亲能够看到我亲笔写的信，心里非常快慰。"①

"一九六九年六月底，经历了二十多天审讯，由于碰上一位爱好文学、同情知识分子的办案人员，我被'教育释放'。"②"释放"后，田中禾被关押在"南院"。"在'南院'一座破房子的屋檐下，我看见妈妈站在那里。那是六月天，妈妈穿着白粗布带大襟布衫、黑裤子，仍像往常那样扎着腿，瘦弱，站立不稳，好像经风一吹就会跌倒。她看见我，目光里流露出极度的辛酸，面色倏地变得苍白，惨然地木呆地立着。我猛想起自己已经剃光头，胡子很长，多日不见阳光，脸色一定很吓人。我的心缩紧了，隐隐作痛，让妈妈看到我这副模样，实在太伤心。我听见母亲对一个看守说：'我来给我娃送饭的。'这句话说得那样凄寒，使我一辈子也没法忘记。"③

①　田中禾：《母亲三章·手帕兜着的一碗饭》，载《故园一棵树》，海燕出版社，2001，第9页。
②　田中禾：《浪漫之旅》，载《在自己心中迷失》，河南大学出版社，2012，第320页。
③　田中禾：《母亲三章·手帕兜着的一碗饭》，载《故园一棵树》，海燕出版社，2001，第9页。

1972 年　32 岁

2 月 21—28 日，美国总统尼克松访问中国。28 日，中美双方在上海发表《联合公报》，中美两国关系开始走向正常化。

8 月 27 日　恢复日记写作。"日记，要恢复。生活，要记录。记一记也好。能不能坚持下去呢？很难说。"在这一天的日记里，田中禾记下了他对《鲁迅日记》的观感。"《鲁迅日记》，我的印象不深了。似乎有些琐事，颇不似文学大师的思想写照。原来读起来很惊讶。为什么这思想家、文学家在日记里竟没有写高深的思想，不怎么文艺味儿浓？现在细细琢磨，《鲁迅日记》正反映了先生的深通谋略，久经锻炼。"从这段自述来看，田中禾当时可能把鲁迅记日记的方式想得过于高深了。跟很多历史名人一样，《鲁迅日记》也仅仅是鲁迅日常生活的简单记录。后来，等到田中禾逐渐忙碌起来以后，他的日记也变成了这个样子。在他的日记里，我们几乎看不出他对当时一些人物、事件的评价，甚至一些事件的具体经过都没有详细记述。

按：据 2022 年 7 月 5 日田中禾回忆，他记日记的习惯从中学时期已经开始，在二哥出事以后，母亲把他此前的日记全部烧毁。第一次恢复记日记是在"文革"期间，这些日记后来因为防止抄家，在爱人韩瑾荣转移过程中丢失。此后停顿了两三年时间，因为生活动荡，居无定所，没记日记，1972 年恢复以后再无间断。

8 月 29 日　"职业无着落，心情抑郁。"

读完范文澜著《中国通史简编》第一编，"对儒墨道法有了一些印象"。

8 月 31 日　看电影《龙江颂》。

按：《龙江颂》是"文革"期间著名的京剧现代戏之一。

9 月 2 日　"早晨，头晕难禁，竟无法起床。这对我的身体和生命，还是第一次确切的威胁。天旋地转，恶心欲倒。直睡到晌午，渐见好转。我想，这是最难受的病，躺下不能动，又不能干一点什么事，又不发烧头疼，不能思想，这太可怕了。"

按：从田中禾晚年常因颈椎问题眩晕头疼的经历看，此次病情大概就是此后长期影响他的颈椎问题的先兆。

9 月 3 日　找工作稍有眉目。本意是想找一个体力劳动的工作，结果阴差阳错在一所乡村小学做了代课教师。"人，总得想法生活下去，生活就是工作。"

9 月 8 日　上了代课以后的第一节课：直角三角形的解法及其应用。

10 月　因"落实市民下乡政策"，田中禾一家回到唐河县城，夫妇二人继续做代课教师。转正时，田中禾因公安局存有"现行反革命"档案，政审不合格，非但转正未果，代课教师工作也被辞退。

此后，田中禾长期在河南、湖北流浪，靠画毛主席像、写毛主席语录、推煤、烧锅炉、跟剧团拉琴、办街道小印刷厂谋生。"那正是落魄故乡市井、惶惶不可终日的年代，背负着灰色人物的阴影，职业无着，为了养家糊口，有时流浪，有时在工厂打小工。每天一元二角钱，还要给街道抽交管理费。深夜，常有街道干部突然敲开大门打着手电，闯进我和母亲的卧室来查户口，盘问偶然寄住的亲友，翻检他们的衣物……"①

---

① 田中禾：《故园一棵树》，海燕出版社，2001，第20页。

1977 年　37 岁

1月，中共南阳地委派 500 多人的工作队到唐河县开展"揭、批、查"运动，揭发、批判、查找与"四人帮"有关的人和事，历时 1 年 3 个月。

8 月 12—18 日，中国共产党第十一次全国代表大会在北京召开。大会宣告"文化大革命"已经结束。

10 月 12 日，国务院批转教育部《关于 1977 年高等学校招生工作的意见》，决定从本年起，高等学校招生采取自愿报名、统一考试、择优录取的办法，恢复高考制度。

7 月 17—31 日　趁出差机会游览南京、无锡、苏州、上海、杭州。对苏州市容印象不好："苏州市容不太好，旧房多，仍是不高的旧式建筑，街市不整。"初到上海时印象很差："眼前的大上海，与想象中的大上海多么不同啊！""眼睛看到的简直令人无法相信，一片凌乱的站外建筑。出站口也绝不像郑州站那样宽阔而富丽堂皇。街道不过如一般的中等城市，拿它与郑州

横眉冷對千夫指
俯首甘為孺子牛
　　　　　鲁迅

1975年在上海鲁迅像前

比，反而显得那么杂乱不整齐，大而无当，一点不美丽，甚至
还没有南京好。""坐在公共汽车上，驱车走过许多贫民窟似的
小街。人们佝偻在窄小阴暗的油毛毡棚房子里。这就是开放城
市，不怕外国人笑话的大上海吗？高耸入云的大厦与这些毛毡
棚，如何相宜？上海俏丽的姑娘，俊洒的小伙子，就整年累月
在这里生活吗？"没待几天就对上海感到厌倦："在上海腻了。
嘈杂混乱的市街、大厦与油毛毡棚相映的错杂的居民区，有什
么好玩？"直到离开时坐在船上，从黄浦江回看上海，印象才有
所改观："从江心望上海，才能看见上海的雄威富丽。一座座高
耸尖塔的大厦，就矗立在水天交接的地方。"在上海期间，参观
了虹口公园鲁迅纪念馆："在先生的纪念馆里整整看了一上午。"
对杭州印象不好："本以为杭州很好玩，谁知简直没有什么

意思。"

按：照片下方的时间是田中禾给上海图书馆名人手稿馆数据库提供照片时标注的，该时间与田中禾日记中的时间有出入。

12月19—23日　到郑州出差，其间拜访了著名诗人王怀让①，重新焕发起文学创作的信心。之所以拜访王怀让，是希望能在《河南日报》发表诗歌。"这一次王的态度比上次热情多了。看了诗，有些重视。"两首诗，王怀让留下一首短的，"如果有机会有版面就发表"。田中禾对发表不抱多大希望，"但毕竟征服了他"。这件事使田中禾"确乎增长了攻克《河南日报》的信心。全省够水平的写家并不多，诗歌更是这样。从王怀让这儿入手。如今已清除了'四人帮'，自己没有理由不振作精神杀上文坛"。到《河南文艺》杂志社的时候，在诗歌组见到后来获得全国诗歌奖的女诗人申爱萍②。

---

① 王怀让（1942—2009），男，诗人，河南济源人。1966年毕业于河南大学中文系。曾任《河南日报》文艺处处长、高级编辑，河南省作协副主席。

② 申爱萍（1942—　），女，河北魏县人。1962年毕业于中国戏曲学院，1974年调《奔流》杂志社工作。抒情长诗《再给陌生的父亲》获首届（1980—1985）全国优秀儿童文学奖。

1978 年　38 岁

7 月 15 日，《文艺报》复刊。

8 月，大型文学刊物《十月》创刊。

9 月 17 日，中共中央批转《贯彻中央关于全部摘掉右派分子帽子决定的实施方案》。11 月，全国摘掉右派分子帽子的工作全部完成。

12 月 5 日，《文艺报》编辑部和《文学评论》编辑部邀请文艺工作者和出版编辑工作者在北京举行座谈会，呼吁给批错的作品和受迫害的作者平反，要求研究解决如何给文艺工作者以法律保护，保证文艺界自由地进行民主讨论的问题。

12 月 18—22 日，中共十一届三中全会在北京召开。

1 月 13—15 日　到信阳出差，见到六姐，看了三部电影：《跟踪追击》《林海雪原》《霓虹灯下的哨兵》。

2 月 6 日　临近岁末，心生感慨。一是壮志难酬。"空怀雄心一片，也算是一个无志的有志之士。浪迹市井，与侩类结伴，为糊口奔波，有什么意思呢?"二是对文学创作的矛盾心态。
"文革"期间曾想重回文坛，没有实现。"应当庆幸没有实现，
否则正投了'四人帮'的潮流。"当下还想再回文坛，却为现实
生活所累。"一个小厂的繁忙，业务琐事，人事纠纷，很快就把
这激情冲为泡影。"对文学创作的价值也产生怀疑。"我应当佩
服大哥的明智。创作又有什么意思? 人民不靠好诗吃饭，靠的
是科学技术。所以，真正有出息的人，应当去钻研科学，造福
于国家、民族、人类。"三是下定决心继续记日记。

2月15日　为工厂事烦恼。"一个非常小的厂，人与人的
勾心斗角真叫人厌恶极了。""每天被左右小人所欺，总是禁不
住生气。令人厌恶的无事生非，争权夺利。市侩场中，怎样才
能适应? 然而，又没有一种办法可以解脱出来。我的命运，什
么时间才能有希望呢? 唯有争口气，忍着气，奋力向前，把厂
办好。"在这一时期，田中禾为这个工厂花费了大量时间和
精力。

2月23—28日　到焦作出差，途经南阳、郑州。在郑州邮
电大楼"争购昨、今两日的报纸。昨天的，登有《人民日报》
关于五届人大的社论和预备会、政协委员名单。今天的，套红
题头，华总理的政府工作报告"。

3月6日　"因为印作业本的事，每天被各学校的老师所
困扰。实在感到文化事业的发展受到各方面因素的制约，不
易。""每天为了发售作业本而讨价还价，打嘴官司。城郊各校
为了争到作业本，几乎费了九牛二虎之力。看到我们的印刷厂

对社会需要方面能够发挥这样大的作用，每个同志都感到自豪。"

3月10日　读《人民文学》第1期《哥德巴赫猜想》。同日，见到刚刚从新疆回到唐河的二哥以及他和易世珍的女儿。"小哥脸上的皱纹添多了。他仍是那样并不高声地絮絮诉说着，一遍又一遍，说得没完没了。""我觉得小哥至今并不知道如何应付人事关系。他老了，仍显幼稚天真。他憨厚得迂气，至今仍并不精当地应付环境。""这是易世珍的女儿。黑黑的脸，粗糙而结实。一种不言而在的边塞风味。讲着普通话，穿着半土不洋的衣着。这是新疆生新疆长的孩子，不知道鸡蛋糕是好吃的，没见过莲菜。外罩挺花，里边的棉袄吐着棉絮，厚得笨重的棉裤。……这就是易世珍的孩子。她去时单身一人，如今就有了这样高的孩子。人生啊……"

　　按：易世珍就是田中禾长篇小说《模糊》中"小六"的原型。

3月31日　对自己在造纸厂的工作环境感到忧虑。"'人言可畏'。我确实已被左、右两面所来的各种谣言包围，大有被孤立的危险。……但是，扪心自问，三年来，赤赤耿耿，兢兢业业，夙兴夜寐，自己实无愧于二十八位同志。……我被弃于无能为力的地位，作难、受困，在非难中支撑着前进。躺倒，固然不对，向前，又动辄得咎。"

4月9日　接《河南日报》王怀让退稿信，其中说："你写的诗颇有特色"，"版面实在太挤了"。

4月16日　因工厂进人问题而烦恼，对工厂前途感到忧虑。"一个小厂办成之后，因臃肿而垮台是它的必然下场。……自己那种过分认真的态度仍是一种不通世故的迂阔味。"

4月22日　读《唐诗三百首》有感。"李颀写的几首听音乐的诗，别具特色。静与动，听音乐。李白节奏，五七言的不拘一格，都很可为学诗者借鉴。"

4月24日至5月28日　乘车从唐河经南阳、郑州到焦作出差，为纸厂筹办物资：铁、电石和纸。绝大部分时间都在拖延、等待、焦虑中度过。这样的生活使田中禾感到厌倦。"我厌倦了采购的营营辗转的生活。"回程路上，田中禾赋诗一首："一别伏牛柳丝长，太行春麦转眼黄。抚事百虑催人老，雄心勃勃叹彷徨。"

其间，看了几场电影：《67天》《女交通员》《小刀会》《万紫千红总是春》《革命摇篮维堡区》《保卫察里津》《三朵小红花》等，满意的不多。看了两场戏：豫剧《穆桂英挂帅》《十五贯》。

在郑州期间构思了一个历史长诗的创作计划："我很想就慈禧、捻军、义和团写些东西，不知此愿能否实现。""可以定下来以捻军起义为题材，较能展开惊心动魄的情节。"

阅读了王怀让的政治抒情诗《十月的宣言》。"诗人的技艺是好的，能写这样的主题，写这么长，又有激情，我真佩服他的思想高度。我自愧望尘莫及。我是最不会写政治抒情诗的。"

认真阅读了两遍巴尔扎克的《高老头》。"《高老头》写得确实很好，是大师的刀笔，刻画人物细腻有个性。""我入迷地读完了《高老头》。……它使你不能不一气读完它。情节的曲折而又现实，语言的透彻、生动、深刻，使人抚书长叹。这是多么深沉的悲剧，可以摇撼每个读者的心灵，比起'四人帮'搞的什么'三突出'强上万倍。它并没有迁就读者的心理，将一切问题给个明确的答复，留着那样巨大的问号让读者自己去遐想。这正是结尾之妙。……书太深刻了，太好了，所以才受到马克思的赞扬。""把《高老头》又读完了一遍，书里塑造了几种典型形象。每个人都有个性，他们又共同打着时代的共性的烙印。那是一个时代的产物。"

5月29日 读胡绳的《帝国主义与中国政治》。对这部著作给予较高评价。"胡绳著的《帝国主义与中国政治》书虽不厚，立论清晰，论证有力，观点鲜明，语言生动活泼，是一本较好的近代史提纲性的读物。"

6月5日 对自己的前途感到迷茫。"文学确如鲁迅所说，是有闲阶级弄的东西。有了闲，才有了文。""可是，果然自甘沉沦吗？这真是一个难以解答的问题。我对自己的前途，确实怀疑动摇了，而不像六十年代还是那样信心十足。"

6月6日 读完《艰难时世》。"看完了《艰难时世》，觉得不如《高老头》好。当然，本书的故事情节也很有动人处。如西丝被父亲抛下以后的感情。对几个人物的前后照应，组织得都很得体。总的看，缺乏深扣人心的魅力。"

6月12日 购书：《欧也妮·葛朗台》《汤姆·索亚历险

记》《沫若剧作选》《契诃夫小说选》。读后认为，《汤姆·索亚历险记》"是天才之作"。读了《蔡文姬》《虎符》，佩服郭沫若的"才力和学问"。读《契诃夫小说选》，感觉"不如长篇小说好"。

6 月 25 日　读溥仪的回忆录《我的前半生》。"《我的前半生》展现了腐朽的清朝末代与民国初年的内幕，对于读近代史，是很好的参阅资料。""读起来很能引人入胜，而且，以一个被改造者的角度去写社会主义的现实，又显得旁观者清，客观。"

7 月 3 日　因历史调查，回忆起"文革"期间在信阳的生活。"信阳，'文化大革命'，这在我一生中是最难忘最不堪回首的一段经历。令人作呕的勾心斗角，曲折复杂的应付各种陷阱、阴谋。真是非人似的生活。想起在那样的环境里我度过了将近三年的时间，真是不堪想象。"

8 月 9 日　看越剧电影《红楼梦》。"这个片确实有较能打动人心的艺术魅力。越剧婉转优美的唱腔，黛玉演员的得力，使人深深关切一个孤独无靠天真纯洁的女孩子的命运。《葬花》《黛玉临终》《宝玉哭灵》三场戏十分叩击人心，催人泪下。""电影从清早五点钟一直放到深夜一点，在小县城是空前的。人们或赞叹宝黛爱情，或艳羡荣华富贵的厅堂，或热衷于花花绿绿热热闹闹。总之，大街小巷，在工作处，在家里，在路上，都在谈论着贾宝玉、林黛玉。《红楼梦》的成功如此深入人民之中，这对于作家是一个很好的鼓舞。说明，真正成功的艺术品是可以在人民中不朽的。"

8月24—26日　到郑州出差，其间，根据大哥建议，到河南省科教办、教育局奔走工作事，未果。

8月30日至9月4日　在上海出差。这次出差，使他感受到上海一面是一个"红男绿女的花花世界"，一面也充满了底层民众的日常生活。"上海的早晨和晚上是值得一看的，尤其值得在里巷里转悠。它决不是诗人作家们所写的那样的富有诗意。……它首先是由刷马桶的音乐迎来的。……'嚓嚓嚓嚓''咔咔咔咔'，山响的声音震响在大厦之下，使人想起李白的诗句'长安一片月，万户捣衣声'，而上海却是'上海朝霞出，万户马桶鸣'。"

9月6日　在东方红16号轮船上与两个上海女知青闲谈，"看到了上海滩灯红酒绿的繁华下掩盖着并不少见的忧伤与泪痕"。上海知青为了返城，付出了巨大的牺牲，回到上海以后也未必有令人向往的生活。"上海，你日夜挥霍铺张的地方，富丽堂皇的外衣里裹了多少苦瓜，而这些苦瓜宁肯在困窘里挣扎，也决不愿离开这个奢侈糜烂的都市。这就是它的罪恶。"

9月17日　中秋节。"不禁想到自己的怀才不遇，明珠暗投。伤春悲秋，对月长叹，对花泪垂，总是多愁善感，心有抑郁。"

10月4日　"做了一个简短而郑重其事的创作计划，可是，我简直没有信心去实现它，业务太忙，环境也极不安稳。"

10月16日　邻居去世，心生感慨。"这是一个旧社会河南大学的毕业生，曾任河大学生会干部，青年时曾有过慷慨激昂的黄金时代。后来呢？据说在唐河师范当过教师，划右派后下了菜园。六九年城市居民下乡时又下了乡。现在属于回流户，没有户口，卖血，干泥瓦工，当小工，靠父亲的退休金、妹妹的补贴苟延残喘。妻儿分居，穷苦而死。五十多岁，正当'不惑'之时。据说最近准备给他安排工作。死时没有一个人哭，妻儿主张用薄卷，靠妹妹施舍一个棺材，凄然结束了人世一梦。"

10月18日　阅读安徒生童话。"《海的女儿》是那样优美，像诗一样富于激情。这是安徒生的成功的作品。与《卖火柴的小女孩》正成鲜明的对比。"

10月20日　看越剧电影《红楼梦》。"当我第二遍看它的时候，比第一遍更感作者改编的成功。把一部千头万绪、儿女情长的细腻小说，压缩在两三个小时的戏里，是很不容易的。""这部片子会助长对人生的失望和厌弃。人活在世上确实不过一场大梦。一群美女，花模样、玉精神也罢，华丽的府邸，白玉作堂金作瓦也罢，到头来也不过一场空。色空哲学真叫人心灰意冷。'一年三百六十天，风刀霜剑严相逼。'人生有什么乐趣？有什么意义！"

10月30日　农历九月二十九日。为过鬼节，到食品公司门市部买肉，遭遇了"收肉卖肉"的闹剧。先是门市部工作人员在卖肉时不凭粮本，而是凭食品公司的批条。"这就是说，公司叫谁吃谁才可以吃，不叫谁吃，谁就不得吃。"后来，市管会的工作人员又将街市上所有私人卖的羊肉一律没收，做平价处理。"原来不过是批了条的人们只有猪肉吃还不够，还要吃羊肉。可是，羊肉又决不能卖这么贵的价钱，于是就有了市管会的收肉之举。"

11月3日 在南阳看电影《屈原》，香港凤凰影业公司制作宽银幕彩色片。"香港人拍了这样爱国的影片，实在可贵。"

11月14日 看豫剧《穆桂英挂帅》。

11月15日 读话剧剧本《于无声处》。"写得还不错，构思很集中，有戏剧性。"

11月23日 听传达关于右派安置问题的中央〔1978〕55号文件，希望自己的历史问题能够得以平反。在写给二哥的信中"抄去了一些有关右派摘帽安置的文件"。

12月14日 读《古文观止》魏徵《谏太宗十思疏》，"那样短，那样富有哲理"。"觉得文艺性散文虽然神采飞扬，总不如政论文章深刻。如《谏太宗十思疏》比《归去来辞》甚至《滕王阁序》都更有教益。又如原曾读过的《论贵粟疏》比《过秦论》的激昂慷慨、文采纵横仍显深厚。"

12月16日 听中美建交公报，认为，"中美建交"是"国际上抗衡苏联，遏制越南，国内促进解放台湾的重要武器，实在是绝妙的外交成就"。"中国大有希望。"

12月23日 在湖北襄樊看露天电影《暴风中的雄鹰》。

按： 从日记看，看电影、电视剧是田中禾一项十分重要的娱乐活动，从青年到晚年一直如此。青年时期，无论在唐河县城还是到外地出差，只要有机会，田中禾基本上都会以看电影作为一种业余生活。晚年主要把它作为一种消遣。除看电影、电视剧，看戏也是他的一项重要娱乐乃至文艺活动，晚年他曾多次担任评委参加戏曲评奖，也为樊粹庭①、陈素真②、刘法印③等戏曲名家写过评论推介文章。晚年的另外一项重要娱乐活动是与家人一起打麻将。

12 月 27 日 为二哥写申诉材料。"写起来如鲠如咽，内心很凄楚。去西安时，是一个火红黄金时代的少年，分配了工作，二十岁，正当风华异彩，就因为爱好文艺，日趋下坡，被朋友狗咬一口，落进人世的深渊，辗转苦辛，含垢受辱，历尽饥饿劳累，人世的苦辣酸咸几乎尝尽。光阴易逝，倏忽满头苍然，如今蹉跎成了未老先衰的老人。何等惨淡的人生，何样残酷的境遇啊！他的一生，真是令人泪下的悲剧。"

12 月 31 日 怀念兰州大学的生活。"除夕，加上星期日。但在小县城，几乎没有什么影响。我回想起初到兰大的一个除夕，在饭厅举行化装通宵舞会。舞池中央特地竖起一株枞树，上边扯满了灯泡。乐队奏着三步、四步舞曲……这美好的青年时代，一去不复返了。使人多么留恋，多么留恋啊！"

---

① 樊粹庭（1905—1966），男，原名樊郁，河南遂平人，著名豫剧作家、改革家和教育家，被称为"现代豫剧之父"。1929 年毕业于河南大学，1934 年创办豫声剧院，自任院长、编剧和导演，并与陈素真共同改革豫剧的表演、音乐、服装及化装。

② 陈素真（1918—1994），女，原名王若瑜，祖籍陕西富平，生于河南开封。著名豫剧表演艺术家、陈派艺术创始人、豫剧六大名旦之首，代表作有《宇宙锋》《梵王宫》《春秋配》等。

③ 刘法印（1922—1989），男，艺名"垫窝"，河南上蔡人。豫剧沙河调最有代表性的小生演员，誉名"活周瑜"，主要作品有《提寇准》《黄鹤楼》等。

按：在 1977—1978 年的日记中，田中禾大量使用了第二批简化字。如芽、歺、芷、疒、卩、宲（分别是"菜、餐、藏、病、部、富"的二简字）等，很有时代特色。

1979 年　39 岁

1月，大型文学刊物《收获》复刊。

1月，河南省文联主办的文学月刊《奔流》复刊。

10月30日至11月16日，中国文学艺术工作者第四次全国代表大会在北京召开。

1月2日　对前途表示忧虑。"随着年龄的增长，我确实已经消磨了任何的锐气，甚至比一二年前更不如。本来，打倒'四人帮'，给人民以民主，自己久久郁积的闷气该是舒展了一些，可是，搞创作，一点也打不起精神。"

1月4日　阅读《光明日报》。"订这样一份报纸，费了很大劲，托了许多人。"

1月8日　在大哥的启发下完成要求为自己平反昭雪的《申诉书》。

按：关于这篇《申诉书》，有两点需要补充。其一，这篇《申诉书》明明写在1月8日的日记中，不知道为什么落款日期却写成了"79.2"。其二，从这一天开始直到 12 月 15 日，几乎整整一年时间，田中禾都在为平反的事情奔波烦恼。其间的遭遇主要有："得到的答复尚好。""大概昭雪不成什么问题，只是分配工作不容易。""平反的问题又去催问，没有什么动静。""似乎在面前闪现出一线希望。""整整一上午，掂起两腿到处跑办，区公安局三趟，县委两趟，教育局两趟，唐师，高招办公室……腿跑疼了，连个眉目也没有。""问题已解决。"15 日，"连日的催问，腿也跑了不少，所盼来的却是一纸《关于张其华被定为现行反革命现予纠正的通知》。文字极其可憎"。

1 月 9 日　产生创办《新民周报》的想法。"我确实越来越非分地幻想着能够自编自办一个《新民周报》。我们开了印刷厂，这是十分有利的条件。如果行政方面不加制止，一份周报是很容易办起来的。""办《新民周报》的愿望如能实现，下半生还算可有作为，但确实不那么容易。"

1 月 14 日　看日本电影《望乡》。"是一部很有激动人心的艺术性的作品，其苦比《卖花姑娘》更为深沉。"

按：《望乡》是 1974 年上映的日本电影，曾获柏林国际电影节银熊奖最佳女演员奖、奥斯卡金像奖最佳外语片奖提名，改革开放之初在中国上映，引起了很大影响和争议。相关情形可以参考巴金《随想录》第一篇《谈〈望乡〉》。《卖花姑娘》是由金日成编剧，朴学、金正日导演，于 1972 年上映的朝鲜革命电影。

1 月 18 日　在湖北襄阳看电影《雾都孤儿》。"很不错。"

1月25日　"千家万户都在忙忙碌碌地准备过年。由于今年市场比较开放，猪肉及各种农副产品多得要命。年集哄闹的人群从大操场到大街，从街内到城外，一直蔓延到汽车站，拥挤不动，摩肩擦踵。"

1月30日、2月10日　看电影《夜袭机场》《风雨里程》《金铃传》《51号兵站》。

2月14日　看电影《百万英镑》。"讽刺挖苦得极为深刻。"同日，思考人生及文学创作，"我自己的经历本来是可以写成好小说的。这些年，绚丽的童话幻梦早被冷酷的现实粉碎，童话再也写不出了，脑子里所有的只是壮怀激烈的现实思想"。

3月1日　看电影《家》。"《家》可以说是现代的《红楼梦》，反映了封建制度的崩溃。一种令人窒息的空气包围着青年一代，与他们的追求和个性相冲突。它较好地模拟了《红楼梦》，用儿女姻缘一类的家庭情节去反映社会。"

3月2日　担心自己的精神状态。"我担心由于我常常心神不宁，会得精神抑郁症。我应当学会将什么事都不放在心上。这几年，办厂、经商，操了许多心。有时半夜还要想一遍。明知这种过于认真的态度是不行的，然而没有办法克服。"

3月8日　看电影《未来世界》。"第一次在我国放映美国电影。并不见得多好，是属于科学幻想一类的片子，它所展示的科技的发展和未来世界，实在是太可怕了。而实际上，不会有这样可怕的事情发生。这种影片，仅是人类自己吓唬自己的噩梦。"

3月15日 看电影《追捕》。"是一个强刺激性的电影，似乎没有《望乡》感人。《追捕》所展示的日本社会，是恐怖的，是没有什么乐趣的。"

按：《追捕》是一部由高仓健、中野良子等主演的日本电影，改革开放初期在中国上映以后引起了巨大反响，高仓健的形象甚至影响了当时中国女青年的择偶标准。但是令人感到奇怪的是，在评价这部电影时田中禾丝毫没有提到高仓健的名字。

3月17日 再读《祝福》。"艺术上思想上都太深刻了。那么短，那么有力量，实在太不容易了。从结构上讲，十分严谨，有层次；从构思上讲，非常引人入胜。写风土人情，人物的神态变化，是那样深刻地剖析了社会，对生活不仅是熟悉的，而且理解得十分透彻，把握得非常准确，我实在赶不上他。这就更促使我将小说构思得更成熟些。"

3月28日 既想专心创作，又无法摆脱生活的羁绊。"我真愿意专门去搞创作，可是，我怎么摆脱生活的包袱呢？为了一家六口人的吃饭，我还得泡在痛苦的尔虞我诈的深渊里。可诅咒的生活环境！"

4月15日 读巴尔扎克的《幻灭》。"我觉得自己就是一个吕西安——软骨头的文人。既是一个无志气的人，又是一个骄傲而不自知的人。这本书在这个意义上给我以启发。不如早一点退出名利场，学大卫的结局去安分守己。""吕西安的镜子照着我，我时时觉得在人生的道路上走投无路。"

4月23日 构思小说创作。"一路上想到小说。原来构思的《无用的人》是可以写的，而国香与花旗的事是极好的长篇小说素材，再融入自己亲身经历的事情，可以从解放初期写到1978年。"

按：关于"国香与花旗的事"，笔者曾询问过田中禾先生。据他说，此事颇为曲折传奇，容有时间细细讲述。不承想，没等年谱写完，先生就已辞世，实在令人遗憾。

4月24日　在郑州东方红影剧院看电影《巴黎圣母院》。"尽管看时并不觉得好，看后却留下极深的印象。"

5月3日　看周口越调剧团的慰问演出《李天宝吊孝》。"这些过去认为十分庸俗粗浅的旧戏，现在看起来倒是一次重新认识，发现了不少优点。"

5月7日　看电影《为了和平》。"过去看时印象不坏。如今看，松散，不深刻。名演员赵丹的道白显得不流畅，白杨又做作。印象反而变坏了。"

5月20日　读左光斗、史可法故事，很受感动。"想到中国古典文学的财富发掘不够，戏、电影，本可以找到很多动人的素材的。"

5月21日　看电影《桃花扇》，很受感动。"《桃花扇》艺术形象成功的主要原因是强烈的爱国主义热情、民族气节。"

5月23日　拿回《金琵琶的歌》稿本。"前缺一页，后缺五六页，但总算有了一个大体。"

按：《金琵琶的歌》是一部长篇叙事诗，一直没有发表或出版。笔者没有见过该诗文本内容。曾想就此诗采访田中禾先生，未能实现。

6月3日　读老舍的《正红旗下》。"笔法娴熟，有鲁迅风度，有人生的体验，可惜没有完篇。"

6月6日　看南阳市新野县曲剧团演出剧目《柜中缘》《陈三两》。

6月21日至7月19日　应朋友邀请，赴甘肃省甘南藏族自治州合作镇修改剧本。在"去兰州的路上，处处留着痛苦的回忆，心情是那样的复杂"。在兰州读了电影剧本《西安事变》，很受启发。"《西安事变》气魄大，生活面宽，像个样子。"采访一位老干部，得到很多关于藏族的知识；参拜拉卜楞寺，与藏族民众有了近距离接触。其间回到母校兰州大学。

8月17日　了解到《人民文学》第7期内容，对文艺界前途"有了点朦胧的信心"。对干预生活的现实主义，产生浓厚兴趣。

按：《人民文学》1979年第7期发表有蒋子龙著名短篇小说《乔厂长上任记》。

9月8日　读美国女作家史沫特莱的《伟大的道路》。读毕，"对史沫特莱的精神大为赞赏"。

9月9日　修改《金琵琶的歌》。"刚把从监狱里找回来的《金琵琶的歌》读一遍，很失望，觉得它浅薄、幼稚，不如记忆中好。""现在我的生活底子厚了，对社会、人生有了深一些的认识，倒是有了信心改好它。"

9月15日　冒雨去看法国故事片《被侮辱与被迫害的人》。

"这些作品总比中国作品揭露社会、人生更深刻，艺术魅力更大。"

9月20日、21日　为推动个人历史问题完全平反，分别给时任河南省委第一书记段君毅①、中共中央宣传部部长胡耀邦写信申诉。10月15日收到中共中央宣传部复信，让直接与河南省公安局联系。给段君毅的信没有回音。

10月2日　在各种创作规划面前徘徊。"小寓言太辛辣，会招来杀身之祸，写了也拿不出去。而干预生活的东西，实在令人担心。想来还是写藏族生活，写历史题材，历史题材的诗、电影、小说为妥。"

10月18日至12月8日　修改叙事长诗《金琵琶的歌》。修改的过程中，有满意，有自信，甚至有陶醉，最后却突然怀疑，犹豫不前。

11月2日　读小说《这里的黎明静悄悄》。

按：《这里的黎明静悄悄》是俄罗斯作家鲍里斯·瓦西里耶夫创作的小说，根据小说改编的同名电影影响更大。

11月3日　看电影《阿诗玛》。"不如长诗优美。"

11月10日　看电影《舞台姐妹》。"是有一定生活气息的

---

① 段君毅（1910—2004），男，河南范县人。1978年10月至1981年1月任中共河南省委第一书记、省革委会主任、省军区第一政治委员。在任期间，"段君毅要求全省各级党组织开展'实践是检验真理的唯一标准'的讨论，恢复和发扬实事求是的优良传统和作风，拨乱反正，加强团结，扭转落后局面，迅速赶上全国前进的步伐"。（中共濮阳市委党史研究室编《身负大任的段君毅》，中共党史出版社，2003，第336页）

作品，能反映一定的时代面貌。"

11月15日　在南阳看电影《吉鸿昌》。"这是'文化大革命'后拍摄的影片中，唯一较好的一部。"

读白桦①第四次文代会发言，"确有同感"。

按：白桦发言的题目是《没有突破就没有文学》。1979年11月13日，《人民日报》用一个整版发表了他的发言。这个发言影响之大，是白桦没有预料到的。巴金、严文井、冯牧、陈荒煤等许多前辈作家都给予首肯。

11月29日　看豫剧《站花墙》。"虽然逃不脱'公子落难，小姐养汉'的老套套，但也确有启发。旧戏能够长期在人民中生存，不是没有道理的。这个戏一有戏剧性，二有人物性格，三有推向戏剧冲突高潮的手法，还是能够引人入胜。比《三凤求凰》为好。"

读《聊斋》。"真佩服作者的想象力。"

12月21日　"读《人民文学》郭小川的长诗，不以为太惊人。"

12月23日　看豫剧《卷席筒》。"是相当好的一出戏。它从封建伦理善恶报应脱胎出来，是一曲善良的颂歌，不乏感人之处。"

---

① 白桦（1930—2019），男，原名陈佑华，河南信阳人，西南边疆诗群代表诗人。1953年出版短篇小说集《边疆的声音》，短篇小说《山间铃响马帮来》被改编为电影并担任编剧。由其电影剧本《苦恋》改编的电影《太阳和人》曾引起争论。有《白桦文集》四卷行世。

12 月 28 日　看越剧《碧玉簪》。"宣扬妇道的典型的封建戏。"

是年　唐河县文化馆编《唐河县文艺作品选（1949—1979）》（内部资料），收入田中禾长篇童话叙事诗《仙丹花》。

《唐河县文艺作品选（1949—1979）》封面及目录

1980年　40岁

　　5月，中国作家协会河南分会第一次代表大会在郑州召开。于黑丁①当选作协主席，李準②、苏金伞、何南丁③、张有德④等当选副主席。《中国作家协会河南分会章程》颁布。

---

　　① 于黑丁（1914—2001），男，原名于敏道，山东即墨人。新中国成立后曾任中南区作协主席兼党组书记、《长江文艺》主编、湖北省文联主席兼党组书记、河南省文联主席兼党组书记等，有《于黑丁选集》三卷。
　　② 李準（1928—2000），男，蒙古族，河南孟津人。曾任河南省文联副主席、中国作家协会河南分会副主席、中国电影家协会河南分会主席、中国现代文学馆馆长、中国作家协会副主席。代表作品有：短篇小说《不能走那条路》《李双双小传》《王结实》，长篇小说《黄河东流去》，电影剧本《李双双》、《牧马人》、《高山下的花环》（与李存葆合作），电视剧剧本《黄河东流去》等。其中，《不能走那条路》在20世纪50年代引起巨大反响，《王结实》获得1981年全国优秀短篇小说奖，《黄河东流去》获得第二届茅盾文学奖，电影剧本《李双双》获得第二届大众电影百花奖最佳编剧奖，电影剧本《高山下的花环》获得第五届中国电影金鸡奖最佳编剧奖。
　　③ 何南丁（1931—2016），男，笔名南丁，祖籍安徽安庆，生于安徽蚌埠。1949年结业于华东新闻学院。历任《河南日报》编辑，河南省文联编辑、专业作家、主席、党组书记。
　　④ 张有德（1934—1997），男，河南武陟人。曾任河南省文联副主席、河南省作协副主席。著有小说集《妹妹入学》等。《辣椒》获1978年全国优秀短篇小说奖，《妹妹入学》获全国第二届少儿文艺评奖一等奖。

10 月 10 日，由开封市文联主办的文学双月刊《梁园》创刊。从 1984 年第 1 期开始，《梁园》改名《东京文学》。

按：田中禾的短篇小说《木匠之死》发表于《东京文学》2012 年 3 月刊。

7 月 23 日 随笔《遗老与西崽》发表于《河南日报》。

是年 获平反。"事实上，一九八一年平反，我才真正开始像一个踏入自己人生的人一样干事情。那时，我本该只有二十岁，却已经四十岁了。"①

按：关于平反时间，笔者在 2022 年 5 月 5 日通过微信向田中禾先生进行了确认。他的回复是："我的平反是一个长达三年的过程。1979 年撤销原现行反革命案，1980 年下发'彻底平反、恢复名誉'的文件，1981 年以社会人才安排到唐河县文化馆创作组工作。"按照田中禾先生的回忆，他正式平反的时间是 1980 年。

---

① 田中禾：《梦中的妈妈》，载《故园一棵树》，海燕出版社，2001，第 18 页。

1981 年　41 岁

3 月，唐河县全面实行农村家庭联产承包责任制，解放了生产力，粮食产量连续三年大幅度增长，解决了农民的温饱问题，出现了卖粮难。

按：田中禾于 1988 年荣获第八届（1985—1986）全国优秀短篇小说奖的短篇小说《五月》，大概就是以这种社会现实为背景的。

4 月 20 日，中国作家协会主席团扩大会议决定成立茅盾文学奖金委员会，由中国作家协会副主席巴金任主任委员。10 月，启动茅盾文学奖评选工作，巴金任评委会主任。

5 月 15 日，由中国作家协会河南分会创办的大型文学刊物《莽原》创刊号出版。

1 月　入唐河县文化馆工作。田中禾把 1962 年从兰州大学退学到 1981 年入唐河县文化馆工作这段时间称为"自我放逐"的二十年。"没有这二十年的流浪生涯，我的作品决不会有这样深痛的沧桑感。……我并不悲观，也从不绝望，我只是在阅历丰富之后能够正视人间的不平和苦难，有了更强烈的批判意识而已。"① 在文化馆工作期间，田中禾阅读了《第二十二条军规》。这本书给他带来了很大的震撼，甚至在一定程度上改变了他的文学观。"当我结束二十年的漂泊……正当苦于找不到要读的书时，在我们文化馆那个小小的图书室里我居然发现了一本《第二十二条军规》。这本书真把我震撼了。……《沙恭达罗》的真实是少男少女的真实，《第二十二条军规》却是成人世界的真实。《沙恭达罗》使我感动，《第二十二条军规》使我觉悟。如十六岁时的饥渴一样，《第二十二条军规》引起了我第二次的阅读饥渴。……从波德莱尔、艾略特开始，我又像从大学刚刚下乡时那样，一个专题、一个专题、一个作家、一个作家地阅读。"②

6月 诗歌《鲁迅故居诗抄》（三首）发表于《洛神》第3期。

按：《洛神》是由原河南省洛阳地区文联和三门峡市（县级）文联主办的文学双月刊，创办于1981年。1986年，经国务院批准，三门峡市重新升为地级市。2005年，《洛神》更名为《三门峡文艺》。从2016年第1期开始，《三门峡文艺》重新更

---

① 苗梅玲、田中禾：《在文本现场自由行走——田中禾访谈录》，《东京文学》2012年3月刊。

② 田中禾：《从〈沙恭达罗〉到〈第二十二条军规〉》，《世界文学》2001年第6期。

名为《洛神》。

7 月 13 日　散文《嫦娥与维那斯》发表于《工人日报》。

8 月 12 日　诗歌《彩色的石子》发表于《郑州晚报》。

8 月 22 日　诗歌《书包里，装着火》发表于《河南日报》。

9 月 10 日　诗歌《鲁迅的眼睛》发表于《人民日报》。

10 月 29 日　随笔《文明小议》发表于《河南日报》。

11 月 17 日　诗歌《我是中国人》发表于《郑州晚报》。

1982 年　42 岁

12 月 4 日，五届全国人大五次会议通过并公布施行经全面修改后的《中华人民共和国宪法》。

是年第四季度，由中国作家协会河南分会主办的不定期内部刊物《河南作家通讯》"酝酿得很有一些时日"以后终于创刊。①

4 月 23 日　短篇小说《二号位》发表于《郑州晚报》。

4 月　短篇小说《小县里的新闻人物》发表于《百花园》第 4 期。

5 月　短篇小说《玉鸽》发表于《百花园》第 5 期。

8 月　短篇小说《梦，在晨曦里消散》发表于《躬耕》7—8 月合刊。

按：《躬耕》是河南省南阳市文联创办的文学期刊。1972

---

① 见《稿约》、王朴《四愿——代"发刊词"》，《河南作家通讯》1982 年第 1 期。

年12月南阳地区革命委员会政工组编辑了内部交流刊物《文艺创作选》；1977年南阳地区革命委员会文化局编辑了内部刊物《南阳文艺》；1982年第1期开始，《南阳文艺》更名为《躬耕》，为文学双月刊，公开出版发行。

8月　短篇小说《一点梅落网》发表于文化部群众文化局主办的《群众文化》第8期。

10月　短篇小说《梧桐院》发表于《躬耕》第5期。

11月　短篇小说《静夜思》发表于《百花园》第11期。

12月29日　短篇小说《明天，我怎样走》发表于《郑州晚报》。

1983 年　43 岁

3 月 7 日，中国文联主席周扬在中共中央党校召开的纪念马克思逝世一百周年学术报告会上作报告《关于马克思主义的几个理论问题的探讨》。3 月 16 日，《人民日报》发表了这一报告，并刊发批判观点，引发了全国范围内有关"人道主义""异化"问题的争鸣。

11 月 10 日，中国文联召开在京部分文艺工作者座谈会，讨论贯彻党的十一届三中全会精神，以及"清除精神污染"问题。

1 月 4 日　制订 1983 年创作计划。"今年创作计划：《躬耕》2 篇，《百花园》2 篇，《郑州晚报》2 篇，《南阳日报》2 篇，《奔流》1 篇，《莽原》1 篇中篇，《当代》1 篇，《萌芽》1 篇，《上海文学》1 篇，《人民文学》1 篇。共短篇 9 篇，小小说 4 篇，中篇 1 篇。现在已有短篇 3 篇，小小说 3 篇，需完成短篇 6 篇，中篇 1 篇，小小说 1 篇。截至 1983 年 9 月，9 个月基本上每月需出 1 篇，故事不包括在内。"

1—3月　为自己和爱人韩瑾荣的工资奔忙。"为工资事，跑得疲累不堪。瑾荣的已有指望，我的反而另生枝节。"

1月24日　看英国电影《三十九级台阶》。

1月25日　"收到《当代》来信，《月亮走，我也走》提审通过，待时上刊。一九八三年将是在文坛上打开局面的关键性一年。"

2月13日　为二哥的一生叹惋。"我又爱莫能助，心里常觉慊慊。"15日，"同小哥一起去小方庄。酒后，小哥触发痛楚，哭了一场，使我心里很不好受。他真是个又可怜又愚笨的人"。

2月23日　加入中国作家协会河南分会。"1983年2月23日，作协河南分会召开主席团会议，研究批准马岭等38位同志为中国作家协会河南分会会员。"其中有"张其华"。①

3月20日　"接到《百花园》信及嘉季②师寄的《莽原》第一期。"

按：1980年代田中禾在文坛复出的过程中，曾得到庞嘉季很多帮助。4月1日日记："接嘉季师来信。一位热心的导师的一片热情。"

3月　短篇小说《两垄麦》发表于《百花园》第3期。

---

① 《作协河南分会发展一批新会员》，《河南作家通讯》1983年第1期。
② 庞嘉季（1925—2016），男，江苏南京人。1949年肄业于上海暨南大学新闻系。历任《河南日报》编辑，《翻身文艺》《河南文艺》《奔流》《莽原》等杂志副主编、负责人。曾任河南省作家协会常务副主席。

短篇小说《一棵树，两棵树……》发表于《躬耕》第2期。

4月2—6日　在南阳开会。"听贺敬之、朱穆之①的讲话录音。""听传达省文联的精神。"

4月20日　读完《茶花女》。"有很长一段时间我没有读过这样激动人心的作品了。后来，我哭了。"

4月30日　看英国电影《海狼》。"很不错。"

5月10—17日　到郑州改稿。

5月22日　读完《驴皮记》。"是巴尔扎克的败笔。"

6月1日　读海明威的《丧钟为谁而鸣》。"很有可学处。"

6月4日　看电影《人到中年》。

按：电影《人到中年》由谌容同名小说改编。

7月6—18日　到信阳鸡公山参加笔会。"这次上山，闭门写东西，平均一天九千来字，连鸡公头都未能去看看。"鸡公山的风景给田中禾留下了深刻印象，因为这十来天"常在小雨和云雾中"。"早晨，雾从幽深的谷底升起来，绿色的山坡在阳光下露出鲜明的线条。""夜里，站在楼外，眺望四野有无穷的诗意。山谷里哗哗的水声传来，四外都是不可测度的幽谷。夜雾蒸腾，看不见平野和山脚，树林阴森森的，真美。"在山上，田中禾见到了庞嘉季和乔典运。

7月　短篇小说《遥远的彼岸》发表于《百花园》第7期。

---

① 朱穆之（1916—2015），男，江苏江阴人。新中国成立后，曾任新华社副总编辑、副社长、社长、党组书记，中共中央宣传部副部长，文化部部长、党组书记等。

7月　短篇小说《月亮走，我也走》发表于《当代》第4期。

8月4日　读《巴马修道院》。

按：《巴马修道院》是法国著名作家司汤达代表性的长篇小说。

8月16日　在唐河县文化局举办的文化专干培训班上讲文学原理基础知识。

8月19日　读完《红与黑》。"远不如《茶花女》感人，也不如巴尔扎克的一些作品那么富有真实感。"

8月26日　看电影《少林寺弟子》。

9月2日、6日　"开会学《邓小平文选》。"

9月6日开始　给唐河县电大学员辅导写作课。

10月30日至11月4日　"接《莽原》信，让去郑州改稿。"在郑州期间的主要活动包括：①在《莽原》编辑部会议上听庞嘉季谈"磨盘庄"问题。"清除精神污染"把它点名批了。②游览少林寺、中岳庙。③与编辑商定将稿子带回家改。④与庞嘉季谈"清除精神污染"。"不免心里惴惴的，担心地、县会怎样刮这股风。"⑤与文友接触后心情低落。"四十余岁了，事业上仍无突破，还在省内蹒跚。瞻望前景，差距甚大。杨东明①

---

①　杨东明（1950—　），男，湖北武汉人，曾任《莽原》杂志社编辑、河南省作家协会副主席。

就要出两个集子了。与张一弓①、叶文玲②远无法匹比，而他们的创作难道真的比我高明那么多吗？退路的考虑，出版社也需要人。可是，我就甘心去钻入吗？不钻，也许仍是当年书生之迂。钻，又不甘心就此无所作为。真叫人进退两难。"

11 月　诗歌《珠贝的项链》发表于《广州文艺》第 11 期。

12 月 1 日　收到诗歌《珠贝的项链》十元稿费。"立即取了，买面。晚上一家人就吃这一首诗。"

12 月 2 日　开会学习"清除精神污染"文件。"方解'异化'之意。原来不曾留意理论界的东西。"

12 月 4—7 日　创作修改完成《秋水》。

读《新华文摘》转载的《蛐蛐》。"对李佩甫③其人耳目一新。此文六千字左右，写得很美，人物活泼，选材和场景角度都很精巧，因而将一个泛泛的题材写活了。"

12 月 10 日　写完《初雪》。

---

①　张一弓（1934—2016），男，河南新野人。曾任《河南日报》记者、编辑、革委会副主任兼党的核心小组副组长，中共河南省委办公厅副主任，河南省作家协会副主席、主席。《黑娃照相》获 1981 年全国优秀短篇小说奖，《犯人李铜钟的故事》获全国第一届优秀中篇小说一等奖，《张铁匠的罗曼史》《春妞儿和她的小嘎斯》获全国第二、第三届优秀中篇小说奖。

②　叶文玲（1942—　），女，浙江玉环人。1962 年迁居河南郑州，1979 年调入河南省文联任专业作家，1986 年调回浙江省文联任专业作家。曾任浙江省文联副主席、浙江省作家协会主席。短篇小说《心香》获得 1980 年全国优秀短篇小说奖，有《叶文玲文集》（全 16 册）行世。

③　李佩甫（1953—　），男，河南许昌人。曾任《莽原》副主编、河南省文联副主席、河南省作协主席。代表作品主要有：《李氏家族的第十七代玄孙》《羊的门》《生命册》。其中，《生命册》获第九届茅盾文学奖并入选"新中国 70 年 70 部长篇小说典藏"。

本年度重要论文:

曾凡:《田中禾小说印象》,《百花园》1983 年第 11 期。

按: 这大概是目前所见有关田中禾文学创作的最早评论文章。

1984 年　44 岁

1 月，《莽原》文学社设立《莽原》文学奖。

6 月，由河南省文联创办的《散文选刊》创刊。

8 月，由河南省文联创办的《传奇文学选刊》创刊。

11 月 14—20 日，河南省第二次青年文学创作会议在郑州召开，到会代表 271 人。①

1 月 1—3 日　创作完成短篇小说《槐影》。

1 月 6—10 日　在郑州市参加中国作家协会河南分会、《奔流》《莽原》编辑部联合召开的小说创作座谈会。② 到会的著名

---

①　左娈：《造就文学新人　振兴河南文坛——我省召开第二次青年文学创作会议》，《河南作家通讯》1984 年第 4 期。

②　左娈：《中国作家协会河南分会、〈奔流〉〈莽原〉编辑部联合召开小说创作座谈会》，《河南作家通讯》1984 年第 1 期。

作家有：苏金伞、张有德、张一弓、叶文玲、张宇①、张斌②、段荃法③等。6日下午，"听邓力群④讲话录音"。

1月24日 读郑义发表在《当代》1983年第6期的中篇小说《冰河》。"写得挺不错。"

2月26日 《槐影》被《人民文学》退稿。"有些出乎意料。"

2月 短篇小说《秋水》发表于《百花园》第2期。

3月2—3日 读《小公务员之死》。"前半部冗长，人物介绍不必要地繁琐，也许是为了稿费。后半部才逐渐变得扣人心弦，对社会关系有很深的理解。"

3月9日 母亲田琴去世，享年81岁。

按： 田琴去世时的年龄按1904年1月2日出生计算。

"这是一个永生难忘的日子。它本来同其他的日子一样平常。本拟今日净完稿子，结果天降横祸，敬爱的母亲竟别我们而去了。这是一个早已议论，早已准备，早该预料的日子，我却一点也没有思想上的准备，以致面对现实，终难接受。"

---

① 张宇（1952— ），男，河南洛宁人，曾任河南省作协主席。代表作主要有《活鬼》《疼痛与抚摸》《软弱》等。
② 张斌（1934— ），男，又名老张斌，河北乐亭人。有小说集《蔷薇花瓣儿》、长篇小说《一岁等于一生》等。
③ 段荃法（1936—2010），男，河南舞阳人。曾任《莽原》主编、河南省作家协会副主席，有短篇小说集《天棚趣话录》等。
④ 邓力群（1915—2015），男，湖南桂东人。中国共产党思想理论宣传战线的杰出领导人，马克思主义理论家。曾任中共中央宣传部部长、中国共产党第十二届中央委员、中共中央书记处书记，1987年当选中共中央顾问委员会委员。

1984年与母亲及家人在唐河故居（前排：女儿
张晓雪、次子张晓雷。中排：母亲田琴。后排：
田中禾、长子张晓沛、妻子韩瑾荣）

　　母亲去世时，"吊唁的人密密麻麻挤满我家院子和门口的小
路，几乎一道街的旧友街坊都以诚挚的敬意向她告别。那一刻，
我深为母亲平凡的一生感到自豪"。在总结母亲在乡里间赢得如
此尊敬和声望的原因时，田中禾说："也许是太多的人生苦难和

坚强自信、自强不息的性格造就了她。"①

母亲的离开使田中禾陷入了深深的悲伤之中。"虽然她是八十二岁高龄离开我，可我还是没法接受失去母亲的现实，无心读书，也不能写作，直到半年后才从悲痛中慢慢走出来。"② 母亲不仅是田中禾的启蒙老师，同时也是对他影响最大的人。"母亲脸上没有愁容和泪水。她用挚爱与坚强抚育我们，把四个孩子教养成才，让我们人人读书，送我们走出家乡。""母亲自尊而热爱生活的家风一直是我多少年坎坷岁月的精神支柱。""善良、智慧、刚强、正直、热情、开朗、乐于助人、丰富的母亲，留给我汲取不完的人生滋养。"③ 这样一个母亲形象在田中禾的很多文学作品中曾经反复出现，成为他文学创作的一个持久性主题，这些作品主要包括：短篇小说集《落叶溪》、长篇小说《匪首》《十七岁》《父亲和她们》《模糊》，而田中禾书写母亲最直接的作品还应该是散文作品《寸草六题》。母亲对田中禾文学创作的另外一个十分重要的影响是，田中禾很多有关唐河的小说素材很大程度上来源于田中禾的母亲。这就像田中禾在回忆中所描绘的那样："夏日黄昏，母亲坐在树下，摇着扇子给我讲街坊邻里和县城的陈年旧事。"④

---

① 田中禾：《春天的思念》，载《故园一棵树》，海燕出版社，2001，第28、29页。

② 田中禾：《重读〈五月〉》，《今晚报》2012年4月19日第21版。

③ 田中禾：《春天的思念》，载《故园一棵树》，海燕出版社，2001，第29、30、31页。

④ 田中禾：《故园一棵树》，海燕出版社，2001，第20页。

4月17—22日　在洛阳参加"农村题材小说创作座谈会"。

"这是一个人数较多的盛会，作者60多人。"座谈会由河南省文联副主席张有德，中国作协河南分会副主席庞嘉季、郑克西①主持。河南省文联主席、党组书记何南丁出席了会议。这次会议对河南农村题材小说创作的提升起到了重要作用。

与南丁（右）合影

参会期间，与南丁初次见面，南丁对田中禾的评价是："从他的谈吐中留下此人有些独特想法的印象。"②分组讨论时"与张一弓交上了朋友"，与鲁枢元③"也算建立了了解"。

会上，庞嘉季向南丁推荐田中禾作大会发言。田中禾发言的题目是《扎实全面地提高个人素养》，主要内容是反思自己的创作。他从庞嘉季给他提

———————————

① 郑克西（1929—2010），男，上海人。曾任《河南日报》下乡工作队队员、河南省文联创作员、河南省作协副主席。有短篇小说集《贷粮》《杏林春暖》、散文集《三门峡纪事》等。

② 南丁：《也是喧闹的1986》，载《经七路34号》，河南文艺出版社，2017，第206页。

③ 鲁枢元（1946—　），男，河南开封人，著名文艺理论家。1967年毕业于河南大学中文系，先后任教于郑州大学、海南大学、苏州大学。代表著作有《创作心理研究》《文艺心理阐释》《超越语言》《生态文艺学》《生态批评的空间》等。

的建议"要作养气之功"开始，提出"所谓养气，就是扎实地全面地提高个人的素养。包括思想的、学识的、艺术的、气质的"。认为自己前期的创作不成功的主要原因是用农民的眼光看农民，以农民的气质写农民，不是以一个历史家、文学家的眼光研究农民，把乡土文学误解为俚俗文艺。具体表现在：（1）创作观念庸俗猥琐，不能立足于历史，淡漠了作家的社会责任心。（2）只注意阶段性的政策、形势，忽视社会主义理论、政治经济学、辩证唯物主义等基本理论的学习。缺乏时代的横断面与历史的纵剖面的比较的思考。（3）在艺术上不是扎实地提高综合功力，或则贪功卖乖，凭小聪明设巧取胜；或则不敢大胆更新自己，墨守程式。（4）艺术观上的俚俗。①对乡土气息和民族风格的误解。②以人物形象的劝世目的来代替它的美学观念。③在语言和文风上以直觉的纯朴代替精湛的艺术。在发言中，田中禾还提出语言训练的三个阶段。第一阶段是用直觉的纯朴去写，大多数文化程度较低的业余作者都是从这路走出去的。第二阶段是陆游所说"我初学诗日，但欲工藻绘"。在语言的表象上下功夫，尽意挥洒。第三阶段是返璞归真的阶段，由挥发而内饮、浓缩，在语言的内蕴上下功夫。把红薯干味奉为河南唯一标准的文风，无异于给自己戴上枷锁。文学是语言的艺术，应当力求精湛。过分追求俚俗，反而堕入粗疏简陋，这是不可足的。田中禾谈的第三个问题是如何继承20世纪50年代河南乡土作家的优秀传统的问题。20世纪50年代，河南的农村题材创作曾经出现一个高峰，一群以写农民的作家为主体的乡土作家如群星辉耀。他们的作品反映了一个伟大变革的时代，具有鲜明的人民性。那种从民间文学脱颖而出的泼辣明快、诙谐幽默的文风具有浓郁的泥土气息和乡土风味。他们与人民共命运、与时代共呼吸的创作观，他们勇于创新的在艺术上的解放精神，他们在生活中发现新人物的艺术实践，都是我们所应当继承的。①

4月24日　在南阳听刘绍棠讲课。不太满意。

4月　诗歌《小手拖》发表于《广州文艺》第4期。

5月1日　收到《小手拖》一诗稿费十元。

5月5—7日　读《绿化树》。

按：《绿化树》是著名作家张贤亮发表于《十月》1984年第2期的中篇小说，曾引起较大反响和争议。

5月9日　接电视艺术委员会孟杰信，说《月亮走，我也走》已被改编为电视剧。5月12日，《当代》杂志给田中禾转来宁夏电视台的征询信。5月19日，又说已着手改编《遥远的彼岸》。

5月17日　读黑格尔的《美学》。

5月19日　读《歌德诗集》。

5月23日　读自己的小说《槐影》《玉鸽》。"觉得像自己写的。我怎么能写出来呢?《槐影》写得多么好啊!"

5月　诗歌《泉州湾·日湖塔》发表于《广州文艺》第5期。

---

① 田中禾：《扎实全面地提高个人素养》，《河南作家通讯》1984年第2期。

7月10日　看电影《月到中秋》。"从家庭伦理人情写出人与人的信任，有新意，也动情。小娟的角色演得最好。小娟的内心世界归因于'四人帮'一笔虽然使主题深化，同时也使剧本落入俗套。"

7月30日　读何士光的《青砖的楼房》。"写得好。它使我理解到什么叫'典型'。其中的小县，县委书记、校长、几位教师都有鲜明的典型性。从小事入手写去，却挖掘极深。从小县一隅而见社会之纵深，文情并茂。写景处文字古朴而新鲜，细腻而不猥琐，是少见的好中篇。可是，'日报''选刊''文摘'均未转载，太不公平了。"

8月10日　应邀在唐河县桐砦铺乡举办的青年读书会上作报告，报告题目是《从文学谈人生》。"五百多名男女青年踊跃参加听讲。""田中禾同志从当前反映青年生活的文学作品谈到八十年代青年关于生活和命运的思考。他用很多生动的实例，对联产责任制后，农村经济商品化这场大变革中青年人的各种思想作了细致分析。由于讲得形象生动，深入浅出，会场上反应热烈。部分外乡、外县的过路青年也到场听讲。青年们激动地说：这是一次别开生面的报告会。会后有十几个青年报名参加了乡文化站组织的文学创作组。"①

8月11日　写出《五月》提纲。9月16日开始创作，"如果能够真实地反映农民的生活，那该多称意"。10月3日，一边

---

① 杨运亭：《分会会员田中禾应邀在唐河县桐砦铺乡举办的读书会上作报告》，《河南作家通讯》1984年第3期。

创作一边修改，"改娃挨打，我替她流下同情的泪"。10 月 12 日，创作完成，请亲朋好友听初稿。"反应不如普通农民热烈。但已基本肯定了它的生活气息和文字优美。至于思想内容上的争论，原是预料中事。"11 月 29 日，再次修改后寄《人民文学》。

8 月 19 日　看日本电视剧《血疑》。

按：《血疑》是由山口百惠、三浦友和主演的日本电视剧，20 世纪 80 年代在中国热播。

8 月 21 日　同时收到两封退稿信。"真叫人沮丧。我觉得自己确实太笨了。"

9 月 8 日　看电影《雷雨》。"繁漪演得挺好，周朴园由孙道临饰，也可以。但此次一看，突出地觉得本子模仿西欧作品痕迹明显。尤其鲁侍萍，这个人物根本不像一个佣人，又受过三十年苦，而分明是一个小知识分子新女性。"

9 月 17 日　看波兰电影《夜茫茫》。"反映贵族门阀扼杀个性解放婚姻自由及蔑视平民的常见的西欧悲剧。画面很美。"

10 月 11 日　处于小说写作状态。"总算将小说写完了。结尾煞起来似乎也很容易。总字数约两万五千。今天写了三千七百字。明日读给一些人听听，就放下，开始《山这边》的写作。等《山这边》脱稿，再修改，誊净。明日下午可做准备，13 号起至丹江笔会结束（约 20 号）还有八天。够紧的。争取在十天（即 22 号左右）脱出来，然后转入《无花泉》的修改。"

按：从 20 世纪 80 年代起，田中禾一直处于写作状态，从未间断。这在他的日记中有十分密集的体现。作为年谱，我们不能把他每天的写作情况照录下来。在这里，我们选择一天较为典型的状态记录在这里，以彰显田中禾小说创作的日常状态。

10 月 23 日 任唐河县文化馆馆长。接下来的一段日子里，田中禾经常为开不完的会苦恼。25 日，"又开了一天会。真受不了"。26 日，"上午开全馆同志会。算是新班子第一次与同志见面布置工作"。27 日，"上午在地委小会议室听报告，下午学十二届

1986 年与家人在唐河县文化馆

三中全会公报"。28 日，"上午听报告，下午讨论"。29 日，"继续讨论一天"。30 日，"上午讨论，下午听报告"。31 日，"在群艺馆开了一天会"。11 月 1 日，"晚上开班子会，研究几个问题"。5 日，"与曲艺人员开座谈茶话会"。7 日，"参加县委宣传部召开的宣传战线会，一整天"。8 日，"一天会。很烦人"。……

按：2016 年，为纪念河南省文化馆建馆 60 周年，田中禾创作了《留在文化馆里的故事》。在这篇散文中，他详细回忆了任唐河县文化馆馆长期间所做的工作。"故乡唐河县的文化馆是一座封闭的方形院落。临街两面高墙夹着带台阶的大门，前院敞开，后院幽静，花木葱茏，大树成荫。清代是书院，民国是'民众教育馆'，解放后是县城文化活动中心，从小在我心中就是一处圣地。"任馆长以后，"我做的第一件事是把馆里人员分成不同的专业组，设了负责人，由组里把业务活动编列出来，经馆长办公室和财务通过，每半年编一份馆历，以周为单元，列明每周各组活动项目、经费预算、负责人，各组按馆历行事"。"我做的第二件事是设立一位办公室主任，代替馆长出席县里各种会议，统揽馆内一切行政杂务……这样，我就成了甩手掌柜，可以有更多时间读书写作，参加文学活动。腾出精力，开办了'周末文艺讲座'，请文学艺术名家来讲课，对县里文风影响很大，带动了一批作者。我自己的创作也出现了一次高潮，20 世纪 80 年代中期一些有影响的作品都是这个时期写出来的。"[1]

其间，他还通过各种措施，解决了文化馆的经济压力。通过敞开办理借书证，增加了图书室的图书，满足了县城读书人的需求。清理、盘点、收集了唐河县的大量文物，多方争取经费，修葺了"唐河县的标志"泗洲塔。"离开家乡后，有人传

---

[1] 田中禾：《留在文化馆里的故事》，载《同石斋札记·花儿与少年》，大象出版社，2019，第 238—240 页。

说，因为我把塔修了三层，得到佛的保佑，因此能连升三级，成了省里干部。我听了一笑，这不过是家乡父老对一个文化馆馆长的褒奖。"①

---

① 田中禾：《留在文化馆里的故事》，载《同石斋札记·花儿与少年》，大象出版社，2019，第247页。

1985 年　45 岁

　　1 月 27 日，中国作协河南分会一届三次理事（扩大）会给周扬发去慰问信："周扬同志：我们参加中国作协河南分会一届三次理事（扩大）会的全体同志，惊闻您患病住院的消息，深感不安，谨向您表示深切的慰问，并祝您早日恢复健康。"① 2 月 2 日，苏灵扬给"作家协会河南分会的同志们"复信表示："他住院已四月有余，略有起色，但起色不大，要作较长时间的治疗。但愿他康复起来，再能和同志们一起携手共为社会主义的文艺事业略尽微力。"②

　　1 月，《莽原》由季刊改为大型文学双月刊。

　　1 月 1 日　看电影《花园街五号》。"不感兴趣。"

　　按：电影《花园街五号》由李国文同名小说改编。

---

　　① 《中国作家协会河南分会一届三次理事扩大会给周扬同志的慰问信》，《河南作家通讯》1985 年第 1 期。
　　② 《周扬同志家属的复信》，《河南作家通讯》1985 年第 1 期。

1 月　短篇小说《槐影》发表于《上海文学》第 1 期。

按：小说发表后，《上海文学》责任编辑钟佩珍专程到唐河县拜见田中禾。这件事一直让田中禾铭记于心，2022 年 6 月 8 日在与笔者微信交流时他还深情地回忆了当年的情景："那时交通不便，南阳至唐河每天只有两班车，郑州至南阳要坐一整晚火车。我很感动，此后给她一组五篇《落叶溪》，那应该是《落叶溪》首次亮相，发在《上海文学》1987 年第 12 期。《明天的太阳》发表于 1989 年第 6 期，后被多家杂志转载，获第四届《上海文学》奖。第二年去参加颁奖会，再次见到钟佩珍。与周介人、王安忆、范小青交谈甚洽。又发一组四篇《落叶溪》于《上海文学》1990年第 11 期。那时钟佩珍退休。""那时上海编辑的敬业、踏实与有些地方出版界的油滑、不可靠，形成鲜明对比。"

1 月　短篇小说《嫩伢儿》发表于《广州文艺》第 1 期。

2 月　顶住压力，经过多次争取，成功在文化馆凭票举办舞会，既活跃了唐河县城的娱乐生活，又增加了文化馆的经济收入。

3 月 8—13 日　在南阳市文联招待所创作小说。

3 月 15 日　得知《人民文学》编辑把《五月》转给了《山西文学》，感到"又气又无计可施"。

3 月 18 日　读《西方现代派文学研究》。

按：《西方现代派文学研究》，陈焜著，北京大学出版社1981 年 8 月出版。

3 月 23 日　读《第二十二条军规》。

按：田中禾阅读的版本应该是上海译文出版社 1981 年"外

国文艺丛书"版。

3 月 25 日　看由巴金小说改编的宽银幕电影《寒夜》。"演员不错，导演手法也有些创新，很大的优点是不滥用音乐。"

3 月 26 日　《山西文学》对《五月》十分欣赏。"这对于一个作者，够欣慰的了。"

3 月 30 日　筹备文艺讲座异常成功。"又是一个出人意料的盛况，人多得不得了，只得改在城郊乡礼堂，仍然大挤。听讲者很用心，很静。不得不使人慨叹，群众文化工作远远跟不上群众的要求。"

4 月　短篇小说《小小一片云》发表于《躬耕》第 2 期。

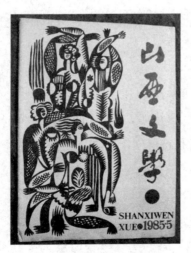

《山西文学》1985 年第 5 期封面

5 月　短篇小说《五月》发表于《山西文学》第 5 期头条。该小说先后被《小说选刊》（1985 年第 7 期）、《小说月报》（1985 年第 8 期）、《新华文摘》（1985 年第 9 期）转载。

按一：《唐河县志》对这一信息的记载是："业余作者田中禾创作的小说《五月》在山西《小说月刊》杂志上发表，《红旗》杂志为此发表了评论文章。"①

———————

① 唐河县地方史志编纂委员会编《唐河县志》，中州古籍出版社，1993，第 62 页。

《山西文学》1985 年第 5 期目录

　　按二：《唐河县志》所述《五月》发表信息显然是错误的。对《唐河县志》的这段记载，2022 年 5 月 3 日田中禾先生在与笔者微信交流时作了一些订正："县志这段记述不太准确。创作《五月》时，我是唐河县文化馆专业创作员，发表时已任馆长。我当时把稿子寄给了《人民文学》，《人民文学》的编辑是位山西老乡，与张石山要好，他认为这篇稿子能获奖，私自将稿子转给张石山，发表在《山西文学》1985 年第 5 期，这位编辑后来受了处分。作品刊出后，评论界几无反应，《小说月报》《小说选刊》《新华文摘》陆续转载，《红旗》杂志约请张石山写了评论，《文学评论》于该小说 1988 年获奖后发表了曾镇南的《时间的磨洗》。小说发表后，在唐河本县虽有好评，但反响并不强烈，当时我在县城知识界、文化界一直是有名的少年才子，灰色人物，混迹于市井，到文化馆后也与业界很少交流。写出这样作品，他们并不惊奇。倒是省会文学界引起一时震动，被几位大佬重视，不久后将我调入省文联。"

按三："按二"中田中禾先生的回忆也有不确之处。曾镇南的《时间的磨洗》一文发表于《小说选刊》1988 年第 7 期。

对这篇小说的创作经过，田中禾有如下回忆："那时我刚刚平反，重新参加工作，在故乡唐河县文化馆做创作员。失去了二十年大好时光，像急着赶车的人一样，一面拼命读书，一面充满激情地写作，常常工作到深夜。就在这时，母亲的身体一天不如一天，我和夫人轮流请假侍奉老人。""这篇小说早在母亲去世前我已经构思好，并写出了开头，由于母亲病体日重，直到一年多后才重新拿起笔，把它完成。""《五月》是母亲去世后我写的第一篇作品，其中融入了对母亲的沉痛思念，至今读起来还能感受到亲情的涌动。"①

对这篇小说，田中禾本人有自己的看法。"当时文坛上出现了一批写农村改革的小说，热情歌颂联产承包责任制后农村的巨大变化。我对主流文坛这种乐观调子并不完全认同。《五月》以人性的视角，从丰收季节的苦恼和家庭矛盾切入，就是想给历史留下一个真实写照。为了真实，就选取最平常的农家、最平常的生活，不制造轰动情节，不进行形式方面的先锋探索，

---

① 田中禾：《寸草六题·永远的告慰》，载《同石斋札记·花儿与少年》，大象出版社，2019，第 100—102 页。

让整篇文字呈现出平和的面貌。"这篇小说的创作在一定程度上影响了田中禾此后的文学观。"从《五月》开始,我一直秉持着疏离主流、坚守边缘的创作观念,守持着文学的忧患意识与批判精神,坚持文学的人性立场。"①

有评论认为,《五月》代表了田中禾现实主义创作的最高成就。"小说表现出了田中禾现实主义的敏锐感觉和深邃洞察力。撕裂了农村现实生活中富丽堂皇的画布,摘去了长期罩在当代农村和农民头上的漂亮光环,现出了当代农村现实生活的本来面目,更主要的,也是作品最富现实主义深度的,是它避开了在世风影响下乡土小说的乐观浪漫情怀,以真诚的态度揭示了由于党的政策失误给当代农民生产生活造成的损失和伤害。"②

5月22日 《小说选刊》来函通知将选载《五月》。"我从来没有认为《选刊》是不可逾越的,甚至早就认为它选的东西其实并没有什么特别好的地方,但这毕竟算是八五年取得的小小的突破。"

6月4日 修改《春日》《泥路》。"改动不小,似乎有效。从前写的东西,是耐不住推敲。"

看捷克斯洛伐克传记片《非凡的艾玛》。"拍得很美,油画感很强。"

---

① 田中禾:《重读〈五月〉》,《今晚报》2012年4月19日第21版。

② 张书恒:《非先锋的先锋性——论田中禾九十年代的创作转型》,《河南师范大学学报(哲学社会科学版)》1999年第5期。

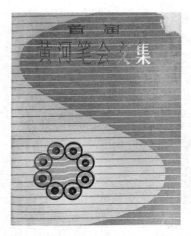

《首届黄河笔会文集》封面

7月 短篇小说《伐柯》发表于南昌市文联主办的《小说天地》第7期。

8月13—24日 在山西太原参加首届黄河笔会。田中禾在会上发表感言《过去和未来的召唤》,主要表达对大同市佛雕和煤矿的印象。

按:黄河笔会是由黄河流域青海、甘肃、宁夏、内蒙古、陕西、山西、河南、山东8个省(自治区)的作协发起组织的。"每年在一个省(自治区)举办一次作家会见会,互相交流

1985年首届黄河笔会与蒋韵(中)、郑义(右一)合影

1985 年首届黄河笔会与李锐（左）合影

创作经验，探讨创作中的问题，取长补短，共同提高。"① 参加
首届黄河笔会的作家主要有：内蒙古作家扎拉嘎胡、汪浙成，
陕西作家杜鹏程、王汶石、路遥、魏钢焰、王愚，山西作家李
锐、郑义、董大中、柯云路、韩石山、张平、蒋韵②，河南作家

① 马烽：《贺黄河笔会》，载《首届黄河笔会文集》，自印本，第 9 页。
② 蒋韵（1954— ），女，祖籍河南开封，生于山西太原。代表作品有小说
《隐秘盛开》（获 2004—2006 年度赵树理文学奖长篇小说奖），《心爱的树》[获第
四届鲁迅文学奖（2004—2006）全国优秀中篇小说奖]，《行走的年代》（中篇版
获第二届郁达夫小说奖中篇小说奖），《朗霞的西街》（获 2014 年老舍文学奖中篇
小说奖），《您好，安娜》（获第三届吴承恩长篇小说奖），以及长篇非虚构作品
《北方厨房：一个家庭的烹饪史》，等等。

苏金伞、南丁、田中禾、段荃法、孙荪①、张宇，山东作家王润滋、张炜、矫健、宋遂良，北京特邀作家牛汉、蓝翎、鲍昌、张韧、何镇邦、何启治、张颐武，等等。

8月　论文《简论巴尔扎克对理想形象的塑造》发表于河南《文学论丛》（第四辑）。

按：《文学论丛》由河南省社会科学院文学研究所、河南省文学学会主办，著名学者任访秋担任主编，目前所见共出版七辑。具体出版信息如下：1983 年 12 月、1984 年 3 月、1985 年 11 月由河南人民出版社出版第一辑、第二辑、第三辑，1985 年 8 月、1985 年 11 月、1987 年 10 月、1987 年 7 月由黄河文艺出版社出版第四辑、第五辑（中国当代文学专号）、第六辑（中国古典文学专号）、第七辑。

9月12日　创作谈《我写〈五月〉》发表于《河南农民报》。

10月　短篇小说《山这边》发表于《奔流》第 10 期。

中篇小说《剑峰之雾》发表于《百花园》第 10 期。

11月　中篇小说《无花泉》发表于《莽原》第 6 期。

---

① 孙荪（1943—　），男，河南永城人。曾任河南省社会科学院文学研究所所长、河南省文学院院长、河南省文联副主席、河南省作协副主席等。主编《河南新文学大系·理论批评卷》，出版学术著作《风中之树——对一个杰出作家的探访》、《李準新论》（与余非合著）等。

本年度重要论文：

张石山：《成熟在丰收时节——读田中禾的〈五月〉》，《红旗》1985 年第 15 期。

《孙荪、徐慎、王朴、段荃法、庄众笔谈〈五月〉》，《河南日报》1985 年 8 月 29 日。

雷达：《〈五月〉的感想》，《山西文学》1985 年第 8 期。

孙钊：《不定向性与导引性的和谐》，《批评家》1985 年第 4 期。

1986 年　46 岁

1 月 30 日，河南省青年诗歌学会成立，随后，学会会刊《大河》诗刊创刊，内部发行，主要发表河南本省青年诗人的作品，对河南省诗人队伍的成长、诗歌创作的发展起到了促进作用。

1 月　调入唐河县文联，任副主席。

3 月　短篇小说《泥路》发表于《躬耕》第 2 期。

短篇小说《春日》发表于《奔流》第 3 期。

4 月 11 日　报告文学《爱的事业》发表于《河南日报》。

6 月　创作谈《我写〈五月〉》发表于河南人民出版社编辑出版的《文学知识》第 4 期。

7 月　短篇小说《椿谷谷》发表于《奔流》第 7 期。

创作谈《我的文学梦》（"莽原文学奖"获奖者创作谈）发表于《莽原》第 4 期。

10 月 5 日　文论《面临痛苦的抉择》发表于《郑州晚报》。

10 月 7—18 日　参加第二届黄河笔会。本届笔会在郑州市开幕，先后移师开封、洛阳，最后在三门峡闭幕。来自青海、宁夏、甘肃、内蒙古、陕西、山西、河南、山东及北京的 100 多位作家、评论家出席了会议。主要有：于黑丁、南丁、张有德、张一弓、苏金伞、鲁枢元、田中禾、孙荪、王鸿生①、王剑冰②、李佩甫、张长弓、李星、马烽、孙谦、胡正、郑义、

《二届黄河笔会文集》封面

蒋韵、张平、张炜、刘玉堂、宋遂良、李敬泽等。

笔会通过了《黄河的沉思——第二届黄河笔会纪要》，主要内容包括：①本届笔会的中心议题是关于黄河文学的估价及进一步发展。②新时期十年黄河文学的主要成就：陕军、晋军、鲁军、豫军相继崛起，大西北文学前景辉煌，活跃在黄河流域的当代作家、诗人、批评家，已经形成了一个具有较高水准的创作群体，它是中国特色社会主义文学大军的一支重要构成力

---

① 王鸿生（1950—　），男，上海人，同济大学教授，博士生导师。1969 年赴河南省兰考县插队务农，1981 年发表文学批评文章《对生活的消化——给〈水泡子〉作者的信》，1983 年到信阳师范学院任教，1984 年调入河南省文联文艺理论研究室从事专业批评。后调入上海大学文学院、同济大学人文学院任教。

② 王剑冰（1956—　），男，河北唐山人，毕业于河南大学，曾任《散文选刊》主编、河南省作协副主席。

1986年第二届黄河笔会与张一弓（右一）、李敬泽（右二）等在少林寺

第二届黄河笔会请柬

量。③黄河文学的共性特征：具有比较自觉的使命意识，注重文学与时代、与人民（特别是农民）、与生活（特别是现实社会生活）的密切联系，坚持社会主义创作道路。以凝重、深沉、雄阔见长；不近时尚，转移较慢，一旦有所变化，则更显其力度。④呼唤黄河史诗，是回响于本届笔会首尾的强大旋律。⑤

对寻根文学进行了热烈讨论。⑥现实主义及其深化的问题也是本届笔会的一个重要议题。

笔会期间，田中禾作了《不负黄河母亲》的主题发言。发言篇幅很短，而且语言充满诗意。但是，田中禾依然表达了他对待传统文化的主要观点。"这是华夏的发源地，它有着令人自豪的历史与可怕的因袭的包袱。"这大概能够代表田中禾一直以来对中国传统文化的辩证态度：既为她的辉煌而自豪，但也对她身上沉重的历史包袱保持着高度的警醒。因此，他呼吁："作家呀，你如不负黄河母亲，你就该倾其全部感情在黄河塑造出的人的身上，给它以爱和恨，给它以希望和悲哀，给它以劝告和嘲讽，给它以壮伟的瞩望和苍凉的思索。你不需要为它的原罪饰非，也不必因它的愚昧偏执而失望。任何对它的净化都将使赤子之心受骗而破碎，任何颓废的亵渎也不过是黄河巨浪中的泡沫。请你用一颗冷静的心、怜悯的情怀、认真的追索去挖掘黄河岸边的深厚的积淀。""如果你真的打算将黄河两岸的芸芸众生升华为归真返璞的人，将黄河两岸穷乡僻壤推进世界的展廊，不借助于当代文明的翅膀使自己凌飞在滔滔黄河之上，你能够如愿以偿吗？"① 他所表达的其实是一个现代知识分子对待传统文化的辩证态度，其中自然包含了20世纪80年代占据主流意识形态的启蒙意识，而这种态度也是田中禾在此后的文学创作中长期坚持的态度。

---

① 田中禾：《不负黄河母亲》，载中国作家协会河南分会编《二届黄河笔会文集》，自印本，第105—106页。

10 月 中篇小说《秋天》发表于《山西文学》第 10 期。

《五月》被收入中短篇小说集《活鬼》（中国作家协会河南分会编选、南丁作序），作为"中国乡土文学丛书"的一种由中原农民出版社出版。

11 月 短篇小说《河滩》发表于《躬耕》第 6 期。

12 月 文论《文学的乡土性、哲理性、世界性思考》发表于《奔流》第 12 期。

是年 短篇小说《五月》获《山西文学》奖，短篇小说《春日》获《奔流》优秀作品奖，中篇小说《无花泉》获第二届（1985 年度）"莽原文学奖"。

本年度重要论文：

赵志宏：《回到现实的土地》，《中国青年报》1986 年 4 月 11 日。

艾云：《田中禾新作〈春日〉讨论纪要》，《奔流》1986 年第 4 期。

1987 年　47 岁

4 月 17 日，由《小小说选刊》主办的全国首届小小说优秀作品评选授奖大会在郑州举行。

4 月 27 日，由《散文选刊》主办的"杜康散文奖"颁奖大会在洛阳举行。

5 月 16 日，由河南省文联主办的首届传奇文学奖颁奖大会在郑州举行。

1 月　散文《炼狱十八年点滴》发表于《热流》第 1 期。

按：《热流》由《热流》杂志社、晋城矿务局编辑出版，社址设在山西省长治市。

6 月　短篇小说《娃娃川》发表于《奔流》第 6 期。

7 月　在时任河南省文联主席南丁、老诗人苏金伞等人的努力下，调入河南省文联，成为专业作家。

8 月 21 日　散文《花儿与少年以及春天》发表于《青年导报》。

10 月　短篇小说《莲妮儿》发表于《洛神》第 10 期。

11 月　中篇传奇小说《金灯之梦》发表于佳木斯市文联主办的《冰凌花》总第 46 期。

12 月　系列短篇小说《落叶溪》（五题）（包括《玻璃奶》《人头李》《周相公》《八姨》《米汤姑》）发表于《上海文学》第 12 期。

从该组系列短篇小说起，田中禾文学创作的一个重要领域逐渐显现出来，那就是他的家乡和亲人。在以后长达三十年的写作生涯中，田中禾的创作题材和风格发生过不小的变化，从面向当下的传统现实主义，到"新写实""新历史"等带有现代主义色彩的篇章，田中禾一直在追求自我的突破和创新的可能，但是，有一个领域始终没有间断，其写作的散文化风格也贯穿始终，那就是关于其家乡和亲人的创作，最后终于蔚为大观，成为田中禾晚年创作的重要实绩，出版了长篇小说《十七岁》《父亲和她们》《模糊》。

本年度重要论文：

郑波光：《从"五月"到"秋天"——评田中禾的两篇小说》，《山西文学》1987 年第 4 期。

赵福生：《彷徨于恐惧和希望之间——田中禾小说随谈》，《奔流》1987 年第 6 期。

曹增渝：《对弱者灵魂的关注和透视——田中禾小说片论》，《奔流》1987 年第 6 期。

1988 年　48 岁

4 月 26 日，中共海南省委员会和海南省人民政府挂牌。

9 月 5 日，邓小平在会见外宾时提出"科学技术是第一生产力"的重要论断。

2 月 24 日　与妻子离开唐河县到郑州市安家。

3 月 8 日　庞嘉季来访。拜访张一弓。

报告文学《河南劳工之歌》发表于《河南农民报》。

3 月 21 日　搬家。"典型的大杂院。小房子，没厕所，没水管、厨房。单身汉还可以，可是一家人怎么住呢？心里真是犯愁。"

3 月 28 日　出席河南省首届金盾文学奖，领 300 元奖金。

3 月 30 日　花 156 元购《简明不列颠百科全书》一套。"为了这套书，跑遍了全市书店。"

3 月　散文《母亲三章》发表于《河南教育》第 3 期。

4 月 8 日　决定写阎鲁，"通过他透射豫西南近百年人民的生活状况"。9 日，决定写长篇。"就写吧！何必委屈自己。"

按：该长篇大概就是后来的《匪首》。关于阎鲁，笔者掌握信息有限，只在《中共南阳地方史（第一卷）》中了解到，他曾是中共河南省委 1928 年 4 月至 5 月领导唐河县武装起义时的赤卫队员。见中共南阳市委党史研究室编《中共南阳地方史（第一卷）》第 56 页，中共党史出版社 1997 年 5 月出版。

4 月 11 日　日本学者小林荣来信请教翻译《五月》过程中的方言及其他问题。

按：译为日文的《五月》被收入《中国农村百景》第 6 卷，于 1989 年在日本出版。①

4 月 12 日　一家人第一次在郑州团聚。

4 月 13 日　给郑州大学文学社讲课。

4 月 16 日　读道教研究资料并做笔记。

按：直到晚年，田中禾一直坚持读书必做笔记的习惯，甚至做到颇不耐烦也尽量坚持做完。

4 月 19 日　拜访鲁枢元。

4 月 21 日　第八届（1985—1986）全国优秀短篇小说奖揭晓，田中禾短篇小说《五月》获奖。在获奖的 19 篇小说中，《五月》以全票名列榜首。这届评奖，同时当选的河南作家的作

---

① 《新文学活动纪事（1917—1990）》，载李允豹主编《河南新文学大系·史料卷》，河南大学出版社，1996，第 322 页。

品还有乔典运的《满票》（《奔流》1985 年第 3 期）、周大新①的《汉家女》（《解放军文艺》1986 年第 8 期）。

5 月 5—8 日　在许昌地区禹县（今禹州市）参加由中国作家协会研究部、中国作家协会河南分会、河南省文联理论研究室联合举办的"河南农村题材小说创作座谈会"。会上作了发言。主要内容为：①"我常感自己在生命和艺术的孤岛上挣扎，四周是

获全国优秀短篇小说奖以后的田中禾

茫无边际的海水，一眼看不到彼岸。"②"创作上不清醒不行，太清醒了也写不出。"③"我仍然致力于我的'县城文学'。我相信真正写出了乡土性才会有国际性，问题是'真正地写出'太难了。"④"有好的故事、好的语言不见得有好小说，还要有真诚的感情。失去真诚是作家的悲哀。我们的优势是大多从农村走出，对这块土地有感情。"⑤"至于河南目前的创作，我个人不表示乐观。""我们老是扮演刘姥姥进'大观园'的角色，

---

①　周大新（1952—　），男，河南邓州人，少将。1985 年毕业于解放军政治学院。长篇小说《湖光山色》获第七届茅盾文学奖，短篇小说《汉家女》《小诊所》获全国优秀短篇小说奖，由其小说《香魂塘畔的香油坊》改编的电影《香魂女》获 1993 年柏林国际电影节金熊奖。长篇小说《湖光山色》入选"新中国 70 年 70 部长篇小说典藏"。

以装傻卖乖买贵人一笑，这是河南人的耻辱。""我痛感我们河南的艺术素质太差，我们不能用油滑来掩盖真诚者。"①

5月26日 构思完成小说《枸桃树》，"感到题材是新鲜的"。

6月5—9日 为二哥工作、侄女户口事奔忙。"在那样环境里长到这样大，孩子真可怜。"

7月 短篇小说《落叶溪》（二题）（包括《罂粟》《霍八爷》）发表于《北京文学》第7期。

8月2日 读张一弓的《都市里的野美人》。"也许这是他的作品中文学性最强的一部著作了。语言流畅、谐和，主题立意稍嫌陈旧。"

8月8—10日 与作家张一弓、张斌，评论家王鸿生讨论中篇小说《枸桃树》。三人都对小说给予很高的评价，王鸿生甚至认为这是到目前为止田中禾写得最好的作品。张斌同时提出了几点批评意见："①前半部不必改了，后边稍嫌拖。结尾一章ABC显得仓促，与前文节奏不大谐和，有种急刹车感觉。②小四、小五分不开，性格差异不大。③老三离婚有人为痕迹，铺垫不够。④莲妮儿咬老汪、当妓女转得突然，不自然。"

8月20—28日 在北京修改中篇小说《南风》。"惭愧，到现在才第一次到首都来，像一个地道的乡巴佬。"田中禾第一次到北京的观感是："北京站又脏又乱，大碗茶旁边是收费厕所，进一次一角。"在京期间，田中禾经常到《十月》《当代》《人民文学》

---

① 江鸟：《立足本民族乡土生活 与整个人类精神对话——河南农村题材创作座谈会辑要》，《河南作家通讯》1988年第1期。

杂志社找他熟悉的编辑何启治、姚淑芝、张宇仁、朱伟等人，还游览了长城、定陵、长陵、十三陵水库、天安门、故宫等处。

9月6日 收到《北京文学》稿费130元。

9月16—18日 读完《静静的顿河》。认为一、四卷写得好，二、三卷比较沉闷。"这部书靠一、四卷而成为名著。"

9月20日 重读《百年孤独》。

9月21日 创作小诗《八月的沉寂》："怎么了 怎么了 怎，么，了？/八月不肯展开眉头/星星在梦中不肯微笑/失去鸽哨/整个世界都暗哑了/心在一片黑暗中摸索//于是 风让人萎蔫/太阳被霜打成/墙头的葫芦藤/眼睛像一朵经秋的/南瓜花/地球失落进/雾一样的银河//那里——/有一百种猜测/一万年期待/一个信念/连案头的温度计/也残酷地嘲弄/阳光的疲惫软弱/哦 请饶恕我吧。"

10月23日 感觉自己写小说太实。"我怀疑我总是写东西太实，太占材料。"24日又说："总觉得太实。如何虚起来呢？"

11月2日 听作家柏杨①讲座并与其座谈。"对文学失望透了，一夜心里都不舒畅。"

11月20—23日 参加南阳市文联举办的二月河②《康熙大

---

① 柏杨（1920—2008），男，原名郭立邦，后名郭衣洞，祖籍河南辉县，生于河南开封。1949年去台湾教书，1951年后发表作品。代表作有《丑陋的中国人》《中国人史纲》等。
② 二月河（1945—2018），男，原名凌解放，生于山西昔阳。曾任郑州大学文学院院长、河南省文联副主席。代表性作品为"落霞三部曲"：《康熙大帝》《雍正皇帝》《乾隆皇帝》。

帝》研讨会，对冯其庸发言印象深刻，遇乔典运、周大新、张宇、周同宾①。

12 月 26 日 读完《简明文化人类学》。

按：《简明文化人类学》的作者是日本学者祖父江孝男，译者是季红真，作家出版社 1987 年 11 月出版，是"作家参考丛书"的一种。

12 月 31 日 反思自己近两年的文学创作。"在这样的晚上，回首过去的一年，几乎没什么成绩。为什么八七、八八两年都成就不大呢？也许同文学界整个潮流一致。大家都迷惘、疲软。但是，也是在这样近于寂寞中，艺术上才有了成熟。应该说，虽然这两年发表东西甚少，但艺术上真正成熟了。写作的美学把握与叙述方式都有了更多的自觉。这是不能以发表多少作品为标准去衡量的。但是，作品质量与数量应该是互相联系的。没有数量也没法显示实力。因之，我感到自己是写得太少了，甚至比八七年写得更少。八七年写了 10 个笔记小说，《坟地》《南风》两个中篇。八八年写了短篇《最后一场秋雨》，《枸桃树》《流火》两个中篇。《流火》是长篇的第一部。以质量论，只有八八年的东西才算艺术上成熟之作。但在思与行上仍有矛盾差距，即艺术上的理性认识与感性创作间未达平衡，酝酿甚苦，而且费力。争取八八年达到写作的轻松自如，即我想怎么写就怎么写。"

---

① 周同宾（1941—2021），男，河南社旗人。曾任南阳市作家协会副主席。散文集《皇天后土——九十九个农民说人生》获第一届鲁迅文学奖优秀散文奖。

12 月　短篇小说《最后一场秋雨》发表于《人民文学》第12 期。

田中禾该时期的作品，不仅写作手法发生变化，而且笔触也探进了农村青年的心灵深处。"从艺术上看，田中禾的创作在故事的表层结构后面又呈现出巨大的隐喻性空间，它让我们深深地体验到这个时代人性的变异，社会的盲目，生活的混乱，一句话：历史的变态现象。"① 它们是"对文化失范的困惑和忧思"②。

本年度重要论文：

曾镇南：《时间的磨洗》，《小说选刊》1988 年第 7 期。

---

① 吴秉杰：《发现一片新大陆——田中禾近作片谈》，《当代作家评论》1989 年第 4 期。
② 陈继会：《对文化失范的困惑和忧思——田中禾近作的意义》，《文学评论》1990 年第 1 期。

1989 年　49 岁

7 月 6 日，中共中央宣传部在京召开座谈会。会议一致认为繁荣发展社会主义文艺必须坚持四项基本原则，反对资产阶级自由化。

是年底，《奔流》停刊。

1 月 7 日　评价《最后一场秋雨》。"虽然具象些，写得很不错。"

1 月 12 日　周大新到家拜访，设酒小叙。

1 月 18—21 日　到南阳参加刘法印葬礼。

按：据田中禾叙述，刘法印的妻子是田中禾母亲的干女儿。刘法印去世后，田中禾写了《"小垫窝"的艺术与人——悼念豫剧沙河调表演艺术家刘法印》，发表于《河南戏剧》1989 年第 4 期。在这篇悼念文章中，田中禾自述，中篇小说《明天的太阳》主人公赵鹞子即以刘法印的晚年形象为原型。小说发表后，刘法印之子刘宁专门发电报问田中禾："《明天的太阳》是否写我和全家?""我给他回电说，这是小说，虚构为主，不是真的。"

1月　中篇小说《枸桃树》发表于《十月》第 1 期。

中篇小说《南风》发表于《当代》第 1 期。

2月 26 日　受时任文化部部长王蒙接见，一起观看话剧《水上吉卜赛》。

按：话剧《水上吉卜赛》根据河南作家魏世祥同名小说改编。

2月　中篇小说《流火》、创作谈《倾听历史车轮下人性的呻吟》发表于《莽原》第 2 期。

3月　短篇小说《鬼节》发表于长江文艺出版社编辑出版的《当代作家》第 2 期。

散文《"小垫窝"的艺术与人——悼念豫剧沙河调表演艺术家刘法印》发表于《河南戏剧》第 4 期。

4月 3 日　评价铁凝新作中篇小说《棉花垛》。"铁凝的《棉花垛》虽然语言俚俗一些，但确实表现出对历史的一种人性的反思。文学是落后意识，是因为它是在不断地反思着人类历史。这个四万多字的中篇表现出最近文学界普遍的对历史的反思的潮流，也是作家从现实到历史的深化。"

4月 12 日　读完《外国现代派作品选》第一册（上）。

按：《外国现代派作品选》共四册，平装八卷，精装四卷，由袁可嘉、董衡巽、郑克鲁编选，上海文艺出版社 1980 年至 1985 年出齐。

4月 23 日　在庐山讲《宿命的螺旋》，"反响强烈"。

1989 年在庐山与王朔（左）合影

5 月 4 日　看美国电影《出水芙蓉》。

读萨特剧本《死无葬身之地》。

按： 田中禾读到的应该是由郑克鲁、金志平翻译，发表在《世界文学》1980 年第 4 期上的版本。

5 月 23 日　读完马尔克斯的小说《霍乱时期的爱情》。"后半部不错。"

5 月　中篇小说《最后一场秋雨》被《中篇小说选刊》第 3 期转载。

创作谈《你不必太在意，也不必……》发表于《中篇小说选刊》第 3 期。

6 月 3 日　读完从维熙的《走向混沌》。"反右情景的写实，读后十分令人感慨。"

6月8日　读完美国作家诺曼·梅勒的长篇小说《裸者与死者》，"后半部也不错"。

按：《裸者与死者》以二战时期的太平洋战争为背景。

6月9日　散文《饥饿的一课》发表于《青年导报》。

6月19日　读日本作家石川达三的小说《风雪》《活着的士兵》，"很不错"。

按：《活着的士兵》揭露了日本侵略者在南京大屠杀期间犯下的罪行。

6月20日　河南省文联召开主席团扩大会议，文艺界知名人士座谈学习邓小平讲话精神。

6月27日　挂职郑州市中原区委副书记。

6月　中篇小说《明天的太阳》发表于《上海文学》第6期。

该小说的关注重点转向了城市青年的命运，写作手法也逐渐由传统的现实主义转向了"新写实"，这一转向可以视为田中禾创作上的第二次变化。小说发表后颇受好评，并获得第四届《上海文学》奖。

7月2日　读完《劳伦斯之女克里斯丁》第一部。"这作品仍然是写实派的，很好读。同《蒂博一家》一样，过分细致冗赘。"

按：《劳伦斯之女克里斯丁》是挪威著名作家西格丽德·温塞特的小说。1928年，"由于她对中世纪北国生活那强而有力的描述"，温塞特荣获诺贝尔文学奖。《蒂博一家》是法国作家马丁·杜·加尔的小说，1937年马丁·杜·加尔因该小说获诺贝尔文学奖。

7月9日 读完俄罗斯作家阿·雷巴科夫的小说《阿尔巴特街的儿女们》，"艺术上不行"。

7月 短篇小说《鬼节》被《小说选刊》第7期选载。"作者介绍仍用'唐河县文化馆馆长'。"

8月2日 作为中原区委副书记考察辖区内工业生产情况，"到处都是高喊缺流动资金"。

8月26日 为无法潜心创作苦恼。"我觉得意志力不像自己常常心下存在的那样。我竟受不得情绪的波动，长达几个月想不出东西。面对稿纸有一种空白感。脑细胞似乎不工作了。天爷！我什么时间才能进入艺术情绪？不再为世俗的一切烦恼。"

10月2—4日 读弗洛姆的《恶的本性》。"很有收获。"

按：《恶的本性》1989年4月由中国妇女出版社出版，译者为薛冬。

10月10日 读毕《宗教词典》。

按：《宗教词典》，任继愈主编，上海辞书出版社1981年12月出版。

11月21—25日 回唐河给母亲上坟。

11月 中篇小说《明天的太阳》被《中篇小说选刊》第6期转载。创作谈《相信未来》发表于《中篇小说选刊》第6期。

12 月 3 日　看美国电视剧《走入现实》，"很不错"。

12 月 28—31 日　到濮阳参加第一届"油城笔会"。参加的著名作家除田中禾外，还有郑万隆。郑带来信息说，《枸桃树》原被《十月》评为 1989 年度奖的首篇，最终迫于压力，被替换下来。

12 月　文论《在历史与人性的切点上观照乡土》发表于《山西文学》第 12 期。

本年度重要论文：

胡文：《被撞碎了的心理现实——读〈最后一场秋雨〉》，《小说评论》1989 年第 2 期。

宋遂良：《沉沦·困惑·悲愤——评田中禾近作三篇》，《当代作家评论》1989 年第 3 期。

吴秉杰：《发现一片新大陆——田中禾近作片谈》，《当代作家评论》1989 年第 4 期。

周熠：《作家应有自觉的社会责任感——作家田中禾一夕谈》，《文艺报》1989 年 9 月 9 日。

思清：《生活的本色——读田中禾〈明天的太阳〉》，《小说评论》1989 年第 5 期。

1990 年　50 岁

是年，文学月刊《奔流》并入《莽原》，合并后的《莽原》仍为双月刊，以发表长、中、短篇小说为主，兼顾诗歌、随笔、评论等体裁。

1 月 11 日　读绿原的《胡风和我》，"深受感动"。

按：《胡风和我》发表于《新文学史料》1989 年第 3 期。

1 月 12 日　读显克微支的《灯塔看守人》，"颇受感动"。

1 月 15 日　受 32 架飞机启发，"决定写《轰炸》"。

1 月 19 日　"痔疮大发，不能入座。"

1 月　中篇小说《坟地》发表于《当代》第 1 期。

短篇小说《青草地》《河滩》发表于《莽原》第 1 期。

随笔《却说布莱希特》发表于《河南读书报》第 1 期。

3 月 10 日　收到美国加州大学郑树森信，11 日作复。

按：大概就是在这封信中，郑树森表达了他对《落叶溪》

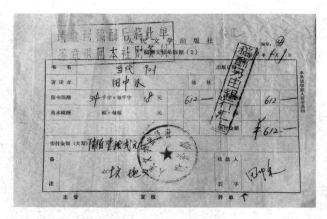

中篇小说《坟地》稿费通知单

系列短篇小说的赞许，称它们为"转化本土小说传统的成功范本"①。对于郑树森的这一评价，田中禾十分看重。

4月8日　读完《诗词例话》，又读《搜神记》。

按：《诗词例话》，周振甫著，田中禾阅读的可能是中国青年出版社1962年版。

4月　诗歌《不曾寄出的蔷薇》发表于河南《大河》诗刊第2期。

5月13—19日　到上海领奖，修改《轰炸》。沿途游览了南京中山陵、雨花台、玄武湖，无锡蠡园、鼋头渚、太湖，苏州虎丘、西园、留园、拙政园，上海南京路、城隍庙、豫园、外滩。在苏州见到范小青、陆文夫。

---

① 田中禾：《就〈落叶溪〉答朋友问（代后记）》，载《落叶溪》，河南文艺出版社，1997，第280页。

1990 年到上海领奖时与周介人（左一）、茹志鹃（左二）、范小青（左三）合影

5 月 31 日　对中国电影给予高度评价。"又去看了一场电影，是一部典型的枪手娱乐片。中国电影正扎实地前进，不可小觑，文学界会落伍的。他们在观念上彻底甩开了老一套谢晋模式，因而，在选材上，摄影上，加强文学性上都有了长足的进步。"

7 月 26 日　对写作心生感慨。"有时候，常常会灰心，如一个非常疲累而在沼泽中寻找路径的人一样，绕来绕去，觉得也许只能转回去，前边再无希望了。然而，还需坚持，韧性地转，兜，寻觅，最终会过去的，是不是？"

7 月 30 日　"痔疮大发。"

8 月 9 日　看望庞嘉季、苏金伞。

8 月 27 日　招待长江文艺出版社周百义①，段荃法、张宇、李佩甫等作陪。

9 月 8 日　看美国立体声电影《天使在人间》，"很优美"。

9 月　中篇小说《轰炸》发表于《收获》第 5 期。

短篇小说《落叶溪》（二题）（包括《呱哒》《画匠李》）发表于济南市文联主办的《当代小说》第 9 期。

10 月 20—25 日　《人民文学》编辑朱伟到郑州向田中禾约稿。

10 月 28 日　"痔疮连日大发。"

10 月 29 日至 11 月 2 日　河南省文联党组各支部评议党组成员，包括苏金伞、于黑丁、南丁、段荃法、田中禾、郑克西、张宇、张斌、郑彦英②、杨东明、李佩甫等。

10 月　短篇小说《梧桐院》发表于山西省文联主办的《火花》第 10 期。

11 月 8 日　为编《大牌坊故事集》（未出版）重读旧作。"每读旧作，总有不堪重读的感觉，简直不敢去读，免得破坏了原来的印象，从而折损锐气。"9 日说："又编了一天稿子。《流火》后部、《轰炸》后部都写得比开头及中间好。再读《青草地》二篇，仍觉是十分好的短篇，而《最后一场秋雨》则很少

---

① 周百义（1954—　），男，河南商城人，毕业于武汉大学中文系。曾任长江文艺出版社社长、湖北长江出版集团总编辑。策划出版的著名作品有"跨世纪文丛"、"中国新诗库"、《白桦文集》等。

② 郑彦英（1953—　），男，陕西礼泉人。曾任河南省作协副主席、河南省文学院院长。

韵味，层次很低，但也权可保留一点当代生活的影子。"10日又说："重读旧作，有很远的距离感，也看到其中初写的生活气息。《娃娃川》不像印象中那样差，《月亮走，我也走》不如印象中那样好。《玉鸽》与《遥远的彼岸》当然就十分粗疏，决定不收入。"

11月　短篇小说《落叶溪》（四题）（包括《椿树的记忆》《花表婶》《绿门》《兰云》）发表于《上海文学》第11期。

12月8日　山东《时代文学》编辑来家约稿。

12月24日　为写作焦虑。"一晃，一个星期又过去了。我无望地发现自己已经变成沿着谷壁向下跌落的不可自拔的樵夫。我将焦灼地看着那属于我自己的一片丛林、翘楚。'翘翘错薪，言刈其楚。'现在我够不着那片林子，砍不到柴了。"28日，"每天面对空白稿纸和空白日记，很恐慌。想到海明威和马尔克斯的空虚困窘，也就释然"。

12月　中篇小说《草泽篇》发表于《人民文学》第12期。

是年　中篇小说《明天的太阳》获第四届《上海文学》奖。

本年度重要论文：

陈继会：《对文化失范的困惑和忧思——田中禾近作的意义》，《文学评论》1990年第1期。

张德祥：《时代氛围与农家院里的悲欢——评田中禾的中篇小说〈枸桃树〉》，《当代文坛》1990年第2期。

张德祥：《现实变革与理想人格——评田中禾的两部中篇》，

《小说评论》1990 年第 2 期。

　　段崇轩：《田中禾和他的"人性世界"》，《上海文学》
1990 年第 8 期。

1991 年　51 岁

是年，中国作家协会河南分会改称河南省作家协会。

1 月　中篇小说《元亨号和石义德商行》发表于《当代作家》第 1 期。

2 月 2 日　散文《猜猜看：九十年代的中国文学》发表于《南阳日报》。

2 月 22 日　"痔疮很扰人。"

2 月 27 日　读算命的书。

2 月　散文《梦中的妈妈》发表于《妇女生活》第 2 期。

3 月 5 日　重写完短篇小说《鲁气三》。"一篇不足四千字的小文章写了两遍，耗时六天。这次总算写得比较满意。"

3 月 6—7 日　创作完成短篇小说《夹竹桃》。"没费什么事，挺满意。"

3 月 28 日　读混沌学，"挺有意思"。

4 月 1 日　收到花山文艺出版社稿费 250 元。

4月2日　参加河南省作协招待张石山、伊蕾及扎西达娃的宴会。

4月10—14日　到北京参加作家出版社会议。见到黎汝清、刘恒、玛拉沁夫、邓友梅、刘绍棠、铁凝、陈冲等。

4月15—19日　到山西太原参加《人民文学》短篇小说艺术研讨会，住杏花村。此间为《山西文学》创作了《短篇小说与门杰海绵》，游览了玄中寺、卦山、晋祠等地。

1991年参加《人民文学》短篇小说艺术研讨会时与铁凝（左三）、蒋韵（左四）等合影

5月7日　《落叶溪》（二题）在《当代小说》获奖，颁奖会5月11日在济南召开，田中禾没有参加。

6月2日　病中坚持创作长篇小说《匪首》。"读了前天写的2500字，病中硬撑着写的东西，看了觉得不行，而更多时间

159

仍是腰身困疼，休息静卧。现在主要是如何为杨季之①想好出路，全书大约就齐了。"

6月9日　痔疮发作，"屁股疼得厉害"。10日，"屁股非常疼，最后一页只得站着，伏案而就"。联系5月7日、8日"痔疮依然隐隐不肯消退"。"痔疮却比前一二日为重，构成严重的威胁。"可见在一段时间内，因为长期伏案，痔疮成了一个长久困扰田中禾身体的病痛。

6月　短篇小说《落叶溪（三题）》（包括《虞美人》《鲁气三》《夹竹桃》）发表于《人民文学》第6期。

7月15日　在宾馆创作长篇小说《匪首》。"在宾馆待惯了怕以后会离不开这种环境。安静，没人打扰，心境好。同家中比，才知道我在怎样杂沓的环境里来完成自己的惊世之作。"

按：创作初期，小说的题目叫《荒域》，1992年在《花城》第3期发表时更名为《城郭》，1994年由上海文艺出版社出版单行本时又更名为《匪首》。

这段自述大概可以代表1991年上半年田中禾创作长篇小说《匪首》时的状态。这篇小说大部分是在一种颇不宁静的状态中完成的。生活中的各种琐事、身体时不时出现的病痛，都给他的创作带来了不同程度的影响。就是在这种环境下，田中禾靠着每天3000字左右的进度坚持完成了《匪首》的创作。反过来，文学创作有时候也成了他逃避现实烦恼的一种方式。"一旦

---

①　杨季之：《匪首》主人公之一。

回到现实中来，立刻满眼都是烦心事。"

7月29日至8月4日 到驻马店地区汝南县、新蔡县、平舆县等地洪涝灾区慰问调研。观看灾情录像，查看灾情材料，创作散文《穿越忧患》给驻马店地区文联刊物《天中》。同时又因为"救灾正紧张中，来扰主家，内心很不安"。

按：1991年夏，河南省信阳、驻马店、南阳等地区发生严重洪涝灾害。83人被洪水夺走生命，4800万亩农田受灾，400多万亩庄稼绝收，15.9万多间房屋倒塌，直接经济损失50多亿元人民币。

8月5日 读新写实小说。"觉得这类作品实在乏味，成了世俗生活的啰啰嗦嗦，从而打消了写作的念头，决定在选材上另辟蹊径，不入写实主义窠臼。"对田中禾的这番夫子自道，大概可以做出以下两点理解：其一，田中禾对当时中国文坛炙手可热的新写实小说可能存在偏见，在认识上也并不准确。其二，从20世纪90年代的创作看，田中禾虽然对新写实小说多有不满，但依然创作了被文坛视为新写实小说的作品。由此可见，一个作家创作何种风格的作品，有时候并非自己的主观意愿所能决定的，文坛主流可能是一个十分重要的影响因素。

8月 创作谈《短篇小说与门杰海绵》发表于《山西文学》第8期。

9月15—23日 参加武陵源笔会。参会的著名作家有迟子建、陈染、洪峰、周大新、张宇等。

9月20日 散文《汴京之幻》发表于《东京文学》第5期。

1991 年在武陵源与周大新（左）合影

10 月 4 日　"自行车丢了，心里很松快，少操一件东西的心。"这则日记未必是事实，但从中大概可以看出田中禾的一种精神状态，凡事往积极方面想。从这一细节我们大概还可以得出，从兰州大学退学到 1980 年平反这二十年颠沛流浪的生活为什么没有将田中禾打倒。从母亲的教育中培养起来的乐观坚强的良好个性可能是一个十分重要的因素。

10 月 5 日　读《中国宗教与基督教》。

按：《中国宗教与基督教》，秦家懿、孔汉思著，吴华译，生活·读书·新知三联书店 1990 年 12 月出版。

10 月 7 日　读约翰·厄普代克的《兔子跑吧》。"写实的东西有点读不下去。"

10 月 12—15 日 与南丁、王绶青①往洛阳讲学。

10 月 21 日 开始写《落叶溪》，"还是写这个吧"。

10 月 25 日 著名散文家王英琦②来家吃饭。1992 年 3 月 7 日，"签王英琦的调函"。4 月 30 日，"王英琦来，批报销，谈调动及北京之行情况。她的调令已来，节后即可走了"。5 月 8 日，"送别王英琦"。

11 月 2 日 散文《面对世纪之末》发表于《中国青年报》。

11 月 8 日 完成《落叶溪》（包括《二度梅》《吕连生》）。创作期间心态焦虑，不断出现"总没情绪""没有激情""激情与灵感总不出来"这样的感慨。

河南著名诗人青勃③去世，"到他家表示慰问"。

11 月 9—14 日 修改长篇小说《匪首》。这篇小说创作完成后即投稿《花城》，但发表过程似乎并不顺利。先是接到《花城》电话，商议压缩篇幅在第 3 期发表。接下来几天就是进行修改，而且修改幅度很大。"当时感觉不错，如今读来许多地方极不满意，甚至无法容忍。还是开头二章好，第七章最差。""第七章使我极其为难，简直太差了，太写实、平庸，砍去又伤

---

① 王绶青（1936—2021），男，原名王尔玺，河南卫辉人。诗人，曾任《莽原》主编、河南省作协副主席。

② 王英琦（1954— ），女，安徽寿县人，当代著名散文家。作品有散文集《守望灵魂》《背负自己的十字架》《我遗失了什么》等。1988 年调到中国作家协会河南分会从事专业创作。

③ 青勃（1921—1991），男，原名赵铎，曾用笔名克曼、青勃等，河北隆尧人。曾任《河南文艺》《奔流》编辑部副主任、河南省作协副主席。有诗集《号角在哭泣》《巨人的脚下》等。

了情节。""将第七章干脆扔掉，第一部只有 7.2 万字。今天读第二部，开头两章砍过后还不错，但是几乎砍去一半，第三章——季之的情节就又难起来。""第九章（原第十章）开头重写，结果，季之情节由 4 万多减到了不足 7000 字。仅他一人的文字就砍了 3.3 万。真狠。可是，这样很痛快。""顺利地干完了第二部，由原来 12 万字砍到 6.8 万，几乎一半。的确觉得干净多了。剩下的最后一部看来压力不大了，即使一字不动，也不过 22 万字。""一天时间改完第三部。这一部写得实了，写社会多于家庭，与前二部稍不谐，但写得非常好，尤其最后一章，棒极了。"经过大幅修改后，这篇小说更名为《城郭》发表于《花城》1992 年第 3 期。

按：在这里，笔者之所以不厌其烦地引用田中禾的日记描述这小说的修改过程，主要目的在于，希望能够借此机会呈现《匪首》创作、修改、发表的详细过程，也希望借此机会显示田中禾乃至中国当代作家文学创作的一种状态。

11 月 26 日　读福克纳的《我弥留之际》。

12 月 4 日　看美国电影《无处藏身》、日本电影《优骏》。"从两个片子看出两种文化的极大差别。日本人对于生死的过分重视，常常是害不治之症与抢救之类的矛盾，爱流泪，讲慈悲。而美国人对于生与死的不在意，非理性的精神性，正义与邪恶的共同的恶的表现，愤怒多于悲伤，对人性的弱点更多的是蔑视而不是拯救。"

12 月 6 日　读时下新写实小说，颇为不满。"文学被败坏到这种地步，真叫人没法忍受。而这两个东西还都挺受人欣赏，我真悲哀。因此，差一点又想放弃原来的计划，放弃现实题材，放弃社会世态。得与他们拉开距离，再不能被人说成'新写实主义'了。这种琐碎生活写实的堆积离文学愈来愈远。这样，从反面得出一个启迪，这个中篇必得更注意于人的生命状态而非社会关系。"

按：这段日记的重要性在于：①田中禾身上的那种根深蒂固的骄傲，可能并非中国文人相轻恶习的遗传，更多的可能还是跟他的性格有关，他对整个当代文坛可能都是不满意的。②田中禾对新写实小说的偏见在一定程度上也显示了他文学观念的保守。虽然他在很多地方批评河南作家思想观念保守，但落实到他自己身上，这种保守的观念依然影响至深。

12月7—9日 河南省作家协会第二次会员代表大会在郑州召开。会议选举张一弓为省作协主席，田中禾等为副主席。①

12月16日 读《花城》1991年第6期吕新的中篇小说《发现》、迟子建的长篇小说《树下》。

12月17日 读博尔赫斯，"并不以为太了不起"。

12月21日 接待山西《黄河》杂志、河北《长城》杂志主编。

12月25日 作家出版社编辑到郑州谈稿子。"觉得他们的眼光更守旧，要求更传统"，与《花城》的观念差很多。

---

① 亚斌：《河南省作家协会1991年工作大事记》，《河南作家通讯》1992年第1期。

1991 年作家出版社长篇小说组稿会与航鹰（左二）等合影

本年度重要论文：

段崇轩：《合金式文学——谈田中禾小说的艺术表现》，《小说评论》1991 年第 2 期。

1992 年　52 岁

1月18日至2月21日，邓小平视察武昌、深圳、珠海、上海等地并发表谈话。

10月5日，大型文学综合月刊《热风》在郑州创刊。张一弓任主编。①

1月　中篇小说《天界》发表于百花文艺出版社编辑出版的《小说家》第1期。

散文《业兮余兮》发表于山西省作家企业家联谊会主办的《作家与企业家纪实》第1期。

文论《面对世纪末的中原文学》发表于《时代青年》第1期。

2月14日　参加河南省作家协会主席团会议。会议决定下半年举办文学新人新作奖和优秀文学组织工作者奖。② 在4月15

---

① 亚斌：《1992年河南作协工作大事记》，《河南作家通讯》1993年第1期。
② 《省作协主席团召开工作会议，决定下半年举办首届文学新人新作奖和优秀文学组织工作者奖》，《河南作家通讯》1992年第1期。

日下发的《河南省作家协会关于"优秀文学组织工作者奖"首届评奖有关事项的通知》中，时任河南省作家协会副主席、河南省文联文学创作室副主任的田中禾当选为河南省作家协会"'宝丰焦化杯'优秀文学组织工作者奖"评委。①

2月16日 郑州七中高三甲班毕业同学聚会。"三十余年不见面，面目依稀。"

2月18日 读吕新在《当代作家》第1期所发长篇小说《黑手高悬》。内容与《古船》相似，"写法新多了"。

2月 《落花溪》（三题）（包括《二度梅》《吕连生》《第一任续姐》）发表于《天津文学》第2期。

按：《落花溪》是当期发表时的题目，应为《落叶溪》之误。

3月1日 读完《生命中不能承受之轻》。"结尾部分非常棒。读完的感慨是，我能写一部这样的书就好了。我一定得写一部这样的书。它在思想上的分量使它的艺术更显魅力。这是一种经典意识。"

3月4日 收到第1期《小说家》，校读《天界》。"写得很好，也许是到目前为止写得最好的中篇。选材好，思想力度强，表现形式好，语言扎实而大气。"

3月5日 中篇小说《一元复始》发表于《莽原》第2期。

3月13日 校读《莽原》第2期《一元复始》。"觉得还是

---

① 《河南省作家协会关于"优秀文学组织工作者奖"首届评奖有关事项的通知》，《河南作家通讯》1992年第1期。

不错的，应该对这部长篇有信心，但同时决定改章为节，阅读起来也许效果更好些。"

3月20日　参加由河南省作家协会、河南省文联文学创作室暨《莽原》杂志社联合召开的鲁剑报告文学《正气篇》座谈讨论会，并作发言。①

按：鲁剑《正气篇》发表于《莽原》1992年第1期。

3月31日　与张一弓、杨东明、申爱萍一起在河南省电力系统职工大学礼堂《河南电力报》社主办的文学创作学习班上为业余作者及文学爱好者作文学创作辅导报告。辅导报告的题目是《面对二十一世纪的文学思索》。②

4月3—7日　因老家修路经过祖坟，回唐河与族亲一起迁坟。此次迁坟涉及田中禾父母和大姐的坟墓。

4月19日　散文《我心中的泗洲塔》发表于《南阳日报》。

4月22日　收到王蒙、李锐、余华、苏童复信，"各寄了一篇发过的小文，还算够朋友"。

5月9日、12日　修改《匪首》。"一天整了二十多页，扔掉六七页。原来是怎么写的？重读真感到丢人。就那样拿出去了，感觉还很好。这有点像写第一个中篇《无花泉》第一稿。改到后来很生气，也累，不干了。""到夜里九点，终于完成了

_____

① 艾云：《省会文学界座谈鲁剑报告文学〈正气篇〉》，《河南作家通讯》1992年第1期。

② 小景：《张一弓田中禾等作家到省电力系统辅导职工业余文学创作》，《河南作家通讯》1992年第1期。

为期两年的长篇。几经周折，结果变成 23 万字，整整删去 10 万。完成后立即捆扎，收拾书案，像打扫战场一样。"

5 月 16—25 日　　在北京。游故宫、王府井、天坛、毛主席纪念堂、长城、十三陵水库、颐和园。到《人民文学》杂志社、《文艺报》社，见到李敬泽等人。

5 月 22 日　　河南省首届文学艺术优秀成果奖颁奖大会暨纪念毛泽东《在延安文艺座谈会上的讲话》发表五十周年文艺晚会在河南省人民会堂举行。田中禾短篇小说《五月》获奖。①

5 月 25—27 日　　在天津。27 日得到二哥去世的消息，立即返回郑州。

晚年张其瑞

5 月 28 日至 6 月 1 日　　处理二哥后事。在郑州站出站口，"大哥在台阶上等着，见面甚为感伤"。"现在二哥只留下了 1934 年 10 月 16 日（九月九日）出生，1992 年 5 月 25 日晚 10 时去世（四月廿三日）的日子。享年 58 岁，严格说，只是 57.5 岁。"

5 月　　长篇小说《城郭》发表于《花城》第 3 期。

"《匪首》的写作时间是 1990 年到 1992 年，几与长篇创作的复兴同步；初稿《城郭》发表于 1992 年第 3 期《花城》，交

---

① 何彧:《河南省首届文学艺术优秀成果颁奖》,《河南作家通讯》1992 年第 2 期。

付上海文艺社出版前三个月，田中禾对这部长篇做了三分之二的大幅度改动，保留故事主干基础上，强化了语言的诗性资质。"① "富于寓意的人生故事，特色鲜明的民俗，散文式的语言，具有印象主义色彩的意境，象征主义的表现手法和崭新的结构形式，使这部长篇小说具有很高的艺术品位。"② 《匪首》与《轰炸》《天界》等作品曾被评论界归入"新历史小说"，它们的出现也预示了田中禾创作的再一次转变。

6月8日 读陈素真回忆录。

按：回忆录的全名是《情系舞台——陈素真回忆录》，是中国人民政治协商会议河南省委员会文史资料委员会编《河南文史资料》第三十八辑，由《河南文史资料》编辑部于1991年发行。

6月17日 读完沈醉的《军统内幕》。

6月29日 获批享受国务院政府特殊津贴，每月100元。

6月30日 "决定原原本本地将小哥写成中篇。"创作过程并不顺利。"这一段小哥与我的生活使人很痛苦。""回顾信阳一段非人日子实在是百感交集，极其难过。"

7月14日 参加河南省作家协会主席团工作会议。会议着重研究了《热风》的创办问题。综合性文学期刊《热风》由河南省作家协会创办，经河南省新闻出版局同意并经国家新闻出

---

① 何向阳：《感性历史的文化复述——〈匪首〉：一次放逐的体味》，《小说评论》1995年第1期。

② 刘学林：《田中禾——探险的故事或在路上》，《北京文学》2001年第8期。

版署批准，由张一弓任主编。①

"去开作协主席团会，一是办刊物问题，二是发展会员，三是有德汇报延安之行。让我做《热风》主编，这样双主编的设置是不好的。"第二天上午，"用了一晌时间打电话，算是说服了广举、一弓，将刊物事推掉"。

7月19日　散文《人和树叶》发表于《江苏健康报》。

7月29日　给痖弦②写信。

8月14—16日　写《落叶溪》系列短篇小说《祠堂印象》。

8月17—18日　写《落叶溪》系列短篇小说《马粪李村》。

8月19—22日　写《落叶溪》系列短篇小说《缠河》。

9月2日　与妻子看电影《乱世佳人》。"《飘》这本书始终读不下去，电影却不错，很集中。"

9月10日　完成《落叶溪》系列短篇小说《普济大药房》。"也许是迄今为止《落叶溪》中最长的一篇，因而觉得不够可意。太长了。"

9月11日　重新考虑作家出版社小说集选目。"觉得应该选得好一些，精一些。重拟一个目录，给杨葵写了一封信，将想法告诉他。"

按：此处的小说集当为1993年7月作家出版社出版的短篇小说集《月亮走我也走》。这是田中禾出版的第一部作品集。

---

① 《省作协主席团召开工作会议》，《河南作家通讯》1992年第2期。
② 痖弦（1932— ），男，原名王庆麟，河南南阳人，1949年迁居台湾。代表作有《深渊》《盐》《如歌的行板》等。

9 月 13 日 对《落叶溪》不耐烦，想写长篇。"这《落叶溪》也招我讨厌。心里就是想赶快腾手写长篇。"

9 月 19—20 日 校读、修改中篇小说《一样的月光》。该小说被《上海文学》等三家刊物退稿，田中禾觉得"有一点道理"。"首先是政治上尖锐了点，但这也是艺术上不太成功造成的。一是前半部场面、事件变换太少，沉闷，内心独白缺乏节制，有些地方过了。再是整体结构缺层次、变化，有罗列堆砌感。"修改之后虽然觉得"仍然不算出色"，"但可以凑合着读，也有点味，人物也称经典"。投稿山西省作协主办的《黄河》杂志。

按： 1993 年 3 月，中篇小说《一样的月光》发表于《黄河》第 2 期。

10 月 8—14 日 完成《落叶溪》系列短篇小说《石印馆》。"觉得并不如意。"

10 月 10 日 短篇小说《落叶溪（三题）》（包括《祠堂印象》《马粪李村》《缠河》）发表于《热风》创刊号。

10 月 17 日 完成《落叶溪》系列短篇小说《牌坊街三绝》。

10 月 19—21 日 完成《落叶溪》系列短篇小说《石榴姊妹》。"还顺利"，"也许是近一段写得最顺心的一篇"。

10 月 28 日 访谈《就〈落叶溪〉答朋友问》发表于《南阳日报》。

10月30日　就墨白①的小说《幽玄之门》（《收获》1992年第5期）、孙方友的小说《谎释》（《花城》1992年第5期）致信墨白，主要讨论河南作家的忧患意识。认为："河南作家天生的难以摆脱的忧患感""是河南作家的根，中原文化的根，百年来中原人民的苦难现实深深烙印在文化人的心里，使他们无以解脱，不自觉地总在那儿仗义命笔，表达着由人治、贫困恶性循环演出的无尽的悲剧"。"但我觉得我们的忧患拘泥了我们。""我们谈了多少次，中原作家十年来一再讨论这个问题，我们之所长——生活、忧患的人生，亦即我们之所短——哲学、美学的思索的欠缺。"②

11月2日、3日　拜访青年学者丁帆、《钟山》副主编徐兆淮。

11月9—11日　完成《落叶溪》系列短篇小说《上吊》。

11月11—18日　完成《落叶溪》系列短篇小说《投河》。

11月23—27日　与妻子韩瑾荣做客浙江省作家协会创办的"创作之家"。见到作家金敬迈、孙健忠、叶文玲。

12月　中篇小说《印象》发表于《小说家》第6期。

是年　短篇小说《落花溪》（三题）获年度《天津文学》奖。

---

① 墨白（1956—　　），男，原名孙郁，河南淮阳人。曾任河南省作协副主席。出版有长篇小说《手的十种语言》、小说集《怀念拥有阳光的日子》等。
② 《田中禾致墨白》，《河南作家通讯》1993年第1期。

1993 年　53 岁

3 月 15—31 日，八届全国人大一次会议召开。会议通过的
《中华人民共和国宪法修正案》肯定我国正处于社会主义初级阶
段，国家实行社会主义市场经济。

11 月 14 日，中共十四届三中全会通过《关于建立社会主义
市场经济体制若干问题的决定》，勾画了社会主义市场经济体制
的基本框架。

1 月 3 日　收到 1992 年第 6 期《小说家》，读《印象》，
"觉得写得十分满意，既写出了压抑的背景、悲剧的一生，又巧
妙地回避了令人厌恶的政治描写"。

1 月 8 日　在郑州参加由《莽原》杂志社和汝阳杜康酒厂
联合举办的 1992 年"汝阳杜康杯"莽原文学奖颁奖大会。①

1 月 13 日　参加河南省作家协会主席团工作会议。会议研

---

① 苗笛:《"汝阳杜康杯"莽原文学奖颁奖大会隆重举行》,《河南作家通
讯》1993 年第 1 期。

究了 1993 年工作要点：办好《热风》杂志、召开苏金伞创作学术研讨会、召开文学新人创作研讨会、编辑中原作家文库丛书等。①

1 月 14 日　看电影《教父》。

1 月 17 日　文论《鸡年文学走向》发表于《南阳日报》。

1 月 27 日　读余华的长篇小说《活着》。

2 月 1 日　短篇小说《落叶溪》（二题）（包括《马粪李村》《缠河》）发表于台湾《联合报》。

2 月 2 日　读完《方术词典》。

按：田中禾阅读的《方术词典》可能为陈永正主编，中山大学出版社 1991 年版《中国方术大辞典》。

2 月 8 日　文论《1993：文学热点话题》发表于《河南日报》。

2 月 9 日　接上海文艺出版社丁元昌电话，拟将《匪首》列入小说界文库。"长达二三年的折腾总算有了结局。"

2 月 26—28 日　与大哥等回唐河给父母上坟。"进入南阳地区的突出感受是设卡收钱，一路收了四次。"

2 月　短篇小说《落叶溪》（二题）（包括《上吊》《投河》）发表于《山西文学》第 2 期。

散文《为鲜活的你积存美好》发表于《人生与伴侣》第 2 期。

3 月 8 日　散文《女人——永不厌倦的话题》发表于《文

---

① 《河南省作协主席团召开工作会议》，《河南作家通讯》1993 年第 1 期。

化艺术报》。

3 月 25 日　读完纳博科夫的长篇小说《洛丽塔》。

3 月 31 日至 4 月 4 日　受河南省计生委邀请到信阳市商城县考察，住汤泉池。"在这偏僻的大别山麓，鲇鱼山水库边，跳舞之风盛极一时。"回郑州路上，"雨中过平桥，百感交集，未免心情沉郁"。

3 月　短篇小说《落叶溪（二题）》（包括《石印馆》《牌坊街三绝》）发表于《中国作家》第 2 期。

与墨白的对话录《人性与写实》发表于《文学自由谈》第 2 期。

中篇小说《一样的月光》发表于《黄河》第 2 期。

4 月 16 日　对自己的创作进行反思。"发现委实写东西太少了，有影响的好的太少，心下不免有几分萧条感，都五十二岁了，自己感觉太好了点。外界给予的荣誉、声望多了点，实际上还差得太远。"

散文《人世留给我什么》发表于《江南晚报》。

4 月 19 日　下定决心创作长篇小说。"决策定下来：写一个女主人公一生的爱情与婚姻，跨度 60 年，写它百万字，如《劳伦斯之女克里斯丁》那样。决定不惜再次使用最传统的写实手法，写 3~4 部，4 部为宜，每部 25 万字，独立成书，可能易于发行。不下此鸿篇巨制之决心，不可能有所突破。花它三年时间，也许是值得的。"接下来的一段时间，田中禾一直为这部长篇做准备。24 日说："我觉得必须把提笔去写的冲动压抑着，且慢。一本书必须认真地想一想，认真研究一下长篇结构，尽可能写一个可用的纲要。"26 日，"认真解剖几部长篇的结构"。28 日，"分析《绿房子》的结构"。5 月 6 日，重读《围城》。"比初读更有收获，①明显的中国近代小说传统，红楼、金瓶、儒林影响清晰；②专在细微处用功夫，淡化了社会政治，可以说是四十年代的才子佳人书；③幽默讽喻时时可见，全书便是谐趣化了的生活。"10 日，"将昨夜的梦写下来，作为这部长篇的开头，一个很有意味的梦"。6 月 1—3 日，为这部长篇小说的开头苦恼。4 日，"开头决定再扔掉重来。在这种时候常常陷入对自己能力的失望中，觉得灰心丧气，才华不够，精力与韧劲也不够，便深知写作之难"。5 日，"开头重写千把字，仍不满意，对自己很失望"。7 日，"重写开头。仿佛与一个看不见的影子较劲儿，纠缠不休，比耐性。我想，我总会找到一个切口切进去的"。8 日，"再重写开头。似乎终于可以了"。此后不时为这部小说感到焦虑。6 月 17 日告诉自己："一方面要保持住不急躁的心态，一方面得克服缺乏激情的状态，那是最危险的状态。"9 月 26 日又为自己的创作状态担忧。"我开始为自己的精神状态担忧，似乎已经到了不想干活的懒惰状态。……一天能够找出许多借口不写东西，已经这么久了，没有尺寸之功。"11 月 11 日干脆产生了放弃这部作品的念头。"日子为什么缺乏一种活泼的生机？仿佛激情突然间已经消亡。三部头的大书只是吹吹牛皮而已，认真想来，什么都无意义。"但此后并没有完全放弃这部小说的写作，经过很长一段时间的修改，最终写成长篇小说《父亲和她们》。

4月20日 散文《青春的放逐》发表于《青年导报》。

4月23日 "郑州的风沙似乎比五十年代更厉害了。"

5月14日 在郑州参加苏金伞文学生涯68年研讨会①，并作《真诚的心灵的声音——再读苏金伞》发言。在发言中，田中禾提出："苏金伞的艺术实践证实着一个不可动摇的文学法则：只有倾注真挚的情感，文学才有生命力。""苏金伞的诗为我们构筑了一个不受污染的世界，在这个世界里，我们感受到一颗赤诚的心的呼吸，生活、人生、宇宙、自然浑然幻化为美丽的蜃景。它的广阔、深沉、隽永动人，是因为那都是情愫的涨落、激情的涌动，没有一丝世俗名利场里的杂色，听不出一个实用主义的音符。"②

5月20日 文论《真诚的心灵的声音——再读苏金伞》发表于《郑州晚报》。

6月1日 校读《匪首》。"觉得是一部写得很优美、扎实的东西，文化材料十分多，可惜世人不识货。"

6月 散文《长大以后》发表于《中州统战》第6期。

7月 随笔《在自己心中迷失》发表于《小说家》第4期。

短篇小说《落叶溪》（二题）（包括《石榴姊妹》《马氏兄

---

① 王秀芳：《苏金伞文学生涯68年研讨会在郑州举行》，《河南作家通讯》1993年第2期。

② 田中禾：《真诚的心灵的声音——再读苏金伞》，《河南作家通讯》1993年第2期。

弟》）发表于《天津文学》第 7 期。

《月亮走我也走》封面

中短篇小说集《月亮走我也走》由作家出版社出版，是田中禾的第一本作品集。

8 月 7 日　"贾平凹的长篇《废都》刮起一阵风，我还没看，不知怎么回事。"

8 月　散文《让好奇心深入精彩的世界》收入由弘征、孙健忠主编，湖南师范大学出版社出版的文集《名作家忆童年作文》。

9 月　对话录《作品的定位和文学的三个领域——创作通信》发表于《小说家》第 5 期。

9 月　短篇小说《落叶溪二题》（包括《疟疾的记忆》《疥疮·马伏·茶叶店》）发表于《钟山》第 5 期。

10 月 5—17 日　参加河南省文联组织的考察团到陕西、山西考察活动。考察期间，与两省文联、作协进行了座谈，就新形势下作家如何深入生活、文艺创作的组织领导、专业作家的管理、文学刊物的发展以及文艺体制改革等诸多方面的问题进行了广泛深入的交流和探讨。① 在陕西期间，见到了著名作家陈忠实、《小说评论》主编李星、陕西省文联主席李若冰，游览了

----

① 刘学林：《河南省文联组织作家赴陕、晋考察》，《河南作家通讯》1993 年第 3 期。

西安古城墙、碑林、秦始皇陵、华清池、法门寺、乾陵、大雁塔等。在山西期间游览了尧庙、大槐树遗址、晋祠、五台山风景区等。

11月2—6日 带团到南阳市内乡县采访考察，随行人员有申爱萍、王剑冰、耿占春①、何向阳②以及新华社河南分社、《河南日报》等新闻媒体。其间采访游览了内乡县衙、内乡县各工厂、宝天曼林场、五龙潭等处。

11月17—20日 在周口参加由河南省作家协会和周口市作家协会联合召开的河南省文学新人小说创作研讨会。③ 参会的作家、学者主要有：田中禾、段荃法、李佩甫、王鸿生、耿占春、何向阳等。

11月 散文《在绅士的客厅里聊天》发表于《世界文学》第6期。

12月初 《落叶溪》系列短篇小说的创作陷入困境。5日重写完成《普济大药房》，6日修改《钟表店》。"《落叶溪》真到了山穷水尽勉力而为的地步。"11日思考下一组《落叶溪》，

---

① 耿占春（1957— ），男，河南柘城人。主要从事诗学、叙事学研究，文学批评与文化批评。著有《隐喻》《观察者的幻象》《话语和回忆之乡》《叙事美学》等。

② 何向阳（1966— ），女，祖籍安徽安庆，生于河南郑州。曾任河南省社会科学院文学研究所副所长、研究员，河南省作协副主席，现任中国作家协会创研部主任。有批评文集《朝圣的故事或在路上》、随笔集《肩上是风》《自巴颜喀拉》、诗集《青衿》《锦瑟》《刹那》等。

③ 玉文：《交流·探索·提高——河南文学新人小说创作研讨会在周口召开》，《河南作家通讯》1993年第3期。

"看起来也并非易事"。

12 月 16—27 日　到海南参加文学活动。其间，见到著名作家韩少功、蒋子丹、叶蔚林、聂鑫森、叶文玲、冯苓植等，"多为老派"。

是年　散文《寄给冰川纪前的亲人》发表于《群众文艺》5—6 月，散文《走出愚昧》发表于《文学报》。

按：上述两篇文章无法确定具体发表日期，故本年谱将其置于年末。

1994 年　54 岁

2 月 28 日至 3 月 3 日，国务院召开全国扶贫开发工作会议，部署实施"国家八七扶贫攻坚计划"，要求力争在 20 世纪末最后的 7 年内基本解决全国 8000 万贫困人口的温饱问题。

1 月 11 日　看电影《西区故事》，不太欣赏，认为不如《音乐之声》。

1 月 11—13 日　连日情绪不高。11 日说："上帝给的日子，无论轻松或痛苦，无论富贵或贫贱，无论加给什么样的灵与肉的磨难，都得过下去。人生就是承受。"12 日，"觉得文学也没什么意思，活着总之是没什么意思"。13 日又发相似的感慨："上帝给你什么日子，你都得承受，承受。上帝给你什么磨难，折磨，你只有接受。"

　　按：从日记看，田中禾产生这种心态的原因大概有三：①年岁日增。②生活中琐事缠身。③对文学创作成就的焦虑。

1 月 26 日　收到小说集《月亮走我也走》样书。"比我想象的好一些，不怎么丢人。""早期作品确实够稚气的，但《槐影》还是很不错的一篇，不乏感人之处，《椿谷谷》也不错。"

1 月　诗歌《三亚之旅》发表于三亚市文联主办的《鹿回头》第 1 期。

2 月 9 日　除夕。看电影《霸王别姬》至凌晨 4 点。

《匪首》封面

2 月　《匪首》由上海文艺出版社出版，是"小说界文库"长篇小说系列作品中的一种。该小说由上海文艺出版社出版，与出版社编辑丁元昌有很大关系。"丁元昌来拜访缘起于他听某河南作家说我正在写长篇，当即坐夜车来，到西郊见我。当时我刚写出《匪首》第一章，手写，草稿。他一边吃早餐，一边读稿子，吃完早餐赶火车回上海，临走再三交代，这部长篇完稿后马上给他，由上海文艺出版社纳入小说界文库出版。"

按一：该信息来源于 2022 年 6 月 8 日田中禾与笔者的微信交流。

按二：收入这个文库的著名长篇小说还有：张炜的《九月寓言》《家族》、李锐的《旧址》、张洁的《无字》、韩少功的《马桥词典》、史铁生的《务虚笔记》、陆天明的《苍天在上》、尤凤伟的《中国一九五七》等。

散文《我和〈百花园〉》发表于《百花园》第 2 期。

4 月　短篇小说《落叶溪二题》（包括《普济大药房》《钟表店》）发表于《天津文学》第 4 期。

5 月 17—20 日　在新密参加河南省青年文学创作座谈会，并与代表"进行了坦诚率直的交流"。①　参会的作家、学者主要有：田中禾、段荃法、李洱②、墨白、王鸿生、耿占春、何向阳、何弘③、曲春景④、李庚香⑤等。

5 月　散文《高雅而潇洒的遁逃》发表于《随笔》第 3 期。

6 月 7—9 日　在信阳市光山县司马光宾馆参加由河南省作家协会、《莽原》杂志社、光山县委、光山县人民政府举办的"光山老区笔会"，并作发言。⑥

6 月 14 日　读《喧哗与骚动》。"叹服福克纳对语言的把握，人物对白、场景的把握，文体结构的巧妙安排。"

---

①　研言：《河南省青年文学创作座谈会在新密市召开》，《河南作家通讯》1994 年。

②　李洱（1966—　　），男，河南济源人。代表作有长篇小说《花腔》《石榴树上结樱桃》《应物兄》。其中，《应物兄》获第十届茅盾文学奖。

③　何弘（1967—　　），男，河南新野人，毕业于南开大学中文系。曾任河南省文联副主席、河南省作协副主席、河南省文艺评论家协会副主席、河南省文学院院长，现任中国作家协会网络文学中心主任。出版有学术著作《生存的革命》《探险者——何弘文化文学论集》《超越还是重复——中原文学论稿》等。

④　曲春景（1956—　　），女，河南南阳人。曾长期在河南高校从事文艺评论工作。现任上海大学教授，从事影视艺术领域的教学与研究。文学评论集《阅读的理性》收入"金芒果新批评文丛"。

⑤　李庚香（1966—　　），男，河南淮阳人，现任河南省社科联主席、党组书记。

⑥　见王强、晓雷《河南省举办光山老区笔会》、木言《河南省作协 1994 年大事记》，《河南作家通讯》1994 年。

7月6日 收到上海文艺出版社"小说界文库"版《匪首》样书。对书名不满意，"然而写得确实不错"。

7月15日 《中国文学》选刊1994年第4期选载《普济大药房》。

按：《中国文学》中文版是一本选刊型杂志，1993年12月由中国文学出版社创刊，1994年1月起按月出刊。参见《小说评论》1993年第6期《选刊型杂志〈中国文学〉中文版创刊》。

7月 中篇小说《浪漫种子》发表于《莽原》第4期。

散文《为了梦中的橄榄树》发表于《公安月刊》第8期。

10月5—8日 在灵宝参加河南省文艺家与企业家联谊会暨《金三角夜话》研讨会。关于文艺家与企业家的联谊活动，田中禾发言指出，企业家资助这种活动，证明了现代企业家的文化素质，企业家与文艺家的心灵是相通的。对于灵宝市的文化古迹，认为要注意保护古迹原来的风貌。在强建才新作《金三角夜话》研讨会上，田中禾也作了发言。①

10月12日 由上海文艺出版社、河南省巩义市、河南省文联文艺理论研究室联合召开的"田中禾长篇新作《匪首》研讨会"在郑州举行。来自北京、上海、西安、郑州的评论家、作家、编辑近50人参加。中共河南省委宣传部、河南省文联、河南省作协相关领导出席了会议。在研讨会上发言的有：张斌、

---

① 王秀芳：《同结连心 共扶新人——河南省文艺家与企业家联谊会暨〈金三角夜话〉研讨会纪要》，《河南作家通讯》1994年。

李星、张宇、陈继会①、杜田材、李佩甫、段荃法、何向阳、王鸿生、南丁、刘海燕②、李庚香、王怀让、耿占春、李洱等。

与会者认为，小说的成功之处在于：①《匪首》是一部创新之作，不仅生活面广阔、人生内涵丰富，而且艺术视角别致，富有独创色彩。②作品通过对土匪天虫军司令姬有申一家奇特经历的描写，以一座县城的兴衰为象征，展现了民国时期复杂的政治、商务、军事和宗教活动，集中地表现了官、商、匪三种势力、三种文化的激烈撞击，展现出特定的历史时期的生活风貌。③姬有申这个人物形象具有独创性。他是人与兽、善与恶的结合体。他天生与文明格格不入，对文明有一种原始的破坏心理。他蓬勃的生命激情在那个历史条件下只能导向对文明的破坏与毁灭。作家有意逃避社会学、历史学、文化学的规范，不从道德层面而是从生命意义来描写这个人物。这个艺术形象丰富了中国当代文学的人物长廊。④作家运用散文式的语言，营造出一种童话的意境，诗化了人生与历史，体现了文学品位。

这部小说也存在着明显的不足：①整篇小说给人一种影影绰绰的印象、纷繁的物象、历史的影子，像看皮影戏似的。故事情节虚化，人物在大量重叠的物象中漫游，是一种"印象主

---

① 陈继会（1952— ），男，河南南阳人。1976 年毕业于郑州大学中文系并留校任教，曾任《郑州大学学报》主编、郑州大学文化与传播学院院长。主要著作有《中国乡土小说史》《二十世纪中国小说文化精神》等。

② 刘海燕（1966— ），女，河南太康人。《中州大学学报》编审、河南省作协副主席。主写文学评论及思想随笔，著有《理智之年的叙事》《我为每一种思想寻找言辞：西方艺术思想史中的她们》等。

义"的写法。这是这篇小说最有价值的地方，同时也是它的不足。②大量的章节沉浸在物象中，满足于自己抒情的需要或营造气氛的需要，但是和作品深层联系不够。③小说没有能够唤起读者对于日常生活的亲切感，反而让人感到一切都是那么遥远、淡薄。最根本的原因是它没有融入作者对生活的独特、具体的体验，使人产生一种隔膜感。①

10 月 18 日　应《小说评论》主编李星之约写《匪首》创作谈。

11 月 11 日　看美国电影《亡命天涯》。

12 月 21 日　继续创作《父亲和她们》。"一定要写好、写出这部书。有什么理由写不好呢？生活的准备，艺术的准备……如今孩子都不再需要操心，也没有老人需要赡养照顾了。吃穿安定，生活无虑，买了超出其他几位作家的较好的电脑……书的构思是新颖的，题材是有分量的……有什么理由写不出、写不好呢？"

是年　散文《在绅士的客厅里聊天》获《世界文学》征文奖。

---

①　见李言《田中禾长篇新作〈匪首〉研讨会在郑举行》、周岩森整理《中原作家说〈匪首〉》，《河南作家通讯》1994 年。

1995 年　55 岁

11 月，河南省编委批准，由原河南省文联文学创作室、河南省文联文艺理论研究室、《当代人》报社等单位合并组建河南省文学院。

1 月 9—10 日　在河南省委第二招待所参加由河南省委宣传部主持召开的南阳作家群研讨会。①

1 月　创作谈《超级玛莉的历险——〈匪首〉创作札记》发表于《小说评论》第 1 期。

短篇小说《徐家磨坊》发表于山东省作家协会主办的《文学世界》第 1 期。

与何向阳的对话录《文学与人的素质》发表于《文学世界》第 1 期。

2 月 12 日　读李锐的《无风之树》。

---

① 见《南阳作家群研讨会在郑召开》《河南省作家协会'95 大事记》，《河南作家通讯》1995 年。

2 月 17 日　为创作苦恼。"陷入悖论，不能因为写不出稿子而得抑郁症，又不能因为写不出稿子放松自己，愈显荒芜。"

3 月 4 日　分析《父亲和她们》。"觉得这仍然是一部非常重要的著作，有许多精彩的东西值得写出来留给后人。更重要的是，清理思路使我明确坚定了这部书的思想基点：在中国，我们不能无视一个世纪的残酷的政治，不能忽视中国人的社会生存状态。因此，我们还谈不上纯文学，只能是关注人生、关注现实的文学。这里必须摆正的是人性与社会政治的关系，人性情感与思想的烙印。"

4 月 5 日　"今天是清明节，瑾荣买了冥钞和烧纸，今天一早五点起床到楼下马路十字路口去烧。在地上用粉笔画个圈，口留在南方。这是来郑州后第一次按城市市民风俗遥祭亲人。"

5 月 10 日　反思自己的创作。"当我在一个讲坛上提醒功名心的侵害时，功名心近来正悄悄地啃啮我的心。我今年 54 岁了。54 岁的马尔克斯和远不到 54 岁的加缪却已登上诺贝尔奖坛。而我，至今连中国的国境还没走出。在中国的文坛上，一群群成就了自己又沉睡了自己的人从我面前走过，从我身后越过，我却沉溺于一种虚假的自我感觉里，而实绩甚微，连一部长篇也如蜗牛样艰难前行。我对自己这种被不知者谬誉的状态感到沮丧。"

5 月 19 日　"开作协主席团会，商量开河南小说研讨会，推荐鲁迅文学奖等等杂事。"

按：这里应该是推荐第一届鲁迅文学奖（1995—1996）获

奖作品。河南作家阎连科①的中篇小说《黄金洞》、周同宾的散文集《皇天后土——九十九个农民说人生》获奖。

5月30日至6月1日 校读上海文艺出版社"小说界文库"中短篇小说集《印象》。"读《坟地》深受感动。早期作品，纯真的情感，动人的生活细节。为什么文学界不能发现和认识它？人物意识把握也很好。《南风》倒是文字风格很差，追求方言俗语，显得狭隘、粗疏，如果不是后两节，简直可以弃之废纸。""《枸桃树》《无花泉》都比原来的印象好一些。虽然属于现实主义的，由于观念局限，语言风貌俚俗，叙述视觉不超脱，但长处是感情质朴、真挚，人道主义基调，对下层人的同情心，生活气息的浓厚造成惊人的真实，可说是写实的先行作品，在对中国社会变革的忧虑上很敏锐。""《印象》是最好的一篇，与其他比，判若两人。"

5月 散文《享受人生》（三题）发表于湖北《金潮》第3期。

6月4日 对正在创作的长篇小说感到忧虑。"陷入绝境的感觉，激情已经彻底破坏，对这个稿子失望、沮丧、烦躁，痛苦极了。……我还能完成这本书吗？"8日又说："每天都会陷入一次绝望，然后耐着心，小心翼翼让激情抬头，情绪慢慢复活。"

---

① 阎连科（1958— ），男，河南嵩县人。较有影响的作品有中篇小说《年月日》、长篇小说《日光流年》《坚硬如水》《受活》《炸裂志》等。2014年获得卡夫卡文学奖。

6 月 20 日　与妻子看电影《阿甘正传》。

6 月　散文《花儿与少年以及春天》发表于《热风》第 6 期。

7 月 26 日　散文《油罐和羊》发表于《大河报》。

7 月　散文《说东道西》发表于《随笔》第 4 期。

8 月 11 日　散文《常给自己讲讲童话》发表于《大河报》。

8 月 15 日　散文《武则天随想》（二题）发表于《郑州晚报》。

8 月 22 日　"上午读些书，下午瑾荣回来，一下子心情安定下来。看来妻子的重要不仅是生活的照料，更重要的是情绪的缓解和安定。"

8 月 23 日　读完丹麦作家吉勒鲁普的长篇小说《磨坊血案》。

8 月 24 日　读法国作家克洛德·西蒙的长篇小说《弗兰德公路》。

9 月　散文《美和年轻的要诀：保护你的好心情》发表于《美与时代》第 9 期。

10 月 5 日　参加河南省委文艺工作座谈会，河南小说研讨会将在北京召开。

10 月 8 日　读美国作家罗伯特·詹姆斯·沃勒的中篇小说《廊桥遗梦》。

11 月 17 日　读《世界文学》第 2 期所刊《〈女阉人〉概论》。"觉得这种以男人为敌人的论点实在可怕，而且又是强调女人的不负责任性，真可谓'矫枉过正'。"

按：该著作有中文译本《女太监》，作者为澳大利亚学者杰梅茵·格里尔，译者为澳大利亚学者欧阳昱，漓江出版社1991年11月出版。

11月22日 "工作常被头晕威胁，不得不停下来。我不相信脑血管有什么问题，上帝对我不会那么残忍，它会宽容我，怜悯我。"

按：晚年长期困扰田中禾的颈椎病又一次病发。

11月24日 开始写城市传奇系列的第一篇《杀人体验》。

11月 短评《莴笋搭成的白塔》发表于《人民文学》第10期。

散文《钟摆·树叶·人性的磁极》发表于《随笔》第6期。

12月22日 与孙荪的对话录《更自觉地追求审美价值——关于长篇小说〈匪首〉的对话》发表于《河南日报》。

12月27日 在北京文采阁参加由中国作家协会创研部、中华文学基金会和河南省作家协会联合主办的"河南新时期小说创作研讨会"。研讨会由中国作家协会书记处常务书记张锲主持。参加研讨会的有：中央宣传部副部长、中国作家协会党组书记翟泰丰，《文艺报》主编郑伯农，中国作家协会书记处书记邓友梅、吉狄马加，中国作家协会创研部副主任雷达，中国社会科学院文学研究所所长张炯，《人民日报》文艺部主任缪俊杰，著名评论家张韧、白烨、蔡葵、张志忠、李敬泽、孙广举、陈继会、王鸿生，河南作家李準、南丁、张一弓、段荃法、田中禾、刘震云①、周大新、阎连科、刘庆邦②、张宇、李佩甫、二月河等。

　　与会专家认为河南文学的优势在于：①河南作家具有强烈的社会责任感和社会道德感。②现实主义仍然是河南作家创作方法的主流。③以农村题材的创作见长，多数作家的作品表现出了对中国农民命运的深切关怀和深厚感情。④河南作家的语言既富于乡土色彩，又注重艺术的创新和个性的追求。河南也存在一些不足：①乡土本位遮蔽了创作的视野，面对城市化的冲击，河南作家表现出情不自禁地反感、退避和偏见。②河南作家对于文化挖掘的深邃性还稍显不足。③

　　研讨会上，田中禾作了发言，主要内容为：①乡土的、农村的、生活的、现实的，已不再是河南文学的标准形象。对于新一代的作者来说，在文学的大观园里，他们具有不再扮演刘姥姥角色的自觉性。毫无疑问，这是艺术的觉醒，文化的觉醒。对于河南的文学，这是弥足珍贵的转变。②小说的题材只能是愈丰富愈好，小说的艺术形式只能是愈新颖愈好，一个作家只

---

　　① 刘震云（1958—　　），男，河南延津人。1982 年毕业于北京大学中文系。代表性作品有《塔铺》《新兵连》《单位》《一地鸡毛》《温故一九四二》《故乡天下黄花》《一句顶一万句》等。其中，《塔铺》获得 1987—1988 年全国优秀短篇小说奖，《一句顶一万句》获得第八届茅盾文学奖。

　　② 刘庆邦（1951—　　），男，河南沈丘人。现为北京作家协会副主席。短篇小说《鞋》获第二届鲁迅文学奖，中篇小说《神木》获第二届老舍文学奖。根据《神木》改编的电影《盲井》获第 53 届柏林国际电影节银熊奖。以短篇小说为人称道，代表性作品有《鞋》《响器》《梅妞放羊》《黄金散尽》等。

　　③ 林雨：《河南新时期小说创作研讨会纪要》，《河南作家通讯》1995 年。

能是愈变化多端愈好。河南文学的发展证明了这一点。③一个作家的成就和特长，一个省文学的成就和特长，都可能成为围困他的铁壁，只有沉静执着地与自己作斗争，才有可能不断突围。①

按：会议期间，田中禾曾在住所与刘震云、刘庆邦、周大新、阎连科等河南籍作家一起闲聊。

是年　长篇小说《匪首》获河南省第二届文学艺术优秀成果奖。

本年度重要论文：

杜田材：《〈匪首〉：一片新的艺术天地》，《小说评论》1995年第1期。

何向阳：《感性历史的文化复述——〈匪首〉：一次放逐的体味》，《小说评论》1995年第1期。

何秋声：《田中禾长篇〈匪首〉研讨会纪要》，《小说评论》1995年第1期。

南丁：《浪漫的田中禾》，《中国作家》1995年第1期。

---

① 《河南新时期小说创作研讨会发言摘要》，《河南作家通讯》1996年第1期。

1996年　56岁

10月16—17日，河南省作家协会第三次会员代表大会在郑州召开。田中禾当选为作协主席。

1月2日　赴作家李洱婚宴。

1月31日　为长篇小说创作困扰。"又打结了，停下了。一停下，心情就显得灰暗，老想睡觉。"

反思自己的情绪。"每天黎明醒来时心情非常沮丧，觉得活着没什么意思。一旦起床，吃过饭，打扫了卫生，信心重又复苏，生机也随之活跃，精神开始振奋。可是，一天又白过了，到了晚上，心情又开始变坏。"

1月　中短篇小说集《印象》由上海文艺出版社出版，是"小说界文库"中短篇小说系列作品中的一种。

按：收入这个文库的著名中短篇小说集还有：冯骥才的《高女人和她的矮丈夫》、邓友梅的《烟壶》、张贤亮的《肖尔布拉克》、刘绍棠的《烟村四五家》、王安忆的《小鲍庄》等。

1月　散文《青春，一个梦的诱惑》发表于《妇女生活》第1期。

2月14日　读完王安忆发表在《收获》第1期的中篇小说《我爱比尔》。"开头、进入都不太理想，但通篇写得很好，充分展现了王安忆的才华和特长。不玩弄任何技巧，大拙大朴，写实，叙述老老实实，但选材优势与心理敏锐细腻，很是难得。"

2月　文论《任怪圈继续旋转——现实主义的当下命运》发表于山东省作协主办的《时代文学》第2期。

3月2—7日　完成《莽原》约稿的短篇小说《诺迈德的小说》。"可能是受《世界美术》上马克·坦西绘画评论的影响。"

3月21日　散文《母亲和年》发表于《武汉晚报》。

3月27日　读1972、1973年日记，感慨系之。"上午翻出72、73年的日记来读。那是精神、体力都处于最恶劣的状况的记录。……转眼过去了二十多年，岁月真是如梭如箭，如今已成五十多岁的人，能过到今天的样子，实在是不容易呀。人太容易忘记苦难，幸亏记了这段日记。"

3月　短篇小说《杀人体验》发表于《人民文学》第3期。

4月4日　创作谈《在沉静中突围》发表于《人民日报》。

4月17日　文论《罪恶·苦难·力量》发表于《中华读书报》。

短篇小说《不明夜访者》发表于《天津文学》第4期。

5月8日　参与筹备河南省文学院。"一说筹备文学院，情绪又受影响。首先是编制人员，为了堵着趁机乱进的口子，不得不考虑对策，拿出一个意见。"

散文《春天的思念》发表于《大河报》。

5月17日　评论《精神与现实的对策》发表于《文艺报》。

5月18日　反思河南文坛及其对自身的影响。"第一，必须发奋写东西。再有股狠劲与韧劲。第二，不受环境与文坛世俗心理压力的影响，自己缓解这种压力，使状态自在。"

5月31日　参加河南省文联三届四次会议。这次会议之后，6月3日，省委组织部与田中禾谈话。河南省委常委会决定田中禾出任下一届河南省文联副主席。对于这个任职，田中禾"思想斗争极为激烈"，"如果真干这个副主席，对创作前景不可预测，现在毕竟不是十几年前的人，精力有限，不敢夸口"。

5月　短篇小说《诺迈德的小说》发表于《莽原》第3期。

6月10—12日　参加河南省文学艺术界联合会第四次代表大会。大会修改了省文联章程，改选了领导机构。丁发杰①任文联党组书记、主席。田中禾与张海等三人任副主席。

6月14日　在心理上接受新的职务。"经过今天一段的写作，沉一沉，对文联副主席这个职务不再那么难以承受，增强了信心。没事，我能干好它，把创作也搞得更好。也许它会促使我勤奋些，对创作更有激情些。在世俗事务的烦琐中更知道珍惜心灵自由的状态。"

6月20日　参加李佩甫长篇小说《城市白皮书》研讨会。

---

① 丁发杰（1938—　），男，回族，河南嵩县人。1963年毕业于郑州大学中文系。曾任河南省戏剧家协会主席，河南省文联党组书记、主席。

"北京方面来了人民文学出版社总编助理李昕，此书的责编刘海虹，北师大教授王富仁，社科出版社白烨，社科院文学所李洁非。发言安排很满。我到下午将结束时作了一个发言。"

6月21日　参加河南文艺出版社成立大会并作发言。

6月22日　应约参加"《红高粱》现象研讨会"，莫言出席。

按： 关于此次研讨会未获取更多信息。

6月27日　到新郑参加副市长挂职仪式。

7月5日　参加河南省文联党组会议，通过《莽原》主编和"文学基金会"筹备小组。

7月21—25日　赴京参加中国作协工作会议。讨论中央领导关于中国作协第五次全国代表大会的指示，讨论代表名额分配、产生办法和理事会组成，讨论修改《中国作家协会章程》。参会期间，田中禾向张锲咨询文学基金会事宜，与韩少功商议联合筹办笔会事宜。

7月　散文《读音乐（二题）》发表于《随笔》第4期。

9月1日　因肩周炎，即日起几乎每天到诊所按摩，直至10月上旬。

按： 晚年，因颈椎问题，田中禾也经常到诊所按摩。

9月4—6日　到鹤壁市淇县洪水灾区慰问采访。

9月9日、12日　与河南省文联主席丁发杰，其他文联、作协领导于黑丁、郑克西、张有德、段荃法、张一弓谈河南省作家协会换届工作。

10 月 14 日 参加河南省书法家协会换届选举会议。自即日起直至 11 月 11 日河南省杂技艺术家协会换届选举会议结束，作为河南省文联副主席，田中禾几乎一个月时间主要用来参加河南省文艺界各协会换届选举会议。11 月 12 日不禁感慨："一个月的换届会终于熬到了头。"

10 月 16—17 日 在河南省作家协会第三次会员代表大会上当选为河南省作家协会主席。在大会代表名单、大会主席团名单、理事会理事名单、常务理事会成员名单中，他的名字均显示为"张其华"。在主席团顾问、名誉主席、主席团成员、秘书长名单中显示的是"主席：张其华（田中禾）"。①

10 月 26 日 到濮阳中原油田参加"96 文学态势研讨会"并作发言。会上发言的还有山西作家李锐、河南作家李佩甫。

11 月 短篇小说《姐姐的村庄》及其创作谈《乡村：原生态的文化标本》发表于《山西文学》第 11 期。

散文《一个孩子对一个老人的记忆》发表于《热风》第 11 期。

11 月 为给苏金伞出书做准备。为了给苏金伞出书，田中禾是操了不少心的：到医院面见苏金伞并请其授权，与其家属讨论相关事宜，与主管部门进行交涉，甚至包括具体内容的编辑与排版。

按： 此书当为河南文艺出版社 1998 年 1 月出版的《苏金伞

---

① 相关信息见《河南作家通讯》1996 年第 2 期。

诗文集》。

12 月 10 日　看望于黑丁、张一弓等。

12 月 14—21 日　赴京参加中国作家协会第五次全国代表大会。参会代表 800 多名。这次大会第一次以中国作家协会全国代表大会的名称举行。江泽民出席会议并发表重要讲话，李鹏、乔石、李瑞环、朱镕基、刘华清、胡锦涛等出席开幕式。高占祥宣布大会开幕，尹瘦石宣读了巴金的贺词，翟泰丰作了题为《站在时代前列，迎接文学繁荣的新世纪》的工作报告。大会原则通过了修订后的《中国作家协会章程》，指出中国作家协会是中国共产党领导的、中国各民族作家自愿结合的专业性人民团体，是党和政府联系广大作家、文学工作者的桥梁和纽带，是繁荣文学事业、加强社会主义精神文明建设的重要社会力量。大会选举产生了由 180 人组成的中国作协第五届全国委员会，选举巴金为主席，马烽、王蒙、韦其麟、邓友梅、叶辛、刘绍棠、李準、张炯、张锲、陆文夫、铁凝、徐怀中、蒋子龙、翟泰丰为副主席。12 月 20 日，五届全委会主席团举行第一次会议，推举翟泰丰、陈昌本、王巨才、张锲、施勇祥、陈建功、高洪波、金坚范、吉狄马加为中国作协第五届书记处书记，由翟泰丰主持主席团和书记处日常工作；同日举行闭幕式，王蒙、陈昌本、铁凝主持，蒋子龙致闭幕词。

12 月 26—27 日　作为挂职副市长到新郑市参加文联活动。"我发现新郑的文化事业抓得很活跃。"

12 月 28 日　到郑州大学参加"河南省当代文学学会年

会","扮演个角色，发个言"。

按："河南省当代文学学会"疑为"河南省当代文学研究会"之误。该团体活动极少。

12 月 31 日 "回顾一年，没什么让人兴奋的东西。创作徘徊不前，被无意中看中，做了作协主席，成为文学人的负累。尽管自己给自己鼓劲，但实际上还是一种失陷。"

1997 年　57 岁

6 月 18 日，重庆直辖市正式挂牌。

6 月 30 日午夜至 7 月 1 日凌晨，中英两国政府香港政权交接仪式在香港举行，宣告中国政府对香港恢复行使主权。中华人民共和国香港特别行政区成立。

9 月 2 日，国务院发出《关于在全国建立城市居民最低生活保障制度的通知》，要求 1999 年年底前在全国所有城市和县人民政府所在地的镇建立这项制度。

9 月 12—18 日，中国共产党第十五次全国代表大会举行。大会通过《中国共产党章程修正案》，把邓小平理论同马克思列宁主义、毛泽东思想一道确立为党的指导思想并载入党章。

1 月 2 日　散文《故园一棵树》发表于《郑州晚报》。

1 月 2—5 日　与妻子回南阳、唐河。在南阳市看望了二月河，在西峡县医院看望了病中的乔典运。最后回到大张庄，"给母亲上坟"。

1月16日　反思创作。"写作缺乏激情，是我最恐惧、最烦心的事。明白了的确被文学异化，被看不到头的事业之路异化。雄心未减而锋锐渐消，能不能再创造一次辉煌？"

1月24日　得知苏金伞去世，与其他省文联领导到医院送别。

短篇小说《姐姐的村庄》被《小说选刊》第1期转载。

3月4日　反思自我。"屋里安静，在静寂中内心的波澜难免泛起，生出无奈的悲凉。我真的不行了？既难耐忙乱和外面的热闹，又难耐寂寞、孤独，在心灵的挣扎中持守自己，在俗世与精神世界中徘徊。"

3月18日　到郑州市文联参加《百花园》与《小小说选刊》座谈会。

3月19日　校读河南文艺出版社将要出版的小说集《落叶溪》。"校得太差，一大半页上都有错讹。校稿真是个烦琐不堪的事。读到最后，早期写的《梧桐院》《山这边》觉得质量太差，简直不能收入。其中还可读出不同阶段文风的变化，大抵后期更幻想化，前期更生活化，早期文笔粗疏，韵味差，中间有一些叙述风格有点紧张。"

4月17日　反思自己的创作状态。"小说进展很慢。常有一种焦灼、失落、沮丧袭来。看到自己不再如野兽般凶猛，倒像里尔克笔下的豹，在动物园笼子里彷徨。也许真的我只能挣扎，已无力奋进了。这念头最近二年常常倏尔掠过。我当然并未甘心。"

5月8日　出席河南省委宣传部组织召开的"纪念延安文艺

座谈会讲话发表 55 周年暨《河南新文学大系》首发式座谈会"。

5 月 15 日　参加由河南省作协、河南省文学院和金水区委、金水区人民政府联合召开的杨东明长篇小说《拒绝浪漫》及其创作研讨会。

5 月 22 日　赴洛阳参加"《牡丹》创刊四十周年座谈会",并到新安县参观千唐志斋博物馆。参会的有《十月》《中国作家》等文学期刊负责人、文学评论家雷达、作家阎连科等。

按：千唐志斋博物馆位于新安县铁门镇,是辛亥革命元老张钫所建,为全国重点文物保护单位、国家 AAAA 级旅游景点、国家二级博物馆、中国唯一的墓志铭博物馆,以珍藏唐及历代墓志石刻 1400 余件闻名于世,章炳麟曾用古篆为之题额"千唐志斋"。

5 月 27—31 日　到济源市参加笔会,其间参观了坡头镇的黄河河道、两滩、民兵营、济渎寺,王屋山,五龙口风景区,小浪底等处。

5 月　散文体小说集《落叶溪》由河南文艺出版社出版。

该小说集收录了田中禾以家乡的风土人情为故事背景的回忆性散文体小说 38 篇。回忆性的意境,散文体的风格,闲适化的笔调,活跃在富有浓郁的乡土气息的小城中的人物,使读者很自然地沉浸在豫南小城的历史风情和现实生活中。郑树森认为,《落叶溪》"特重意境,讲究笔墨","是转化本土小说传统成功的范本"。[1] 田中禾似乎很在意这个评价,曾不止一次引用,

---

① 郑树森：《哭泣的窗户——八十年代中国大陆小说选·序》,洪范书店,1990,第 5 页。

《落叶溪》封面

认为《落叶溪》系列小说之所以受到重视，"大约就是因为这个系列讲述的是人性的诗化的乡土故事，它更超越政治，更贴近文学的本质"①。郑树森的评价给田中禾带来了两点启发：一个是更加坚定了他长期坚持的人性是文学的本质的观念，促进了其创作关注点从社会到人性的彻底转变。另一个启发是负面的惊醒，它促使田中禾开始反思传统，进行现代手法与文本的探索。田中禾认为自己不应当仅仅能转化本土小说，更应该有能力创造出属于自己民族的现代派作品。20世纪90年代之后，他更加清醒地背离主流写作，以人性写作反拨社会写作，以文本创新反拨传统叙述，文本形式大为改观。这两点，成为田中禾成功逃出主流写作的分水岭。就这个意义而言，郑树森评价的反面惊醒似乎更为重要。

按：这两点启发是田中禾先生与笔者在交流的过程中作出的表述。

散文《融入尘世》发表于《都市》第5期。

6月9日　端阳节回忆童年时期唐河风俗。"今天端阳节，

① 苗梅玲、田中禾：《在文本现场自由行走——田中禾访谈录》，《东京文学》2012年3月刊。

难免忆起母亲夜里摘了石榴花、艾叶，放在盆里，放在当院，承接天露。第二天早晨孩子们用这水洗脸。煮鸡蛋、蒜、鹅蛋、甜米，雄黄酒，每人喝一盅。蘸了雄黄给孩子抹鼻孔、耳孔。手脖上拴上五色线，胸前吊一串香囊。这一天到学校去的孩子书包里都装有鸡蛋、煮熟的蒜。"

6 月 30 日　观看香港政权交接仪式至 7 月 1 日凌晨。

7 月 6 日　产生进入老年的感觉。"今年第一次突出感到自己的年龄即将进入老年。感觉很不好。"

7 月 15 日　参加党组会议，"刊物六家全划归我分管"。

按：六家刊物为《莽原》《热风》《散文选刊》《故事家》《传奇文学选刊》《河南戏剧》。

7 月 29 日至 8 月 1 日　在登封参加"河南青年作家小说创作研讨会"。这次会议是文学豫军新人工程的第一次大型活动，由河南省作协、河南省文学院主办，登封市作协承办。会议主要研讨了李洱、墨白、行者①、韩向阳、陈铁军五位具有代表性的青年作家的小说创作。参会的作家、学者主要有南丁、段荃法、孙荪、刘思谦②、张宇、李佩甫、王鸿生、耿占春、何向阳、何弘、李庚香等。

---

①　行者（1954—　），男，原名王遂河，河南南阳人，曾任河南省作家协会副主席。

②　刘思谦（1933—2022），女，河南偃师人。1960 年毕业于河南大学中文系。河南大学文学院教授、博士生导师，著名文学评论家，建立了中国第一个女性文学学科的博士点。著有文学评论集《小说追踪》，女性文学研究专著《"娜拉"言说——中国现代女作家心路纪程》。曾获河南省第二、第三届社科优秀成果奖，中国女性文学第一、第二届理论建设奖等。

8月6日　参加河南省文联党组会议，讨论《莽原》《河南戏剧》合并事宜，通过增补杨东明为副主席的决议。

1997 年在新疆博乐

8月7—20日　与河南省文联同事乘坐 197 次特快列车赴新疆讲学。"列车西去，心情很不平静，勾起许多西行的回忆和二哥的回忆。""西安以西留着青年时期难忘的记忆。……陇西、天水、宝鸡……地名唤起的是远离中原在孤寂落寞的心境里凄然西去的情怀。""早晨醒来，极目窗外，一眼望不到边的荒漠，或平坦无际，或一台一台的赤壁，一切呈现出了了无生机的铁红色、苍灰色，滩如死海，山如烧过的废窑。……新疆使我感到了地域辽阔的意味。……哪里有水，哪里就会出现绿色的胡杨林，一片庄稼、村庄，像泥垒的古城，看不到人间气象，然而人们在那里顽强地生活着。"9 日晚到达乌鲁木齐，入住新疆生产建设兵团文化中心。"乌鲁木齐有些异域情调，伊斯兰文化明显。"10 日从乌鲁木齐西去博乐，"驱车千里，走过沙湾、乌苏，二哥生活过的地方，激起许多想象和缅怀"。"下午遇大风，漫天碱灰，车如行舟。"11—13 日，与张宇等人在博乐参加开学典礼，与农七师领导座谈、讲课。"博乐虽远在边陲，并不显偏僻。""小小边境城镇，安静，凉爽。"14 日，乘车去中哈边境口岸阿拉山口，"看到平川广漠中的国界线，非军事区外的遥远的白房子"。15 日，游怪石沟，由博尔塔拉蒙古自治州文联安排到维吾尔族老乡家做客，领略奶茶、馕、抓饭。"博尔塔拉，蒙古语，银灰色的草原的意思。"16 日，游赛里木湖。"今天大约是新疆之行最令人难忘的一天。赛里木湖是我平生从没见过的仙境般的高山湖，美丽极了。湖面三百多平方公里，衬着天山雪峰和白色、土黄色的天山的影子。如蓝黑墨水一样湛蓝、万顷平静的湖水，在阳光下变幻出不同的色调。"19 日，游天池。"天池虽没有赛里木湖宽广，却另有一番情趣。"20 日，由新疆生产建设兵团《绿洲》杂志社送别，从乌鲁木齐返程回郑州。

《轰炸》封面

　　8 月　中短篇小说集《轰炸》由华夏出版社出版。

　　按：这部小说集是著名文学

评论家张锲主编的"中国当代作家文库"的一种。收入这个文库的著名作家的作品还有：李佩甫的《羊的门》《无边无际的早晨》，贾平凹的《白夜》、《商州：说不尽的故事》（共四卷），路遥的《平凡的世界》，张炜的《能不忆蜀葵》，陈忠实的《白鹿原》，等等。

学术界把田中禾2000年之前的创作划分为三个时期："在2000年之前，您的创作基本可以分为《五月》（被称为'生活流'），《明天的太阳》（被称为'新写实主义'），《轰炸》《匪首》（被称为'新历史主义'）三个阶段。"①

9月18日 看望于黑丁。

9月22—26日 在驻马店市遂平县嵖岈山参加河南省作家协会理事会。孙广举主持开幕式，李佩甫作一年来工作报告。"遂平比我想象的好，而且能坚持公宴不摆白酒，很不容易。干部很年轻。"24日到嵖岈山，"山不大，很灵秀"。25日到汝南县，"印象很坏"。

10月6—8日 到安阳市参加文化活动，遇程树榛、张一弓，参观殷墟、袁林，汤阴县羑里城、岳飞庙，林州市红旗渠。

10月10日 读张斌的长篇小说。"写得很不错，一下子达到了一个他自己和河南一批作家未曾达到的境界。"

按：这个长篇应该是指1999年由上海文艺出版社列入"小说界文库"予以出版的《一岁等于一生》。

---

① 舒晋瑜：《田中禾：没有人强迫给你的大脑植入芯片》，《中华读书报》2019年11月27日第18版。

10月14日 宴请《收获》编辑部主任程永新。

10月15日 描述20世纪90年代郑州的商业氛围。"这些天郑州正开糖烟酒会。这是多年来郑州的盛大商业集会。街上挂满形形色色的广告旗、横幅、竖幅，一些大楼被巨幅广告包裹起来。晚上出去散步，金水路上搭起了一座又一座过街牌坊，彩灯闪烁。街上到处是外地客人和模特小姐，小偷也在郑州大聚会。"

10月16日 为写作苦恼。"想了很多，又废了很多。从93年底写长篇至今，成了不可救药的毛病。好像我已经丧失了编故事的能力，也是写小说的基本能力。每天白白地在书桌前摸索，没有构思的激情。怎么办呢？真的丧失了创造性、想象力？已经完了？既没有才华又不勤奋。这时候就总在斥咒自己。"

10月22日 与妻子韩瑾荣一起到河南省人民会堂观看德国科隆乐团演出。

10月23日 参加河南省作协主席团会议，主要是推荐鲁迅文学奖参评篇目和"21世纪文学之星丛书"入选者。

按一：在第二届鲁迅文学奖（1997—2000）获奖作品中，有河南青年批评家何向阳的评论文章《12个：1998年的孩子》。

按二："21世纪文学之星丛书"是中国作家协会、中华文学基金会主办，中华文学基金会策划，每年由专门的编审委员会经过严格程序编选的青年作家作品集。该"丛书"自1994年开始启动，以年卷的形式，为从未出版过个人文学专集的40岁以下作家、批评家出版处女作。经过冯牧、张锲、高洪波、何建明、李敬泽等几代人的努力，"丛书"为推动青年文学事业发展增添了绚烂的光彩，也为守望文学初心留下了见证。"丛书"至今（2019 年度）共推出 222 位青年作家、评论家，他们中不少人已成为当代中国文坛的中坚力量。

11 月 14 日　反思写作与人生之间的关系。"我才明白，我仍然是为文学活着。写不出东西，我就会空虚、感伤、颓废，也许会自杀。不管写到什么份儿上，只要有东西写，有自己的活干，日子就充实。"

12 月 2 日　读完《正午的黑暗》。"作品发表于 1941 年，那时社会主义阵营还没形成，中国革命还在前途未卜之中。然而不幸的是，这本书在 1941 年认识到的东西我们过了半个世纪以后才有所认识。"

按：《正午的黑暗》是英籍匈牙利作家亚瑟·柯斯勒创作的一部以苏共为背景的时代力作，1941 年甫一出版便震撼世界。

12 月 4 日　读古巴著名作家卡彭铁尔的作品。

12 月 5 日　行政工作影响到了文学创作。"我必须承认，由于工作，我的思绪受到了影响。我的跳出本领不像原来想象的那般起作用。工作，目前是刊物的整顿分了我的心。我不得不用很大的毅力把自己拉回稿子中来。最终我还是拉回来了。"

12 月 10 日　华夏出版社高苏一行三人到郑州商谈签名售书事。

12 月 13—25 日　赴泰国。"飞机飞过云贵高原上空时机翼下一片浩瀚奇观，如大海上浮现出一片铁红色礁岩。山势突兀于云海之上。"在昆明期间，游览了滇池、西山、石林、民族村、蝴蝶展、摩梭人的村屋，品尝了云南的饮食。在泰国期间，游览了湄公河、大皇宫、珊瑚岛、野生动物园。"领略了泰国人的生活环境。""这是个崇尚华美的民族，建筑金碧辉煌，繁复精细，开放较早。泰王三世游历欧洲，建造了欧式建筑，使泰国成为亚洲很开放的国度，旅游意识很浓，旅游设施、服务周密。"

按：泰王三世即泰王拉玛九世。

12 月 28 日　应邀去河南省直新华书店签名售书。

本年度重要论文：

王敏：《变革时代中国农村的深刻剖析——试论田中禾的小说创作》，《河南师范大学学报（哲学社会科学版）》1997 年第 3 期。

1998 年　58 岁

6 月中旬至 9 月上旬，我国南方特别是长江流域及北方的嫩江、松花江流域出现历史上罕见的特大洪灾。

7 月 3 日，《国务院关于进一步深化住房制度改革，加快住房建设的通知》发布，提出 1998 年下半年开始，全国城市停止住房实物分配，逐步实行住房分配货币化。

1 月 27 日　看望南丁和唐河县一中时的语文老师杨玉森。"杨老师已届 87 岁。临走握着手流泪：不知明年还能不能见。看望老人，的确有珍惜一面的感觉。"

2 月 8 日　看望丁琳。"一个干了一生编辑的文化人，家中的清贫状态令人感叹。"

4 月 13 日　散文《书斋二题》发表于《河南工人报》。

4 月 14 日　与妻子在中州影院看电影《泰坦尼克号》。"后半部分还是相当感人的。……但女主角露丝的演员选择失当，多有逊色。女主角十七岁，又是落魄贵族，没有父亲，应该体质柔弱，面容不那么丰满才适合角色。"

4月17日　在河南省文联参加《传奇文学选刊》评刊会。

4月18—19日　出席洛阳市文化活动。在洛阳日报社讲课，参观牡丹花会，游览孟津县城和小浪底工程。

4月22日　对自己的创作现状感到震惊。"整理档案，顿觉震动。除了几篇散文，1997年什么也没写。这情况继续下去，一个作家连同他的生命活力与激情都完了。"

4月　散文《博尔塔拉》发表于新疆生产建设兵团文联主办的《绿洲》第2期。

5月10日　看麦当娜主演的电影《庇隆夫人》。"歌剧形式的传记片，表现形式新颖简约。"

5月22日　出席《苏金伞诗文集》首发式。

5月25日　与段荃法、李佩甫一同到漯河市参加芦雅萍作品研讨会。

5月　文论《获诺贝尔文学奖的戏剧家》发表于《河南戏剧》第3期。

6月5—8日　到焦作市参加中国当代散文创作研讨会。研讨会由中国作家协会创联部、《散文选刊》杂志社和焦作矿务局联合举办。《散文》《散文·海外版》《随笔》《美文》《散文百家》《当代散文》等散文刊物的主编及编辑，当时文坛较为活跃并具深层潜力的中青年散文家代表，《人民日报》《光明日报》《中国煤炭报》《作家报》及当地的报纸、电台、电视台的文化记者 40 余人出席研讨会。会议由《散文选刊》主编王剑冰主持。① 研讨会上，"基本上仍是两种文学观，社会的和自我的，责任的与性灵的"。7 日赴黄河小浪底考察，参拜韩愈陵。

"此次笔会，感慨颇多。会议报到的时候，焦作矿建矿 100 周年之际，全面停产。十几万矿工放假，停发工资。煤已过剩，卖不出去。亚洲经济危机波及外方的合同。卖出的煤收不回钱。在这种情况下，来了一帮食客，坐而论道，颇具讽刺意味。"

6 月 9 日　体检，诊断结果不理想。"医生让我重做一次心电图。做完，表情严峻，说：'还是那样。'到隔壁向一位张教授汇报。张教授走过来问我的感觉，没感觉，'越没感觉越危险'。说了一些术语，意思是心肌梗塞前兆。好吓人，仿佛今天就保不住。后来交代说，回去不要劳累，注意点，明天上午再来一次。'给你说了，一定得再来，要不，我们可不负责任。'我的感觉是不如不做检查，一下子心肌梗塞而死，倒也潇洒。这一下，反而真有了病人的感觉。"

6 月 10 日　到医院再做检查。"心电图室的医生很负责，又做了两次心电图检查。与昨天一样。负责本室的教授到结论室，商量一阵，说，你这是心肌缺血，最近要密切注意观察，多做几次心电图，不要劳累，不要喝酒，随时注意，如有反应，立即去医院。腹痛、胃疼都应作冠心病治疗，等等。让我自己保存一份心电图。上面写了意见，不排除后壁心肌梗塞、心肌

---

① 《中国当代散文创作研讨会在焦作举行》，《边疆文学》1998 年第 8 期。

缺血，建议不要劳累，自己注意。不太乐意接受，主要是不习惯以有病人的心态关照自己。健康对于我从没被注意过，也从没有什么疑问，谁问近来身体咋样，我觉得好笑。甚至有人说多保重，我有点不爱听。可从这次体检起，我成了要注意身体的人了，很难适应。"

6月10—11日　分别在郑州市、信阳市参加"苏金伞诗歌艺术研讨会"。10日上午在郑州市粤海酒楼发言后乘车前往信阳市豫花园酒店再次参会。"会议规模很大，中宣部来了一位期刊处长，出版署来了一位退休的老司长、一位现任的副司长。能让中央电视台来两位女士也算不易。"

会议期间驱车游览信阳市，寻找当年在信阳生活的痕迹。"信阳变化很大，一时认不出何处，旧面貌忆不起来了。""走肖家湾，经火车站、民权路，到一中。……走东方红大道，经老市委门口、赵家桥，到平桥，可惜旧时面貌已难寻觅。到肉联厂门口，下车，徒步找六里棚村，没能找到。小村已被一片楼房取代。"

6月11日　要求自己正视"心脏已经出现问题这个现实"。"当我责备甚至瞧不起别人那副被病态笼罩的萎缩样子和萎缩的心态时，我也面临了这个问题——不喝酒，不进舞厅。那个在舞会上纵情跳迪斯科，恣意自得地跳得大汗淋漓被人羡慕的人，从此消失了吗？那意味着，我的生命活力也突然消失，要甘做一个寂寞迟缓斯文的老人了。"

6月16—17日　到巩义市参加郑州市六县一市笔会。17日到邙山看石窟。"这是与龙门石窟同期的石窟。起自北魏，规模没有伊阙大，但另有特色。由于邙山滑坡，洛河淤漫，有些埋入地下，有些尚待发现。千年风雨，历经变化，那时灭佛一举曾遭创毁，其后又不断被盗墓，加之风化，但窟内有些颜料却至今不褪色，当代人也未知其奥妙。"

6月25日　到开封参加《东京文学》创刊100期纪念座谈会。

6月26日　散文《一读诗翁三吟哦》发表于《河南日报》。

6月29日　组织部考核李佩甫。"这件事使我较为欣慰。"

7月4日　"从今天早晨起，下决心去运动。""希望身体能尽快恢复。看来不认真对待也不行。"

7月18—19日　参加河南青年诗人创作研讨会。

7月21日至8月4日　住院治疗心脏病。"住院半个月，花了三千多元，看来收效甚微，怀疑值不值。"住院期间读了三本小说，一部法朗士的小说集，"无甚启迪"。大江健三郎的《万延元年的足球队》、巴西作家若热·亚马多的《大埋伏》。"大江健三郎的沉闷、呆板，长句子的书面式叙述，时时有生硬感。而巴西的若热·亚马多则比卡彭铁尔、鲁尔福都更流畅、风趣，因而比大江鲜活。""亚马多能给人启发，大江不能。"

7月　散文《二战中欧洲的王宝钏》（署名"祁华"）发表于《河南戏剧》第4期。

散文《博尔塔拉》被《散文选刊》第7期转载。

8月1日　文论《写作与激情》发表于《四川文学》第8期。

8月6日　耿占春向田中禾征求去海南大学工作的意见。"我觉得应该毫不犹豫地去。"

9月16日　读阿来的长篇小说《尘埃落定》，"感觉不错"。

9月20—27日　突发眼疾一周。

9月　《田中禾小说自选集》由河南文艺出版社出版，是"南阳作家群丛书"的一种。

按："南阳作家群丛书"主要包括：《乔典运小说自选集》《张一弓小说自选集》《周大新小说自选集》《二月河作品自选集》《田中禾小说自选集》《周同宾散文自选集》等。

10月12—14日　到焦作孟州市参加"韩愈杯"散文大奖赛颁奖仪式。该大奖赛由百花文艺出版社和《散文·海外版》主办。"客人请的规格很高。中国文联书记处副书记胡珍，中国作协书记处书记陈昌本等人。"

10月16日　到母校郑州七中"向七中校友作报告"。

10月27—30日　到平顶山市公安局、鲁山县背孜乡派出所、平顶山市公安局卫东分局、许昌市公安局等处访谈公安干警。

11月5日　读巴西著名作家若热·亚马多的长篇小说《弗洛尔和她的两个丈夫》，"很不错"。

11月10—13日　到三门峡市、运城市。在三门峡见到了二炮的阎连科、解放军艺术学院的邢军纪①。在运城市看了普救寺，"最大的收获是看永乐宫壁画"。

11 月 22 日至 12 月 7 日　到欧洲游览参观，先后到达维也纳、阿姆斯特丹、布鲁塞尔、巴黎、卢森堡、法兰克福、慕尼黑、因斯布鲁克、威尼斯、比萨、佛罗伦萨和罗马。在维也纳参观了斯特凡大教堂、国家歌剧院、英雄广场、人民公园、议会大厦、茜茜公主纪念像、市政厅、贝多芬雕像、施特劳斯雕像。"这是一座音乐之都，处处显示出音乐的印记。""维也纳的建筑古朴、浑厚，充满古典气息，街道安静，行人车辆稀疏。刚刚下过雪，洁白的影子随处可见。""踏着残雪，走在音乐之都古老的大街上，大家（的）心情沉浸在陌生的异域情调里。""有轨电车轻盈驰过，维也纳显得非常安详。"

"荷兰是一个美术国家，拥有文艺复兴的大师拉斐尔等人的藏画，拥有现代派艺术家凡·高和他的作品。""自阿姆斯特丹一路行来，路两边农村风光令人感叹。自然风光无论丘陵、平野、溪流、树木，都像被精心修整过，有着很强的观赏性。很少看到庄稼，多是绿茵草地，如高尔夫球场。树木姿态婀娜，色彩层次分明，农舍整齐。"

---

① 邢军纪（1952—　），男，祖籍河南临颍。1969 年入伍，1989 年毕业于解放军艺术学院文学系，1995 年毕业于华中师范大学中文系，获硕士学位。解放军艺术学院教授，首届鲁迅文学奖获得者。代表性作品有报告文学《疯狂的盗墓者》（与曹岩合著）、《商战在郑州》（与曹岩合著）、《锦州之恋》、《黄河大决口》、《北中国的太阳》、《第一种危险》、《中国精神》、《最后的大师》。其中，《疯狂的盗墓者》获 1990—1991 年度全国优秀报告文学奖，《锦州之恋》获第一届鲁迅文学奖（1995—1996）全国优秀报告文学奖。

1998 年在巴黎凯旋门

　　"一进巴黎就感到了交通的拥塞。巴黎建筑的古朴庄严一下子吸引了车上的人。灰白色石结构楼房雍容大度，窗饰、雕塑显出富丽高雅的景象，处处夸示着法兰西的奢侈浮华。这是一座充溢享受和浪漫情调的城市。初识巴黎，恍若七十年代第一次走进大上海，有几分面对大都会的茫然和新奇。"在巴黎游览了圣母院、凯旋门、香榭丽舍大街、卢浮宫、凡尔赛宫，欣赏了红磨坊晚会。卢浮宫"太令人兴奋了。我心向往之的世界文化宝库，终于能走进去看看"。"和卢浮宫不同，凡尔赛宫是一个休闲度假的离宫，如颐和园。但中国宫苑主要靠自然风光，依山傍水，而欧洲人则处处夸耀着人的力量，人的创造、欲望和奢华。""卢浮宫和凡尔赛宫均为大理石结构，高大、明亮、富丽、精美。雕塑、油画是它们的特色。""巴黎夜景迷人，尤其是埃菲尔铁塔，夜晚通体生辉，蔚为壮观。"

红磨坊晚会"剧场不大，摆着茶桌，桌头放一盏红台灯。侍者让座，一般是女士正座，男士背朝舞台。提来一个小冰桶，插入香槟，打开，倒进高脚杯。我明白了来这里看歌舞主要是享受一种奢侈的氛围。先生、淑女们面前放着高脚杯和冰桶，有一种虚荣心的满足"。"这样的演出的确使人大开眼界。""首先是舞台的宏大和开放，从深处向外，一直到我面前。然后是两侧高处及宽处，中间还有悬空似船般游出到观众头顶。台中向外延伸'T'字舞台，还可以降落幕布台阶。"演出"两小时中间不休息，节目紧凑热烈，中间穿插的杂耍引人入胜，小丑请台下人合作，做插科打诨的小品，逗乐一阵"。"应该说艺术档次很高。"

在慕尼黑参观了宝马汽车公司、慕尼黑教堂、歌剧院。"这座城市二战中被摧为废墟，战后重建。奥运村是由废墟垃圾山堆成。垃圾山成了滑雪场，山下是奥运村，各场馆设计别致，犹如吊车吊起的网式废物。"翻越阿尔卑斯山脉，"山间仍为高速公路，因而不觉险峻，但远山如中岳，白石壁立，白雪皑皑，领略了阿尔卑斯的雄奇"。翻山后抵达世界著名滑雪胜地、水晶产地奥地利因斯布鲁克。"原来威尼斯坐落在圣彼得岛上，旁边还有乌兰诺岛、布兰诺岛。马可·波罗就出生在圣彼得岛。岛中心是圣马可广场，有圣马可教堂。"在佛罗伦萨游览了大卫广场、圣母之花大教堂、但丁桥，雨中拜谒了但丁故居。到圣十字广场看了圣贤祠，"此处埋葬供奉着伽利略等许多俊杰"。在罗马参观了梵蒂冈圣彼得大教堂、威尼斯广场、斗兽场。"古罗马废墟和斗兽场的确是人类力量与智慧的辉煌代表，几千年前人类用大理石造就的文明成为西方文明的骄傲，也奠定了它的基础。"

11 月　散文《丰子恺的奇闻和大江健三郎的趣事》发表于《书摘》第 11 期。

文论《重读苏金伞》发表于《莽原》第 6 期。

12 月　文论《纯粹的过程》发表于《散文选刊》第 12 期。

1999 年　59 岁

5 月 8 日凌晨 5 时 45 分，中国驻南联盟大使馆遭北约组织轰炸。

12 月 19 日午夜至 20 日凌晨，中葡两国政府澳门政权交接仪式在澳门举行，宣告中国政府对澳门恢复行使主权，中华人民共和国澳门特别行政区成立。

1 月 6 日　开始创作长篇小说计划中的第一部《血液中的影子》。"干脆就这样干吧。"

按：从发表出版情况看，《血液中的影子》并没有单独问世。

1 月 23 日　为创作困扰。"仍未尺寸之功，面对真实的母亲，无从下笔。既不能写成回忆录，又不能写成小说。如何在真实故事中组织情节，写出世态、时代和人情趣味来？"

1 月 23—25 日　时任中国文联副主席，中国作协副主席、书记处书记张锲到郑州越秀讲堂讲学。与南丁、李佩甫、何向阳等人陪同。

1月25日　为创作《十七岁》，"了解社会背景"，读郑少康回忆录。

按：笔者未能查到此处"郑少康"的身份。

1月　中篇小说《进入》发表于《中国作家》第1期。

3月8—11日　在创作长篇小说《十七岁》的过程中对"大姐之死"这一情节的书写感到困惑。"对于大姐之死含义的发掘是个难点。""捕捉不到大姐之死深层的东西。"11日，"下午去大哥那儿，由于嫂子的插话，对大姐之死找到了感觉"。

3月11日　参加王怀让等著《中国有条红旗渠》研讨会。

按：《中国有条红旗渠》是一部非虚构文学作品，由王怀让、张冠华、董林创作，河南大学出版社1998年12月出版。

3月　中篇小说《白色心迹》发表于《莽原》第2期。12日拿到样刊，心情复杂。"感到非常好，写得极为精当，因而为没拿出大东西感到遗憾、自责。"

3月13日　将短篇小说《出世记》寄给《上海文学》。

4月10日　"愈来愈感到时间紧迫，要写作，又要读书。这二年读书少了，是很堪忧的事。"

4月11—15日　到苏州参加文学活动。12日在周庄云海宾馆参加了文学界的座谈会，参会的著名作家有：孟伟哉、周大新、阎连科、刘庆邦、叶辛、赵长天、陆文夫、赵本夫、储福金、范小青等。14日，"开了一天研讨会，总体看质量不高，发言如每个类似的会一样并无新意"。

4月27日　散文《三仙姑搽粉的话题》发表于《文艺报》。

4月28日　读完葡萄牙作家若泽·萨拉马戈的长篇小说《修道院纪事》。"总体风格仍是魔幻现实主义，后半部不乏感人处。"

4月　中篇小说《外祖父的棺材和外祖母的驴子》发表于《人民文学》第4期。

按：2月23日，李敬泽给田中禾写信，对这篇小说"评价甚佳"，并告知"已发第四期"。

5月7—11日　读1952年诺贝尔文学奖获得者法国作家莫里亚克的小说《蛇结》。"还不错。有巴尔扎克传统，宗教感，金钱批判。"

5月26日　接待以内格里奇为团长的罗马尼亚作家代表团。中国作协刘现平陪同，《世界文学》高兴任翻译。

5月　散文《"角色"和"我"》发表于《公安月刊》第5期。

6月5日　读完美国作家西奥多·德莱塞的长篇小说《珍妮姑娘》。

6月21—22日　参加"三讲"学习。

按："三讲"指的是从1995年开始在领导干部中开展的"讲学习、讲政治、讲正气"的三讲教育。

6月22日　参加《散文选刊》和《大河报》联合举办的座谈会。

6月26日　读美国作家薇拉·凯瑟的长篇小说《我的安东

妮亚》。"是过去不曾接触的美国移民拓荒一代生活，很真实，很有生活感。"

7月28—29日 参加由河南省作协与河南省文学院联合召开的"中原突破：李佩甫长篇小说《羊的门》研讨会"。

8月21日 读毛姆的长篇小说《兰贝斯的丽莎》，"觉得不算怎么好"。

8月 短篇小说《出世记》发表于《上海文学》第8期。

9月1日 就《羊的门》被告一事与李佩甫联系。"岂有此理！"

按： 关于这个问题，李佩甫在一个访谈中有所交代。"被禁了不说，当时传言很多，说要查我的问题。那是一夜之间天翻地覆啊。我头天晚上还在心里数钞票，如果书再版多次，版税就有很多嘛。但第二天十点，我就接到出版社电话说，上头要他们写检查，他们顶不住啊，只好把印刷好的印张回炉打成纸浆。编辑说，我们对不起你。我说，是我对不起你们，我没写好。"访谈人问："都什么原因被禁啊？因为太畅销被盯上？"李佩甫的解释是："有人告状。有些地方说，我写的是他们那些地方的事。那肯定不是呀，我其实是把对很多村庄的印象捏合在一块儿写的。这个状告上去以后，传言很多，很邪乎。当时我想你不让出书就算了，反正我就一个作家，其他什么都不是，无所谓的。当然我在河南也占了一点好处，当年省委和宣传部的领导都挺好，保护了我。要不是他们包容，我可能麻烦就大一些。我那时上街碰到熟人，他就问我，听说你被抓起来了？

我说，你也是写小说的，我写个小说，就能被抓起来？但我也意识到，这个事情不一般。但我当时不打听，也不询问，只管读自己的书，写自己的东西。"①

9月7日 读完毛姆的长篇小说《人生的枷锁》。"上半部冗长、琐碎，下半部可读。"

9月10日 参加河南省文学评论座谈会。

11月3日 王鸿生来访，谈调动事。

11月16日 读完都德的长篇小说《小弗罗蒙和大里斯勒》。

11月 中篇小说《1944年的枣和谷子》发表于《钟山》第6期。

12月4—5日 在郑州市黄河迎宾馆参加由河南省委宣传部、河南省文联召开的河南省第三次青年文艺创作代表大会。时任河南省委书记马忠臣、省长李克强到会，省委常务副书记范钦臣讲话，省委宣传部部长林炎志作主题报告。百余名青年文学创作者参加了大会。

12月5—7日 在河南省新乡市新乡县小冀镇温泉度假村参加"中原突破·文学豫军长篇小说研讨会"。出席会议的有时任河南省委宣传部部长林炎志、副部长常有功，河南省文联主席丁发杰以及河南籍著名作家南丁、张一弓、阎连科、周大新、

---

① 李佩甫、傅小平：《现在还不是谈"伟大的中国小说"的时候》，《野草》2020年第2期。

邢军纪、朱秀海①、刘庆邦、蒋韵、成一②等，著名学者王富仁、李陀、何镇邦、李星、孙荪、王鸿生、曲春景、张闳等八十多人。与会的作家和学者就全球化进程中的地域文学、传统现实主义与先锋写作之间的"第三种写作"、文学的永恒性与时代发展之间的关系进行了深入的探讨。③

12 月 27 日　参加"南阳作家群丛书"研讨会。

本年度重要论文：

梅蕙兰：《母亲：永恒的生命底色——田中禾创作论》，《小说评论》1999 年第 4 期。

张书恒：《田中禾小说创作略论》，《南都学坛（哲学社会科学版）》1999 年第 4 期。

张书恒：《非先锋的先锋性——论田中禾九十年代的创作转型》，《河南师范大学学报（哲学社会科学版）》1999 年第 5 期。

---

① 朱秀海（1954— ），男，满族，河南鹿邑人。1972 年入伍，曾任海军政治部文艺创作室主任，中国作家协会第八届、第九届全国委员会委员。代表作有长篇小说《穿越死亡》《波涛汹涌》《乔家大院》《天地民心》《远去的白马》，电视剧《军歌嘹亮》《乔家大院》《天地民心》等。

② 成一（1943— ），男，原名王成业，河南济源人。1968 年毕业于南开大学中文系，1969 年赴山西省原平县农村插队。曾任《黄河》杂志主编、山西文学院院长、山西省作协副主席。短篇小说《顶凌下种》获 1978 年全国优秀短篇小说奖。

③ 江胡、木耳：《中原突破：文学豫军长篇小说研讨会纪要》，《小说评论》2000 年第 2 期。

2000 年　60 岁

2 月 25 日，江泽民在广东考察工作听取省委工作汇报时明确提出"三个代表"要求。

5 月 23 日，中国现代文学馆新馆开馆。

12 月 28 日，第一届河南省文学奖颁奖大会在郑州召开。

1 月 6—8 日　回唐河老家给母亲上坟。

1 月 22 日　出席河南省文学院宴请柳建伟①宴席。"《突出重围》在中央一台黄金段播出，作者就走红。"

按：《突出重围》是柳建伟创作的长篇小说，2019 年入选"新中国 70 年 70 部长篇小说典藏"。1999 年，该小说被改编为电视连续剧，由著名演员杜雨露、杜志国、王志飞等主演。

---

①　柳建伟（1963—　），男，河南邓州人，大校军衔，曾任八一电影制片厂厂长。代表性作品有长篇小说《北方城郭》《突出重围》《英雄时代》等。其中，《英雄时代》获得第六届茅盾文学奖，《突出重围》入选"新中国 70 年 70 部长篇小说典藏"。

1月至11月　散文《美术与文学》（六篇）发表于《莽原》第1—6期。

2月中下旬　在新西兰、澳大利亚。

3月2日　校读散文集《故园一棵树》校样。

3月10—11日　在郑州市龙源大酒店参加河南省散文学会2000年年会，并作发言。发言的主要内容为：①探讨政治观不是文学家的任务，那是政治家的任务。②作家要自己悟道，理论对自己的创作并没有真实的意义。理论只在宏观上、悟性上、素质上起作用。搞写作的人要读好两本"书"，一本是悟性，另一本是理论。自己坐下来，进入自己的世界里去，进入自己的创作状态里去。③任何文学创作者都不应该扮演治疗社会病态的角色。④留恋自然，在于追求自己的精神家园。⑤在人类社会改变的过程中，人性愈是淡漠，文学的作用愈大。⑥留恋过去，观念是否会落伍？不要做媚俗的作家，也不能做迂腐的老夫子。⑦这两年，给改版后的《散文选刊》定了三个基调：一是典雅性，二是潮流性，三是青春性。这三点要互相融汇，互相贯通。①

3月14—17日　与张一弓等到北京参加会议。其间，就作品网络版权与北大易德网络公司签订协议，"得到了一笔预订金"。参观了现代文学馆，觉得"作为一个国家的文学馆""嫌小了些"。

---

① 李学乾：《关于散文——2000年河南省散文学会年会纪要》，《河南作家通讯》2000年第1期。

3月25—26日　参加母校郑州七中校庆。

3月29日　读三毛的《哑奴》，"很受感动"。

3月　故事《咱县的城标》发表于《故事会》第3期。

4月2日　"学了一天英语，长进不明显，记忆力、读力、听力都跟不上。"

按：20世纪90年代以后，田中禾开始有意识地学习英语。请英语家教每天到家辅导，记日记用英语标注日期。

4月7—9日　与张一弓到驻马店市参加驻马店作协理事会。

4月20—21日　到焦作参加文化活动。先到武陟县参观嘉应观，后到焦作市与文学爱好者座谈，最后到焦作大学中文系讲课。

4月　散文《准备好你的客栈》发表于《散文选刊》第4期。

散文《独自远行》发表于《中学生阅读》第4期。

5月5日　"今春风沙特别厉害，今天一天天昏地暗。"

5月10—24日　在美国。先后游览了洛杉矶、拉斯维加斯、纽约、费城、华盛顿、底特律。在洛杉矶参观了环球影城、迪士尼乐园，在约巴林达市参观了尼克松图书馆和尼克松故居。在去拉斯维加斯的路上领略了美国西部的风光。"美国西部的风光使人联想到新疆，所不同的是交通状况，自然环保很好，高速公路畅通。"在纽约受到全美中国作家联谊会与纽约总领事馆的欢迎。"侨界人物、华人名人齐集，华文传媒到了很多家。""唐人街如中国县城小镇，又看见了脏乱的环境。"参观了耶鲁大学校园、东

2000 年与刘醒龙（左）在科罗拉多大峡谷合影

亚图书馆、马克·吐温故居。在图书馆见到一本《匪首》，赠送图书馆一本《轰炸》。在曼哈顿参观了联合国总部、中央公园、自然博物馆、世贸大厦、华尔街、自由女神像。"曼哈顿高楼和规划整齐的街道显示出纽约大都会的风采。"在华盛顿，参观了国会山、林肯纪念堂、白宫草坪、林肯纪念碑。

5月　短篇小说《亲人》（二题）发表于《小说家》第3期。

6月6—9日　到宝丰县参加河南青年作家长篇小说创作对话会并作发言。发言的主要内容为：①对作家是否要跟着金钱和市场转的问题，认为，一方面，完全不重视市场是不对的；另一方面，被市场诱惑，在创作中失去了自己，也是可怕的。一个作家要有一颗平常心来写作，如果太在意市场反应，你就会失去自己。②文学是种宽容的东西。一切文化市场需要的作品都可以写。不能以一个"是否"来规范文坛。一个健康的文坛是由多层面的文学消费构成的。③作家的精神达到自由的境界如何，其实是作家向自己内心要自由的问题。④从根本上说，文学是一个生命激情和幻想的张扬。张扬到如何水平，写作就能达到如何水平。⑤长篇小说的创作一定要注意故事语言和结构，当你编故事的能力很强时，你要拷问自己的叙说结构。长篇小说如果真的只看语言、细节，那就完了。小说如何造成宏大的气势很重要。①

按：关于这次会议的名称及发言情况，田中禾在日记中丝毫没有提及。当天日记只有一句话："开了一天会，该说的话题都说了。"田中禾的日记的确存在这种情况，日记极为简略，文学创作一般记录创作过程极为详细，有些时段几乎每天都记，但是很难看出是哪一部作品。文学活动一般不记录活动的名称和内容，也不记录自己在活动中的发言或贡献，反而会花很多笔墨记录生活细节，尤其是自然环境，描写极为详细。这一方面可以看出二十年底层生活对田中禾的深刻影响，另一方面或许也可以发觉他在记日记的时候可能就想到有一天要把它公布于世。

6月13日　"参加单位汇报会，一肚子无名火终于爆发为一场激烈的发言，弄得新上任开第一个会的党组书记目瞪口呆。虽然过后觉得没此必要，但也感到痛快。"

---

①　吴同发整理：《点燃心灵历程和创作激情之灯——河南青年作家长篇小说创作对话会纪要》，《河南作家通讯》2000年第1期。

是年上半年　在郑州市丰乐园酒店参加张宇近作《软弱》（人民文学出版社 2000 年 3 月版）对话会，并作发言。发言的主要内容为：一是对《软弱》的总体印象。①它是张宇所有作品中最轻松、最好读的。②它是张宇小说中叙述语言最流畅的——这可能和张宇对小说的定位有关——使张宇小说更加市井化了。二是不赞成张宇把自己修炼到"如水般弱"的说法，认为，一个作家如果失去了激情，进入老子的"虚无"状态，还怎么去写作？三是张宇的变化不在于"不争"，恰恰在于"重视市场"，其他没变，包括语言的机警、灵通等。四是对于"重视市场"的变化，心情非常复杂。一方面，河南作家甘于寂寞的观念终于因为这种变化得到了摆脱，这是最值得欣慰的。另一方面，如果只盯着市场，在文学观念上却又很难说是进步的，虽然它符合时代的要求，符合市场的要求。五是对市场的重视，带来了作品叙述语言的变化，却会使作品失去张力，失去回味，这是否远离了作家早期追求的文学观念呢？他说自己并非主张只搞纯文学，反对通俗文学，我们不提倡一元化，而是恰恰认为，只有通俗文学和纯文学并存，才能共同带来文学的繁荣。他的立意在于提醒作家，在注重市场的同时，怎样使作品不失去文学的意味。六是我们在注重市场、选择卖点的时候，一方面要坚持我们的文学宗旨，另一方面还要注意社会环境，避免一些不必要的社会麻烦。七是写什么，怎样写，在不同的时候固然对作家有不同的要求，而无论如何，纯文学是带领我们民族的精神向前的东西，所以不能丢，从内心里，我们河南文学豫军不能都向通俗上靠，都向卖点上靠。①

7 月 20 日　在河南宾馆参加河南省作家协会和郑州晚报社共同为河南青年作家芦雅萍创作的长篇小说《岳立天中》（河南文艺出版社 2000 年 6 月版）举办的研讨会。田中禾在发言中指出：这部小说的意义在于表现了我们这个民族走出封建文化的复杂性和困难性。希望作者在以后的创作中处理好几个矛盾：文化历史与情感的矛盾，写实与虚构的矛盾，传统与现代的矛盾。②

8 月 15 日　在郑州未来大酒店参加杨东明长篇小说新作《性爱的思辨》（华夏出版社 2000 年 6 月版）研讨会。③

8 月 25 日　参加桑振君④艺术研讨会。"放了一炮，让他们感奋一阵，换来些许赞扬、一些非议。总是如此，看来我很适合开会。"

8 月　散文《在生命的链条上永恒》发表于《人生》第 8 期。

9 月 8—23 日　到甘肃进行文化考察。"看到沿途站名，勾起当年的回忆。"在兰州黄河边上看了水车，在武威看了文庙、擂台及擂台下的张将军墓。对丝绸之路的古文化有了一些印象。

---

① 赵立功整理：《人往"低"处走——张宇近作〈软弱〉对话会纪要》，《河南作家通讯》2000 年第 1 期。

② 马禄祯、董学彦：《〈岳立天中〉研讨会在郑州召开》，《河南作家通讯》2000 年第 2 期。

③ 赵立功：《雅俗共欣赏思辨》，《河南作家通讯》2000 年第 2 期。

④ 桑振君（1928—2004），女，河南开封人，豫剧表演艺术家，桑派艺术创始人。代表作有《对绣鞋》《打金枝》《白莲花》等。

2000 年在兰州黄河岸边

在张掖祁连山马蹄寺领略了洞窟艺术。在嘉峪关、酒泉游览了酒泉公园、夜光杯厂、酒泉钢厂、酒泉卫星发射中心。"到戈壁滩上去看魏晋墓。难以想象在茫茫戈壁深处埋藏着古时的达官贵人。"在敦煌游览了鸣沙山、月牙泉，与敦煌研究院院长樊锦诗座谈，参观了莫高窟。"明白了洞窟都是私人开凿，类于家庙、家族教堂。""看了震动世界的藏经洞。"参观了敦煌博物馆。

9 月 26 日　出席平顶山市第一次文代会。

9 月　中篇小说《六姑娘的婚事》发表于《绿洲》第 5 期。

中篇小说《倏忽远行：我在某一日的列车上》发表于《莽原》第 5 期。

10 月 5 日　陪上级领导到登封市考察中岳庙、嵩阳书院、少林寺、塔林。7 日，到开封考察文化旅游，游览了铁塔、龙亭、清明上河园、大相国寺、包公祠等。对开封的文化旅游意识评价较好。

12 月 28 日　作为河南省文联副主席、河南省作协主席参加在郑州召开的第一届河南省文学奖颁奖大会暨河南省作家协会三届三次理事（扩大）会，并作了《第一届河南省文学奖评奖情况介绍》的讲话和总结发言。① "'河南省文学奖'，是河南省作家协会主办的河南省文学界的一项常设奖项。初步设定每两年一届，以两年内文学各门类的创作成果为主要评选对象，突出对青年作家的奖掖，表达对文学界老前辈的致敬。为鼓励长年为文学事业付出辛勤劳动的文学组织工作者和文学期刊的编辑，还为他们设立了适当的奖励项目。" ② 获得第一届河南省文学奖终身荣誉奖的是于黑丁、何南丁，获得青年作家优秀作品奖的有戴来③的中篇小说《一、二、一》，李洱的中篇小说《葬礼》，蓝蓝④的诗集《内心生活》，乔叶⑤的散文集《坐在我的左

---

①　林雨：《省作协召开第一届河南省文学奖颁奖大会暨三届三次理事（扩大）会》，《河南作家通讯》2000 年第 2 期。

②　田中禾：《第一届河南省文学奖评奖情况介绍》，《河南作家通讯》2000 年第 2 期。

③　戴来（1972—　），女，江苏苏州人，1995 年以后的很长一段时间在河南新乡生活，后回到苏州。

④　蓝蓝（1967—　），女，原名胡兰兰，祖籍河南郏县，生于山东烟台，后随父母回到河南。曾任《大河》诗刊社编辑、《热风》杂志社编辑。有《蓝蓝诗选》等诗集，曾获第十六届华语文学传媒大奖"年度诗人"奖。

⑤　乔叶（1972—　），女，原名李巧艳，河南修武人，现为北京作家协会副主席。中篇小说《最慢的是活着》获第五届鲁迅文学奖，长篇小说《宝水》获第十一届茅盾文学奖。

边》，何向阳的文学评论《不对位的人与"人"》，李少咏、康铁成的文学评论《乡村与城市的契合》等。①

---

① 《第一届河南省文学奖获奖者名单》，《河南作家通讯》2000年第2期。

2001 年　61 岁

12 月 18—22 日，中国文学艺术界联合会第七次全国代表大会、中国作家协会第六次全国代表大会在京召开。大会选举周巍峙为中国文联主席，选举巴金为中国作协主席。

1 月 6 日　到河南省中医院（河南中医药大学第二附属医院）治疗膝关节。"有生第一次接受针灸治疗。"

1 月 13—16 日　到北京参加中国作协会议。会议的主要内容是通过中国作协党组改组之后的人事安排。中央宣传部副部长刘鹏、中国作协党组书记金炳华出席并讲话。

2 月 18 日　读阎连科新出的长篇小说《坚硬如水》。"写得挺不错，找到了一个独特的叙述角度，把握得很自如。"

2 月 19 日　"晚上散步回来，心生悲凉。一部长篇也坚持不到底吗？信心、激情哪儿去了？"

2 月　散文《造访马克·吐温》发表于《热风》第 2 期。

3 月 7 日　读《白鹿原》，"后部过于明白，渐露平庸"。

3月16—19日　回唐河偌子营给父母上坟。

3月23日　在河南省文联参加墨白作品研讨会。参会人员主要有：南丁、李佩甫、张宇、李洱、孙荪、何向阳、何弘、曲春景、刘海燕、黄轶①等。

3月31日至4月7日　云南之行。在普洱市镇沅县者东镇参观了苦聪人村寨。"他们生活的简单是想象不到的。吊楼上下什么家具也没有，只有一些坛坛罐罐和草。有些人一生没盖过被子。进屋去找不到他们睡觉的地方，人都睡在地上铺的木条上或稻草里。冬天在旁边生一堆火。……在寨子里走，恍若曾在梦中来过这地方。……在这哀牢山深处的山坡上，几位山民弹起自制的三弦琴，音调悠扬、凄怆。……唱得人都想流泪。不是因为他们的贫穷落后，而是因为我从未看到过人的坚强乐观、人的坚忍的尊严和生命的顽强。围坐在场外的小学生给人一种心灵的震颤，如山里的草和树一样茁壮、简朴。但孩子们都很聪明可爱，我非常喜欢他们。其中一个女孩的眼睛深深打动了我，……她是汉族，在山那边的另一个寨子。父亲当兵，从驻地带回一个女人。我和她合了影，决定资助她学费，让她读完高中。"在西双版纳，从打洛出境到达缅甸，参观了当地的神秘山寨，领略了山寨女性的生活。"她们是些无国籍的人，既非中国籍，也无缅甸籍。母系社会。女人睡在草屋床上，男人

---

① 黄轶（1971—　），女，河南南阳人。曾任郑州大学文学院副院长，现为上海师范大学人文学院教授、博士生导师。有学术著作《中国当代小说的生态批判》《苏曼殊与中国文学现代转型研究》等。

睡在吊起的笼子里。一妻多夫，女人需要谁，夜里用棍子戳谁的笼子，他就下来陪女人睡觉，天明再回到笼里去。"

按：此后，田中禾长期与这个镇沅小女孩保持联系，寄钱寄信寄物，关注这个女孩的成长与学业。2002 年 12 月 31 日说："收到镇沅小朋友的信，很高兴。"2003 年 1 月 5 日，给这女孩寄送新年礼品。2005 年 8 月 5 日，"收到云南小朋友来信，考上了中学，期望学费"。8 月 7 日，"给云南镇沅的小朋友写回信，把初中一年级的学费寄了 250 元去"。

3 月 作品集《故园一棵树》作为"忆语体文丛"的一种由海燕出版社出版。所谓"忆语体"，主编耿占春认为是中国晚近文学的一种写作形式，"有时被称为笔记，有时被当作小说，其主要特点是回忆往事、感念亲情"①。作品集由三部分组成，每一部分包括六篇文章，其中，"我家的故事"中的篇章或原封不动，或改换题目，或打乱重组后被全部收入长篇小说《十七岁》。由此可见，《十七岁》这部小说具有极强的自传性色彩，甚至在一定程度上可以视为作者纪实性的回忆文章。

按：这套文丛共有 6 种，除田中禾的《故园一棵树》，还有：老张斌的《蔷薇花瓣儿》、段荃法的《绊脚索》、鲁枢元的《蓝瓦松》、王方红的《远去的声音》和耿占春的《炉火和油灯》。

4 月 24 日、25 日 看台湾国光剧团豫剧队演出魏明伦剧本

---

① 见田中禾《故园一棵树》封底，海燕出版社，2001。

《中国公主杜兰朵》和豫剧《大脚皇后》，觉得后者比《杜兰朵》好，"还是音乐设计上的问题"。

5月 散文《照顾好自己》发表于《公安月刊》第5期。

6月5日 "终于要退下来了……结束这五年被带走的流浪，重返文学的自己，心情感到轻松。突然又有了回首一看，事中的自己十分可笑那样一种感觉。"

6月12—14日 参加河南省作家协会主席团换届会议，卸任河南省作家协会主席职务。

7月9—10日 与南丁一起在新郑市参加河南青年作家散文研讨会。研讨会以瘦竹、乔叶、韩露、王连明等四位青年散文家为主要研讨对象，并就当前河南省散文创作的更广义的主题，诸如创作理论、创作方法，以及当前存在的问题、未来的发展等作了深入的研讨。会上，作为作协主席作总结发言，主要内容为：①散文作家要想提高创作水平，就要跳出散文。你要比散文大，不要让散文比你大。②一篇好散文，要征服读者，写得让人看出来是虚构的，就没写好。所以，散文写作，虚构不虚构是根据需要而言的。③目前真正的危机是"散文的泛化"。由于生活节奏的加快，兴起的"散文热"带来了散文思想性、艺术性的减弱。④建议先写小说，成为小说家后，再写散文。①

7月31日至8月1日 到北京参加中国作协会议，"主要是民意测验，投票选主席、副主席、主席团成员、书记处"。

---

① 奚同发整理：《"文学豫军新人工程"又一新举措》，《河南作家通讯》2001年第2期。

8月4日　谈《热风》杂志事，内心很矛盾。"什么闲事不管，超然物外，写作读书，当然是最好的人生状态；可是放弃《热风》，似乎于心不忍。"5日下定决心继续经管《热风》。此后很长一段时间为这个刊物奔波。11月2日发牢骚说："《热风》的事弄得心情很不好。"

　　8月8日　与桑振君、汪荃珍①座谈。

　　8月17日　在海燕出版社参加"忆语体文丛"首发式。

　　8月30日　看陈涌泉②编剧的曲剧《阿Q与孔乙己》。"费了劲，还算不错。"

　　9月8日　在郑州市天泉大酒店参加河南青年女作家蔡越涛长篇小说《日出日落》（作家出版社2001年6月版）研讨会。研讨会由河南省作家协会和郑州市委宣传部共同举办。田中禾对这部小说发表如下意见：①选材上已经具备了小说家所具备的眼光和高度，选材视角很好。②立意很高很大，在以"搞笑、性描写"为时尚的今天，能如此关注现实，并对现实进行反思，这种态度是很可贵的。③文学观念上已经自觉地把对社会的关怀转移到个体的关怀上来，将时代思考放在个人命运思考上来。④生活底蕴很厚，作者注重从生活中去发现和挖掘主题。⑤结

---

　　①　汪荃珍（1963—　　），女，河南正阳人，国家一级演员，中国戏剧梅花奖、上海白玉兰戏剧表演奖获得者。代表作有《香魂女》《村官李天成》《风雨故园》等。

　　②　陈涌泉（1967—　　），男，河南唐河人。国家一级编剧，"全国中青年德艺双馨文艺工作者"荣誉称号获得者。现任中国戏剧家协会分党组书记、驻会副主席。主要戏剧作品有《程婴救孤》《风雨故园》《阿Q与孔乙己》《鲁镇》等。其中曲剧《鲁镇》获第十七届中国文化艺术政府奖文华编剧奖。

构、语言已经基本具备了小说家的素质，比较顺畅。①

9月19日　翻完罗布-格里耶的《吉娜》《嫉妒》，"新小说派写作，不喜欢"。

9月22—24日　在新乡市黄河宾馆参加河南省第十届黄河诗会。诗会期间，参与了河南诗歌现状及其在当下全国诗坛地位的座谈会。认为，诗歌是文学的基础，诗性是文学的基础标识。河南诗歌应该保持多重风格，但必须符合现代审美。②　其间到辉县市郭亮村参观了著名的挂壁公路。

9月27日至10月5日　参加河南省新闻出版局期刊评委会。"看到了本省各家刊物近年不断改革的欣欣向荣的景象。相比较，文联的刊物的确太缺乏活力，太平庸老化。"

9月　文论《圈外说戏——关于振兴豫剧》发表于河南《东方艺术》第3期。

10月16日　到北京中央宣传部、新闻出版总署活动《热风》改名的事，被告知短期内没有希望。

10月　文论《好日子　坏日子——读戴来的〈将日子折腾到底〉》发表于天津市作协主办的《青春阅读》第10期。

文论《诗情——散文的灵魂》发表于《散文选刊》第10期。

---

① 高旭旺、乔桥：《文坛名家济济一堂　品头论足〈日出日落〉》，《河南作家通讯》2001年第2期。

② 康丽整理：《河南省第十届黄河诗会纪要》，《河南作家通讯》2001年第2期。

与程建君共同主编的《平民百姓的宴席情结》一书列入"乡土美食系列丛书：河南卷"，并由学苑出版社出版。其中，田中禾单独撰写了《掌门人导语》。

11 月 8 日　参加河南青年作家张克鹏长篇小说《吐玉滩》（大众文艺出版社 2001 年 2 月版）研讨会。认为，①这部小说和他的另一部长篇《欲望狂热》探讨的方向都很正确。②作为一位业余作者，能在贫穷的环境中坚守精神家园，这种精神值得我们敬佩。③他的小说从某种意义上说，是一种创造力量的发挥。④各种观念、各种人物心理的冲撞为我们提供了一种反映农村生活的文学现象。①

11 月 19 日　散文《为青春作序》发表于《大河报》。

11 月 23 日　在河南省新闻出版局参加李明性小说集《故园》（人民文学出版社 2001 年 10 月版）研讨会。发言认为有两点对于作者本人是有意义的：①文学观念的转变。能够从一个社会学的思考变成一个人性的思考。②语言风格上的转变。这个转变能够非常典型地代表河南文风的转变。他既坚持了现实主义的精神，又不是固守以前那种陈旧的表现手法和叙述模式。②

11 月　随笔《从〈沙恭达罗〉到〈第二十二条军规〉》

---

①　《金色的收获——张克鹏长篇小说〈吐玉滩〉研讨会纪要》，《河南作家通讯》2001 年第 2 期。

②　《何人不起故园情——〈故园〉讨论会发言摘要》，《河南作家通讯》2001 年第 2 期。

发表于《世界文学》第6期。

　　按：这篇文章对于了解田中禾的阅读视野和他文学观念的形成具有重要的参考价值。

　　12月3日　提交辞呈，"得到了解脱，离纷扰远去"。

　　12月11日　谢绝参加河南省作家协会代表大会的邀请，"但晚上与高洪波通话，却不得不再到北京去一趟。还是意志不够坚决"。

　　12月13—14日　河南省作家协会第四次代表大会在郑州召开，会上当选为河南省作家协会名誉主席。

　　12月14—22日　在北京参加中国作家协会第六次全国代表大会，并作发言。开幕式前，与会代表受到党和国家领导人的接见。参加本次会议的河南代表共16名：团长王岭群，副团长孙广举，团员张一弓（请假）、田中禾、二月河（请假）、张宇、李佩甫、王怀让、段荃法、杨东明、周同宾、陈继会、何向阳、杨晓敏[①]、墨白、刘学林。[②] 会议期间曾"与梁晓声同屋，过去未曾谋面。是一个病弱的人，声气单薄，说话带着孱弱的样子"。

　　按：中国作家协会第六届全国委员会主席、副主席名单

　　主席：巴金

---

　　① 杨晓敏（1956—　），男，河南获嘉人。曾任《百花园》《小小说选刊》主编、河南省作协副主席。
　　② 林文：《与时俱进唱大风——中国作家协会召开第六次全国代表大会》，《河南作家通讯》2001年第2期。

副主席：王蒙、韦其麟、丹增、叶辛、李存葆、张平、张炯、陈忠实、陈建功、金炳华、铁凝、黄亚洲、蒋子龙、谭谈。

12月31日 回顾反思六十年人生历程。"六十岁已经过去，既有愉快又有烦乱。从体制里挣脱，跳出三界外，挣脱世事纷争。虽然早已盼望着这一天，但还是有不少感受。好的感受：不操心、不负责、不管事、不纷争，太好了。心情一下子如清空内存的硬盘，轻松、畅快，再一次找回了自己。繁乱的感受：挣脱体制的束缚，有被排斥出局的感觉。忽然间这个热闹的机关不再与你有关。退休，这个概念是退出了工作世界，退出了人际关系，人变得更孤独。更可恶的是那些势利之徒，真的让你体味世态炎凉的滋味。这本是我所不在乎的，但这些来到你身上，还是给你带来了磨砺的痛楚。只是因为年龄原因，它不再那么令人难以承受。有什么不可承受的呢？一生经历了那么多被欺弄、被出卖、被侮辱的情节，如今应该心平气和，应该满足退出的结局。难以满足的是名与利，更难满足的是创作：能再来一次高潮吗？"

"忽然，一切都觉得没什么意义。如在新民街办厂，走后觉得为那个厂付出、在意、投入的一切全没意义。然后离开文化馆，当馆长的投入、在意、敬业也没意义。现在是又一项。大约当了国家元首，一旦退出也会觉得没意义。可是，你做的一切，对社会，对别人，不能说没意义吧？"

是年 以河南省文联巡视员职务退休。

248

本年度重要论文：

陈继会、曹建玲：《历史·人性与诗性眼光——田中禾的文学世界》，《郑州大学学报（哲学社会科学版）》2001 年第 1 期。

刘学林：《田中禾——探险的故事或在路上》，《北京文学》2001 年第 8 期。

2002 年 62 岁

10 月 19 日，中共中央、国务院作出《关于进一步加强农村卫生工作的决定》，到 2008 年 6 月底，新型农村合作医疗制度覆盖到全国 31 个省、自治区、直辖市。

12 月 27 日，南水北调工程开工典礼举行。

1 月 12 日　读完左拉的长篇小说《爱情的一页》。

1 月 15 日　读左拉的长篇小说《帕斯卡医生》。"不行，比上一本差，甚至对左拉失去了信心。"

1 月 28 日　出席海燕出版社招待周同宾的宴席，出席者还有南丁、段荃法、李佩甫等。

3 月 14 日　"决心已定，不再兼任何职务，放弃《热风》，潜心写作。"

4 月 1—9 日　俄罗斯之行。在莫斯科参观了红场、克里姆林宫、二战博物馆、列宁故居、地铁、新处女公墓（新圣女公墓）等。"红场其实只是狭长的一个广场，并不像电影、照片中

2002 年在莫斯科普希金故居前

那样宏大。""红场上埋葬着苏联各代领导人，只是不能近前。列宁墓也不能入内。""克里姆林宫也不雄伟，但结构繁复。克里姆林宫是城堡的意思，各地都有。由教堂、楼宇建筑群组成。"二战博物馆主要是卫国战争的几个战役：列宁格勒保卫战、莫斯科保卫战、斯大林格勒保卫战等等。列宁故居"是一片林子，疗养地，名小山，现名列宁小山"。"参观了三栋楼，一栋是 1918 年列宁的住处，窄小简陋，小床，亲人来睡沙发上。第二栋是列宁偏瘫之后休养直到去世的住处，保留着旧沙俄时的原格局，宽敞奢华多了。列宁就在这里去世。另一栋楼是从克里姆林宫搬来的，按旧貌重新布置的列宁办公室、住室。"

"莫斯科的地铁真壮观，很深，有几层，很豪华，规模大。

坐了五站，到新处女公墓参观。那里埋着苏联名人，马雅可夫斯基、契诃夫、阿·托尔斯泰、奥斯特洛夫斯基、赫鲁晓夫等。"乘火车去圣彼得堡时对俄罗斯火车评价不高，"虽是软卧，但设施陈旧，车厢内卫生设施差，无洗脸间，感觉如中国十年前的火车"。感觉圣彼得堡与莫斯科大不相同。"给人古旧破落的感觉，人口较少，文化历史名城，历史感强，到处是古老建筑和文物古迹，但也就是十八世纪兴起的首都。""今年是圣彼得堡建城 300 周年，到处都在维修，但仍可感到这是一个没落的帝国的没落的首都，房屋破败，很多房子没人居住，街道坑洼不平，电车破旧。""圣彼得堡引起我很多联想，普希金《青铜骑士》及涅瓦大街曾在我青年时期的记忆中留下很深印象，如今亲历其地，勾起深厚感情。"在圣彼得堡参观了彼得大帝的夏宫、彼得保罗要塞和沙皇村。"一个走廊连着皇村中学，那里是普希金读书的地方。"

4 月 19—21 日　与南丁、寇云峰等赴京参加中国作家协会会议。

4 月 26 日　唐河老家人来郑州为退休养老金的事奔波，除了给当地领导写封信反映情况，为他们修改申诉稿，别无办法。

5 月 13—15 日　到少林寺参加作品研讨会。其间游览了少林寺、观星台、中岳庙、嵩阳书院、嵩岳寺、法王寺、永泰寺等处。

5 月 25—29 日　读完法国作家让·热内的长篇小说《小偷日记》，"很受启发"。"念头转到开始写自己为模特的故事。"

5 月 27 日　完成随笔《眷念皇帝》。

5 月 31 日　创作随笔《关于礼仪之邦之瞒和骗》。

6 月 3—10 日　到广州、东莞、佛山、桂林旅行。在广州见到谢望新。

6 月 12 日　"徘徊于构思中。决心写长篇，是虚构，纪实，抑或以个人经历为模特？还不能下定决心。"

6 月 13 日　读法国作家萨冈的小说《战时之恋》，"还不错"。

6 月 14 日　"想想。写什么？怎么写？还在这样的问题上兜圈子，只能怀疑自己不行了。每天早晨醒来时是最痛苦的时候，吃过早饭又逐渐平静，可是毅力被怀疑，意志被怀疑，一晌晌地虚度过去。"

6 月 26 日　读弗洛姆的心理学著作《爱的艺术》，"觉得不错，有收益"。

6 月　短篇小说《黄昏的霓虹灯》发表于《青春阅读》第 6 期。

散文《关外洋芋》发表于《散文》第 6 期。

7 月 11 日　散文《南阳牌枚》发表于《湘泉之友报》。

7 月 12 日　参加张一弓长篇小说《远去的驿站》研讨会。参会的作家主要有南丁、田中禾、孙荪、李佩甫、张宇等。

7 月 22 日　读刘思谦的文章，"对我的小说有启发，她回忆母亲的很多情境令人感动"。

8 月 17 日　因为日记记丢一天而到河南省文联查证。"日记记丢了一天，害得我白白到文联去跑了一趟，花了两个小时，二元钱，到机关一看，所有办公室紧闭，才悟到可能已不是星期五，回家纠正，找回这一天。"

9月27日　"总算又打开一扇门，一是定下来还是以男主人公第一人称写，书名定为《我在地狱等你》，开头一段也想好了，心情就好些。"

按：无法判断该小说的完成情况，未见发表出版。

9月28日　读艾特玛托夫的小说《查密莉雅》《永别了，古利萨雷!》，"写得都不错，尤其是后者，很有参考价值，启发意义"。

10月10日　读加尔多斯的长篇小说《托尔门多》。

10月21日　"把自传长篇翻出，接受晓雪建议，书名定为《幸福圈》。"

按：《幸福圈》即后来的长篇小说《十七岁》。

11月10日　修改完成随笔《眷念皇帝》，寄给《散文》。"文章太辣，又有点长，不知管不管用。"

11月　散文《为田敏喝彩》发表于《南腔北调》第11期。随笔《关于礼仪之邦之瞒和骗》发表于《随笔》第5期。

12月5日　参加河南省第三届文学艺术优秀成果奖评奖。

12月22日　看电影《英雄》。"被张艺谋吵得沸沸扬扬，除了现代摄影手段，什么内容都没有。"

2003 年　63 岁

是年春，我国遭遇一场过去从未出现过的非典型肺炎重大疫情。

8 月 28 日至 9 月 1 日，胡锦涛在江西考察工作期间明确提出"科学发展观"这一概念，指出要牢固树立协调发展、全面发展、可持续发展的科学发展观。

1 月 2 日　"把《幸福圈》的最后两章读了一遍，觉得挺不错，时代、人性、心灵受虐的情景，应该是挺好了，心下多少有点安慰。"

1 月 13 日　散文《传播豫剧经典的人》发表于《大河报》。

1 月 23 日　散文《美丽垃圾》发表于《文学报》。

1 月 26 日　腊月二十四，给丁琳、庞嘉季、南丁等拜早年。"看望老人，给我的启发是，带给他们愉快和温暖，实在是件大善事。"

3 月 2 日　"孤独仿佛很不容易适应。"

3月9日　"今天是母亲 19 周年忌日，我发现我仍然无法忘记二月初七这个日子。"

3月　中篇小说《来运儿，好运!》发表于《长城》第2期。

按：《来运儿，好运!》与《杀人体验》《不明夜访者》《诺迈德的小说》《姐姐的村庄》《进入》《黄昏的霓虹灯》等七个中短篇小说被田中禾称为《城市神话》系列，是一组"实验小说"。这组小说的写作目的，据田中禾自己说，是为了证明自己的"创造性"，"七部作品七种手法，彻底打破《落叶溪》的风格"。虽然田中禾也承认"这十年的探索的确使我游离出评论界的关注区"，但是，他却坚持认为，"恰恰是这一段不被关注的作品标志着我艺术上的成熟。我相信将来历史会证明这一点。这一组东西全部是写底层小人物在经济大潮中的生存困境，精神压抑、扭曲的现状。承袭了《五月》的忧患意识。这是一种无功利写作。艺术上更纯粹，思想上批判性更强"。①

3月　随笔《眷念皇帝》发表于《随笔》第2期。

4月24日　"防治 SARS 达到高潮。河南也发现了 6 例。草木皆兵，人吓得不敢随便外出。似乎无比强大的人类，仅仅因为一个极小的冠状病毒细菌变异，整个世界就改变了。五一长假取消，旅游自不必说，什么会都不敢再开。"

6月2日　给郑州大学外国语学院研究生讲课。

---

① 苗梅玲、田中禾：《在文本现场自由行走——田中禾访谈录》，《东京文学》2012 年 3 月刊。

6月27日　听陈素真戏曲光碟。"陈素真的艺术魅力使人有心花怒放之感。"

7月10日　参加焦述长篇小说《市长日记》研讨会。

7月15—17日　到焦作市博爱县青天河风景区参加河南省小小说研讨会。

7月31日　"读加尔多斯长篇小说《福尔图娜塔和哈辛塔》，开头及每部开头几乎可以整章地翻过去，但每向深处写，常有精彩之笔。总体说算是很好的名著。"

8月13日　到河南省文学院参加签约作家评审会。

9月15日　与李佩甫、何弘等到北京开会。

9月16日　到河南农业大学讲课。

9月　为王娟、简宛、赵淑侠、喻丽清、吴玲瑶五位海外女作家编选作品集并撰写序言。

按：田中禾为这五位海外女作家编选的文集丛书似乎并没有出版。他为五位作家撰写的序言后来以《窗外风景——序五位北美华文女作家》为总题收入《同石斋札记·自然的诗性》（大象出版社2019年11月版）。

短篇小说《小车庄》发表于《牡丹》第5期。

10月28日　有人劝田中禾创作牛得草①的电视剧，"婉拒"。

11月23日　读《樊戏研究》。"樊粹庭的经历与我构思的主人公有很多相似之处，给我以启发。"

---

① 牛得草（1933—1998），男，原名牛俊国，河南开封人，著名豫剧表演艺术家。代表作品有《卷席筒》《唐知县审诰命》《七品芝麻官》等。

按:《樊戏研究》,石磊著,中国戏剧出版社 2003 年 3 月出版。

11 月 25 日　参加《樊戏研究》讨论会。

11 月 26 日　与妻子韩瑾荣赴北京看望美籍华人女作家简宛及其丈夫。

11 月 30 日　到郑州大学文学院给研究生讲课。

11 月　中篇小说《诗人的诞生》发表于《莽原》第 6 期。

12 月 1 日　读赵朴初的《佛教常识问答》。

12 月 3 日　为《樊戏研究》撰写的书评《樊粹庭的启示——读〈樊戏研究〉》发表于《大河报》。

是年发表的作品还有散文《欲说忘言看中岳》,发表于登封市内刊《嵩山风》2003 第 1 期。

是年　短篇小说集《落叶溪》获河南省第三届文学艺术优秀成果奖,随笔《关于礼仪之邦之瞒和骗》获中国散文学会散文大赛一等奖。

2004 年　64 岁

12 月 28 日，第二届河南省文学奖颁奖大会在郑州召开，青年作家李洱、邵丽①、计文君、戴来、何向阳、蓝蓝、何弘等获奖。

1 月 6 日　文论《理性与爱心的灵光——读简宛〈从东方到西方〉》发表于《大河报》。

1 月 13 日　文论《"女强人"的古典情怀——王娟〈方寸之间〉》发表于《大河报》。

1 月 15 日　参加《时代报告》创刊研讨会。

按：《时代报告》是河南省文联创办的一本综合性期刊。

2 月 10 日　散文《因智慧而幸福》发表于《大河报》。

2 月 20 日　散文《艺苑跋涉者的足迹》发表于《河南新闻

---

① 邵丽（1965—　），女，河南周口人。现任河南省文联主席、河南省作协主席。代表性作品有短篇小说《明惠的圣诞》、长篇小说《我的生活质量》《金枝》等，其中《明惠的圣诞》获得第四届鲁迅文学奖。

出版报》。

2月27日　散文《没什么大不了的》发表于《大河报》。

3月9日　散文《永远的家园梦》发表于《大河报》。

4月14日　对创作困境有了新的想法。"晚上忽然又涌上一种可怕念头，而且这念头愈来愈清楚、坚定，把已写出的稿再毁掉重来。也许这才是找不到激情，跳不出苦闷的原因。想象力？浪漫？传奇性？痛苦的决定，然而更坚定，推倒重来。"

4月18—20日　在郑州市龙湖度假村参加由《小小说选刊》举办的"中国小小说大家族联谊会"。

4月25日　读《孙子兵法》。"久不读古文，读起来很有快感，语言流畅、有势，很有魅力。"

散文《凭吊我的自行车》发表于天津《今晚报》。

4月28日至5月3日　创作《张择端与老勃鲁盖尔》《李唐与荷加斯》《梁楷与莫奈》《倪瓒与高更》《吴镇与莫迪里阿尼》《徐文长与凡·高》等六篇读画随笔。

6月17日　读完《桃花扇》。"其实政治性很强，不过以爱情为线索，以香君为穿脉。"

7月　随笔《关于诚和信》发表于《随笔》第4期。

短篇小说《第一次远行》发表于《躬耕》第7期。

8月17日　晨练时在广场书摊上翻看莫言的《四十一炮》，"打击很大。他的叙述方法、版式，与我当前的写作形式完全一样。一天心情沉重。写了几年的书，出版后如被看作模仿别人，那简直太冤了"。18日，"把稿子弄出来，细琢磨。叙述方式不能改，版式改过来，干脆统一字体。然后动手稍加整理，章头、分段做些提示，问题解决了，说不定比用两种字体更好。小说的优势是对历史、时代、人格精神的把握"。

9月3日　找到早年创作的长篇叙事诗《金琵琶的歌》手稿。"这是今生最重要的故事。……流落无处寻觅，本以为再找不到了。"

按："今生最重要的故事"概指1969年曾因该诗入狱。见田中禾《在自己心中迷失》（河南大学出版社2012年3月版）第320页。

9月17日　陪叶辛到郑州大学讲学。

9月20日　到郑州大学参加小小说研讨会。

10月7日　吊唁丁琳。"丁琳从此就从世上消失了。"

10月12日　唐河老乡秦勇读完《落叶溪》以后列了一个表，把每篇的人物、店铺、街区都考证出来，来向田中禾求证。"他对家乡的迷恋让我感动。"

10月19日　到中牟县参加笔会，游览雁鸣湖，"比听说和想象为好"。

10月21—23日　受王剑冰之邀，到汝南县参加散文年会，对汝南的文化建设多有批评。"汝南本是历史悠久的古城"，如今，"整个县城杂乱无章"。"感受到的是一种十足的农民文化、农民县城。"

10月30—31日　到新乡市讲课，见到青年作家戴来。

11月19—20日　到鹤壁市浚县，游大伾山、浮丘山。"基本上是道教圣地。碧霞宫是一座很大的明清建筑群。山上道庙多是清康熙年间县令刘永新所建。"

11 月 30 日　散文《深闺识秀》发表于《大河报》。

12 月 28 日　在郑州长城宾馆参加第二届河南省文学奖颁奖大会。

12 月　散文《上海编辑》收入上海市作家协会编《上海印象》，上海文艺出版社 2004 年 12 月出版。

本年度重要论文：

李少咏：《建构一种梦想的诗学——论田中禾的小说创作》，《周口师范学院学报》2004 年第 1 期。

巫晓燕：《民间神话的审美呈现——简评田中禾的长篇小说〈匪首〉》，《小说评论》2004 年第 4 期。

刘永春：《乡土情感与人生况味——论田中禾的民间书写》，《小说评论》2004 年第 5 期。

2005 年　65 岁

12 月 29 日，十届全国人大常委会第十九次会议决定，自 2006 年 1 月 1 日起废止《中华人民共和国农业税条例》。在中国延续两千多年的农业税正式成为历史。

12 月 31 日，中共中央、国务院印发《关于推进社会主义新农村建设的若干意见》。

1 月 21 日　散文《修道院纪事：我的书房》发表于《上海新书报》。

1 月至 11 月　在《世界文学》第 1—6 期开设"画说东西"专栏，发表系列散文六篇，分别是：《张择端与老勃鲁盖尔》《李唐与荷加斯》《梁楷与莫奈》《倪瓒与高更》《吴镇与莫迪里阿尼》《徐文长与凡·高》。

2 月 3 日　腊月二十五，看望杨玉森、南丁。"杨老师的痴呆衰老比去年严重了，已经意识混乱，腿脚不便。南丁家如储藏室，到处是书和杂物，几乎没站处。"

3月4日　散文《抽象的发现》发表于《平顶山矿工报》。

3月25日　参加杨晶长篇小说《危栏》研讨会。

6月8—9日　在鲁山县参加河南省青年作家对话会。

6月28日至8月2日　与妻子、大哥、大嫂在鸡公山避暑、写作。对田中禾而言，这是第一次，此后他又多次来此避暑。"感觉时间充裕多了，心理空间也大多了，空气好，休息得好。""看来还是躲起来写作才会出效果。"信阳市作家陈峻峰、田君、江岸、温青、陈宏伟等接待。除写作外，在山上田中禾阅读了奈保尔的《毕司沃斯先生的房子》（"细腻、敏感，比较喜欢"）和耶利内克的《钢琴教师》（"叙述质量远不如奈保尔，不太喜欢。所写女性体验也并不能令我感佩"）。

9月8日　文论《为墨白描白》发表于《文学报》。对墨白作如是评价："在墨白的作品里，我看到的是一个知识者、思想者面对生活的严肃思考，语言的文化气息和形式的现代追求使他的作品展示出一种广博的胸怀和开放的视野。"

9月16日　参加唐河一中高三届联谊会，"我都记不起自己是哪班。这次活动才确认是三二班"。

9月26日　看电视剧《大长今》，评价不高。"不像人们说的那么好。港台味十足，胡编乱扯，情节漏洞百出，偶尔卖一点小知识。"但此后几天却看得很上瘾。30日，"从6点开始又看《大长今》到深夜11点半"。10月1日，"从6点看《大长今》直到凌晨近2点"。2日，"把《大长今》看完，后边十集左右写得好，比前边好，有几处好笔墨"。6日，"看到网上有人反对韩剧，其论调很可笑"。

10 月 11 日　看韩剧《加油！金顺》。"编、创、导、演都很成熟的商业片，既吸引人，又有道德教化的作用，艺术性也不错。"

10 月 26 日　在嵩阳书院参加短信文化研讨会。"与文学界的会相比，可以说是传媒、网络大显身手的会。"

11 月 27 日　读菲茨杰拉德的长篇小说《夜色温柔》。"结构上看起来很有问题，但却是一部动人的作品，大概是有作者的自身体验。"

2006 年　66 岁

5 月 20 日，长江三峡大坝全线竣工。

7 月 1 日，青藏铁路全线建成通车。

11 月 10—14 日，中国文学艺术界联合会第八次全国代表大会、中国作家协会第七次全国代表大会在京召开。大会选举孙家正为中国文联主席，选举铁凝为中国作协主席。

2 月 1 日　文论《写作：自由与理性的互动》发表于《作文指导报》（高中版）第 11 期。

3 月 31 日至 4 月 2 日　在中州影剧院观看由河南电视台举办的纪念陈素真诞辰 88 周年祥符调演唱会。"满足了怀旧的心情，听到了豫剧传统的段子，很过瘾。"

5 月 6 日　看完韩剧《美妙人生》。

5 月 11 日　校读之前的作品。"对前几年写的中短篇还是很满意。感情充沛、语言沉稳，老到、灵动，人道主义底蕴让人欣慰。"

2006 年在川北采风

　　6 月 14—23 日　　参加中国作家协会采风团到四川省阿坝州
采风。"中国作协组织了十几位来自全国各地的作家到阿坝去采
风。"① 参加活动的"部队作家成为主力",有解放军出版社的
徐贵祥、解放军文艺出版社的项小米、空军政治部的乔良等。
除部队作家,著名作家还有江苏作家赵本夫、山东作家赵德发
等。采风路线为"成都—卧龙—小金(过去叫懋功)—马尔康
(阿坝地区首府)—红原—若尔盖—九寨沟—川主寺—黄龙—茂
县—都江堰—成都。行程 2000 公里。翻越巴朗山、夹金山、梦
笔山,走过红军当年路过的几处重要遗址"。根据这次采风经
历,田中禾创作了散文《走过阿坝(二题)》《阿坝的牵挂

---

① 田中禾:《阿坝的牵挂(三题)·映秀的哈达》,载《同石斋札记·花儿
与少年》,大象出版社,2019,第 167 页。

（三题）》等作品。在成都与赵本夫一起游览了杜甫草堂，很有感慨，对河南巩义杜甫故里的"默默无闻"感到遗憾。游览了汶川县映秀镇、小金县日隆镇（2013年更名为四姑娘山镇）和四姑娘山。游览了红一方面军、红四方面军会师之地小金县达维镇，参观了会师桥。感觉小金县"是个很别致的山区小县，周围是山，东是邛崃山，西是大雪山，金川穿城而过，街市傍河而建，高低错落，给人一种偏远、安逸、小康的感觉"。游览了马尔康县（今马尔康市）卓克基土司官寨。"这是阿来《尘埃落定》的背景地。真羡慕他，他曾在这座官寨里读书。而今因他的书成为著名的景点。官寨是个五层楼的古堡式建筑，傍山依水，水对岸是藏民聚居的山寨，寨下水边是公路。"到达长江黄河源头分水岭。"岭东梭磨河向南入长江水系，岭西白河向北入黄河水系。"在若尔盖草原参观牧民新村，在日干乔沼泽向红军长征纪念碑敬献了哈达。参观了巴西会议旧址、包座战役遗址等红军长征途中的重要红色纪念地。游览了九寨沟，"对其环保意识与管理水平印象极佳"。参观了红军长征纪念园，向烈士群雕敬献了哈达。

6月26日至9月8日　在鸡公山避暑写作。

9月　散文《窗外风景》发表于《莽原》第5期。

10月16日　接受《中学生阅读》约稿，"决定给它开专栏谈写作，也是指导鸣鸣，构思了十二个题目"。

按一：鸣鸣为田中禾的孙子。

按二：最终只写了6篇：《选好你的角度》《美景处处在，

2006 年在鸡公山避暑时与作家墨白（左）散步

只待留心人》《一个小故事的结构和悬念》《好文章的开头》
《好结尾使文章生辉》《写文章就是文雅、艺术地说话》，分别
发表在《中学生阅读（初中版）》2007 年第 1—6 期。

10 月　散文《走过阿坝（二题）》发表于《四川文学》
（上半月）第 10 期。

12 月 14 日　文论《在快乐中忧思——读陈峻峰》发表于
《大河报》。

12 月 22 日　参加《南丁文集》首发式暨南丁文学生涯 56
年研讨会。参加研讨会的作家、学者主要有田中禾、李佩甫、
段荃法、张宇、王怀让、王绶青、郑彦英、王剑冰、杨晓敏、

李洱、杨东明、孙方友、墨白、孙荪、张鸿声①、何向阳、何弘等。田中禾发言："《南丁文集》的出版和这个首发式为我们提供了一次重温河南文学优秀传统的机会，传统是由作家（人）与作品构成的，《南丁文集》在人与文上都代表了这个传统。"

---

① 张鸿声（1963— ），男，河南开封人。二级教授、博士生导师。曾任郑州大学文学院院长，中国传媒大学人文学院院长、研究生院院长。有学术著作《都市文化与中国现代都市小说》《孤独与融入：中国新文学中的文化精神》《文学中的上海想象》等。

2007 年　67 岁

7月10日，国务院印发《关于开展城镇居民基本医疗保险试点的指导意见》，旨在逐步建立以大病统筹为主的城镇居民基本医疗保险制度。

7月11日，国务院发出《关于在全国建立农村最低生活保障制度的通知》。指出，将符合条件的农村贫困人口全部纳入保障范围，稳定、持久、有效地解决全国农村贫困人口的温饱问题。

1月21日　读完《莱蒙托夫诗选》。

1月至6月　《选好你的角度》《美景处处在，只待留心人》《一个小故事的结构和悬念》《好文章的开头》《好结尾使文章生辉》《写文章就是文雅、艺术地说话》分别发表于《中学生阅读（初中版）》2007年第1—6期。

2月4日　参加李佩甫长篇小说《等等灵魂》研讨会。

3月1日　文学启蒙老师杨玉森去世，与妻子一起前去吊唁。

3月7日　散文《遥看草色》发表于《大河报》。

3月13日　散文《人生的色调》发表于《大河报》。

重看《与狼共舞》。"虽已看过，还是有启发。"

按：田中禾所看的应该是1990年上映的美国西部题材电影《与狼共舞》。

3月16日　读巴尔扎克的《猫打球商店》。"前半部不错，后半部显得粗疏。可能是早期作品，整体水平较平淡。"

3月31日至4月1日　回唐河老家给父母扫墓。"侉子营被各种小楼挤得连条路也找不到。村里面目全非，旧迹难以辨识。坑塘全填平盖了房。旧时记忆被彻底破坏，心里感到很忧伤。"

4月　中篇小说《进步的田琴》发表于《作品》第4期，同期发表创作谈《个人——文学至高无上的主人公》。

5月14—15日　在新乡市封丘县参加豫剧祥符调发展研讨会。凭吊豫剧名家孙延德①墓、阎立品②墓及其故居、许长庆③墓，在清河集参观新恢复的小天兴班。"满满开了一晌会。真开起会来，各人讲的不同，倒真有不少好见解。有人讲资料，有人讲观点，有人提建议，会开得不错。"

---

①　孙延德（1865—1947），男，河南封丘人，豫剧表演艺术家、戏曲教育家、豫剧祥符调奠基人之一，豫剧大师陈素真的老师，以培养了众多豫剧演员被誉为一代豫剧宗师。

②　阎立品（1921—1996），女，河南封丘人，豫剧六大名旦之一，代表剧目有《秦雪梅》等。

③　许长庆（1868—1927），男，小天兴班班主，带领小天兴班在开封戏园演出，开豫剧在正规戏园售票演出先河。

按：小天兴班为封丘县清河集许氏创办的豫剧科班，清末民初由许长庆担任班主，培养演员二百多名。

5月26日　出席在郑州市电视台演播厅举办的小小说金麻雀奖颁奖仪式。

5月27日　参加小小说高层论坛并讲课。

5月28日　在少林寺观看《禅宗少林·音乐大典》。

6月1日　看奥斯卡获奖电影《杀无赦》（即《不可饶恕》）。

6月16日至7月15日　在鸡公山避暑写作、读书、会友、看电影。其间阅读了顾颉刚的《中国史学入门》、帕慕克的《我的名字叫红》。到鲁山县讲学时参观了鲁山县秘洞景区。"林彪当年修建的隧洞工程。规模宏大、隐蔽，战备意识很强。""使人遥想当年特殊历史时期的情境。"观看了电影《音乐之声》《角斗士》《母女情深》《断背山》。《音乐之声》"艺术上很完美，音乐与故事叙述切换自然，格调明朗欢快，充满朝气，洋溢着热爱生活的美好情愫。无论音乐与情节、人物、细节都很精心，使抒情与现实融为一体"。《角斗士》是"另一种境界，氛围悲壮惨烈，扣人心弦，弘扬英雄主义，忠诚、正直、坚韧不屈，荣誉感、尊严感，有回肠荡气的气概，硬汉精神"。《母女情深》"很生活，细腻，故事性不强，文学性很强，精神、内心写得很深邃"。《断背山》"画面很美，摄影很精心。从另一个角度发掘人性、激情与生命的无奈与凄美"。

7月18日 出席苗文华①收徒仪式。"一位是桑振君孙女，一位是郑州市豫剧团的王甫。"

7月23日 "为给大哥找房，一家人忙活了一天。"

按一：田中禾兄弟姐妹五人感情深厚，他以自传体小说的形式书写了同胞之间的这种深厚感情，是为长篇小说《十七岁》。大哥不仅给了他文学的启蒙，在以后的人生旅途中更给予他很多支持乃至保护。在日记中能够经常看到，在困惑的时候，无助的时候，田中禾往往会到大哥那里去寻找支持，哪怕只是安慰。也是因为这种深厚的感情，即便是在67岁的时候，为了给大哥找房子，全家出动忙活一天。兄弟之间的这种情感令人动容。

按二：2003年1月18日，田中禾曾创作旧体诗《书赠长兄》一首，表达兄弟深情："扁豆棚下斗蟋蟀，高粱庵里听朔风。岁月飘忽逝水去，童心依然旧梦中。"

7月27日至8月25日 本年度第二次到鸡公山避暑写作。其间阅读了帕慕克的长篇小说《雪》。"这部书曾在政治上引起争议。""情节过于紧张、密集，因此很有人为痕迹，但对伊斯兰文化与现代文化的冲突写得很深刻。"

9月14日 重读普希金的小说《上尉的女儿》。"天才的著作到底不同，故事、人物、叙事风度都令人赞佩。"

11月13日 看电影《色戒》。"梁朝伟演技真好。片子的

---

① 苗文华（1965—　　），女，河南西平人，豫剧大师桑振君的弟子，桑派艺术传人，国家一级演员，中国戏曲梅花奖得主。

精神性很强劲。"

11 月 14 日　看电影《上海之吻》。"这部片子真实而深刻地写出了外国人眼中的中国现实……"

12 月 14 日　读考茨基的《马克思的经济学说》，"也算弄清楚了共产主义革命的起始哲学基础和逻辑"。"晚上在雅虎开了博客。一直不想上网，傍晚在网上浏览，发现别人用我的名字开了博，只好自己开，以正视听。"

本年度重要论文：

刘海燕：《当幻想气息渗入写作者的血液》，《作品》2007年第 4 期。

2008 年　68 岁

5 月 12 日，四川汶川发生里氏 8.0 级特大地震。累计死亡 6.92 万余人，受伤 430 万余人，失踪 1.79 万余人。

8 月 8—24 日，北京成功举办第 29 届夏季奥运会。

1 月 2 日　散文《贝·布托死了，如果……》发表于《大河报》，3 日再刊于《今晚报》。

1 月 23 日　散文《故乡的年》发表于《大河报》。

1 月 24 日　散文《童谣中的年》发表于《大河报》。

1 月 25 日　散文《走亲戚》发表于《大河报》。

1 月 28 日　散文《年集》发表于《大河报》。

1 月 29 日　散文《中国年和中国神》发表于《大河报》。

1 月 30 日　散文《玩故事》发表于《大河报》。

1 月 31 日　散文《十五的柏枝桥》发表于《大河报》。

2 月 24—25 日　阅读三十年前的日记。"读三十年前春节前后的日记，往事真的不堪回首。将来还是要想法把这些日记整理出来。""读了一天旧日记，1978—1979 年的日记，心又重沉入那不堪回首的岁月。感受着那样年头的痛苦煎熬的心情。相比之下，今天的日子真的是很幸福、很满足了。最遗憾的是，查点一下，发现丢了两本日记，也就是丢了六年，而且是很重要的六年。搬了多次家，不知怎样遗失，错落到哪里去了？"

3 月 6 日　看电影《肖申克的救赎》。"结构严谨，寓意引人思索，情节处理也挺紧凑，是一部艺术品位较高的电影。"

3 月 11—13 日　看了三部电影。根据奥斯丁的小说改编的《规劝》（即《劝导》），"情节很单纯，故事很集中，古典式爱情，以细节和心理描写见长，还算不错，文学性比较强"。《电子情书》，汤姆·汉克斯主演，"网友聊天的情节，当代生活，也不错"。《赎罪》，"故事架构不错，后半部与前半部风格差异太大，由庄园爱情突转战争，不大协调"。

3 月 28 日　看电影《霍乱时期的爱情》。"从前读过原著，大约因为《百年孤独》印象太强烈，对这部马尔克斯花费十年工夫写成的长篇印象有点混乱。看了这部电影，比较此前看过的片子，比出了很强的文学性、艺术性，还是真不愧为名著。"

4 月 3—6 日　回乡扫墓，并与唐河一中的高三届同学聚会。

5 月 1 日　受石磊①邀请，观看河南豫剧一团演出的《麻风女传奇》。"剧本还有很多可商榷处，音乐恢复传统祥符调，最后两场以陈素真唱腔为范本，听起来很过瘾。"

---

①　石磊（1944—　），男，河南开封人，戏剧家。有《石磊文集》五卷行世。

5月12日　"午后两点多发生了地震，金子大哭。我们躺在床上没感觉。接着小沛打了电话，此后知道四川汶川发生了7.8级地震。全国周围多省都有震感，北京、上海都有震感。"

5月14日　"今天电视播放了航拍的映秀镇情景。道路、桥梁坍塌，一座座桥梁变为废墟，镇上的楼还立在那儿。回想前年6月在映秀的情景，心里多了一份牵挂。映秀是从成都赴川北的第一站，进川北山区的咽喉要地。我们在那里接受红、白两条哈达，在镇招待所吃午饭，受到汶川县委的欢迎。然后转道卧龙看熊猫，与赵本夫、马合省的合影，与高洪波的合影，成了映秀的绝版。美丽、幽僻的小镇而今是地震最严重的震中地带，至今救援队伍还无法进入，只能空投了食品，航拍了地面情况。"

5月15日、19日、21日　为汶川地震三次捐款共计3000元。

5月28日　看奥斯卡获奖电影《美国丽人》。"在世界观上是荒诞的，绝望的。非常尖锐，对人性深沉的渴望迷乱有深刻的剖析，但还是过于悲观和赤裸，对美的诠释很病态，它把淫乱、毒品、同性恋、代沟隔膜、生存压力、亲情冷漠所有西方社会的阴暗面集中在两户邻居的家庭里，让人看不到人世的美好，看不到西方人生活的文明一面，让人对美国社会潜藏的危机不寒而栗。"

6月24日至8月16日　与妻子韩瑾荣一起在鸡公山避暑、写作。在近两个月的时间里，做的事主要有如下几件：①会友。

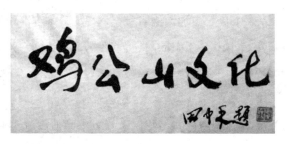

田中禾为鸡公山万国文化研究会会刊题写刊名

计有大哥大嫂、六姐、作家墨白夫妇、陈峻峰等。②写作。③读书。④看电影。

7月　短篇小说《何家沟的星星》发表于《天津文学》第7期。

散文《1978：历史的瞬间》发表于《随笔》第4期。

8月8日　观看北京奥运会开幕式。

8月24日　奥运会闭幕。"可以说是这个民族历史上最重大的事件。今晚可以胜利闭幕了，很顺利，很成功，没发生什么意外。它留下的是中国人更理性，更开放，更文明，对中国的影响肯定是深远的。"

9月8日　"仲秋团聚，为南丁祝七十七岁寿，得知向阳已调作协。"

按：向阳，即南丁女儿何向阳。何向阳此前一直在河南省社会科学院文学研究所工作，此后调入中国作家协会。

9月10日　为豫剧曲目《三上轿》写作短评。

9月17日　散文《让经典融入现代》发表于《大河报》。

9月17—21日　参加河南省社会科学二十佳期刊评选。

9月　短篇小说《姐姐的村庄》发表于《莽原》第5期。

10月8日　文论《诗歌应该拨动人性的琴弦》发表于《大河报》。

10月11日　到河南省博物院参观刘海粟画展，国画30幅，油画30幅。"得到的印象是，莫奈、张大千的追摹者。"

10月13日　读电影剧本《追风筝的人》。"很不错的一个剧本。""情节感人，生活气息很浓。情感真挚，很有启迪。写作者的责任感、历史感、人类意识，这些思想深度在个人情感故事中被演绎得更为深刻。社会背景、社会斗争、意识形态、斗争……虽被淡化了，却渗入了剧本的情感深处。"

10月22日　到漯河市看豫剧《三娘教子》。

11月4—6日　到信阳市光山县参加文学活动并讲课。其间参观了司马光故居、邓颖超祖居、净居寺等。

11月19日　看电影《海角七号》，"很优美的一部片子"。

12月3日　祝贺墨白乔迁之喜。"老墨新房很漂亮。他太爱书了，藏书非常多。"

2009 年　69 岁

10 月 1 日，庆祝中华人民共和国成立 60 周年大会在北京天安门广场隆重举行。

2 月 2 日　完成长篇小说《十七岁》的修改。

3 月 20 日　与云社朋友到开封鉴赏古玩字画。

2022 年与云社朋友交流（右排右起第四人为田中禾）

按：田中禾是云社创社成员之一，每年参加云社的文化活动。

4月8日 为诗人王怀让7日的去世感慨："想1985年《河南日报》文艺副刊为《五月》开研讨会，那时算是与他真正相识。二十多年，各自有多少变化?"

4月19日 参加河南省儿童文学学会成立大会。

4月21日 看电影《疯狂之血》，"文学性较强，立意接近《朗读者》"。

4月23日 看电影《黑皮书》，"很不错"。

5月19日 感到眼睛不适，确诊为老年性眼底浑浊，水晶体液化。"医嘱少用眼，我说这恐怕难做到；多补养，注意膳食，我说这可以做到。"

读鲁迅《花边文学》《伪自由书》。"鲁迅的犀利，见解的非凡，还是令人赞叹。"

5月23日 参加第三届小小说金麻雀奖颁奖仪式。

5月29日 参加著名豫剧演员关灵凤①的收徒仪式。

读《豫剧源流考论》，"史料上有相当价值"。

按：《豫剧源流考论》，韩德英、赵再生选编，中国民族音乐集成河南省编辑办公室1985年内部印刷。

5月30日 读奈保尔的长篇小说《魔种》。

---

① 关灵凤（1932— ），女，满族，河北南宫人。著名豫剧表演艺术家，祥符调传承人，"现代豫剧之父"樊粹庭创办的狮吼剧团第一批演员、豫剧大师陈素真的义女和徒弟。代表作品有《三上轿》等。

反思自己的生活。"对自己的生活痛恨、迷惘、质疑。""天天在为别人捧场，身不由己地浮沉于红尘之中。""小说不见踪影，我在为什么而活着？"

6月10—11日　参加"漯河市豫剧沙河调研究会"成立大会。听了几位沙河调演员演唱并给予指点。

6月13日　看电影《往日情怀》。

6月25日至8月7日　与妻子韩瑾荣、大哥大嫂到太行山避暑写作，其间游览了回龙山、九莲山、关山，戴来、冯杰多次到山上拜访，并邀约参加文学活动。"第一次经历太行雷雨，雨后山更青，谷更秀，挺好的。""晚饭后与大哥坐在门口凉台上，仰望一弯新月升起在黑黝黝的山头上，四周山峦起伏，晴空星光点点，视野很开阔。清爽的晚风徐徐拂面，很是舒服。""每晚坐在平台上看山月，与大哥说闲话，成为这个夏季的乐事。"

8月7日　散文《九莲三奇》发表于《大河报》，8日再刊于《今晚报》。

8月11日　散文《坝上月色》发表于《大河报》。

8月20—21日　搜集整理清代固始籍状元吴其濬①相关史料。

8月23日　读《人间词话》。"有许多启发，也有许多不

---

①　吴其濬（1789—1847），男，河南固始人，有清一代河南唯一的状元。在植物学、农学、医药学、矿业、水利等方面均有突出成就。曾任兵部左侍郎、户部右侍郎，湖广总督、云贵总督，湖南、浙江、云南、福建、山西等地巡抚。

赞同。"

9 月 6 日　参加豫剧电影《桃花庵》小型审片会。"电影由苗文华主演，桑派唱腔音乐听起来很过瘾，很享受。"

9 月 17 日　准备出版文集。"把文集的篇目整理完打印出来。很感慨，280 万字。总体说还是交代得下去，挺有分量，比我预期要精彩。岁月的果实，不容易。"

9 月 20—21 日　读哈代的长篇小说《卡斯特桥市长》。"开头不错，后边很粗糙。"

9 月 24 日　犹豫《金琵琶的歌》要不要收入文集。"读起来实在是很幼稚，也找不到太多感觉，这个面目还值不值得付梓？不舍的唯一原因是情感上的寄托。毕竟它是我当年获罪原因之一，为它坐过牢。"

10 月 12 日　接《十月》赵兰振电话，"对《十七岁》大加赞扬，决定发《十月》明年第一期"。"按他的要求，把《二十世纪的爱情》前十四章也发给了他。"

10 月 28 日　与赵兰振确认《十七岁》刊期后，联系《中国作家》主编艾克拜尔。对方称已经定在明年第 2 期刊出，1 月 20 日见刊。再与赵兰振商量，答应将《父亲和她们》交他顶替。"这当然就有点紧张，有点压力。仔细盘算，剩余情节已经不多，年底前应该可以完成。这样完全出乎预料，打乱了计划的步伐。明年年初将同时推出两部长篇。也好，不鸣则已，鸣则双炮。这样定下来，心也安定了。"

11 月 7 日　完成长篇小说《父亲和她们》，并把这一天看成是自己"历史性的日子"。"这本书肯定是我此生最重要的一部著作。"

11月12日 将《父亲和她们》电子版发给李洱、李少咏、刘海燕等征求意见。

11月13日 开始考虑另一部长篇《我和你》。"形式上的创新，叙述上的难度，给我带来激情。说不定很快可以动笔，写起来也不会太难。"

按：从出版情况看，未见这部长篇，不知是不是《模糊》。

11月20日 赵兰振打电话通知因版面原因，《父亲和她们》要删除5万字。21日开始删改。"一删压，发现冗赘很多，删去也不足惜。"此后两天，又对这部长篇小说进行了认真删改。

12月7日 读完法国作家阿尔贝·加缪的作品集《西西弗斯的神话》。

12月16—22日 到北京参加陈峻峰作品研讨会。参会或约见的作家、编辑有：南丁、邱华栋、施战军、吴义勤、阎晶明、周大新、李洱、邵丽、何向阳、何弘、墨白、陈峻峰、陈东捷、赵兰振、程绍武、艾克拜尔、高叶梅等。

2010 年　70 岁

11 月 23—26 日，"坚守与突破——2010 中原作家群论坛"在郑州召开。中国作协主席铁凝、中共河南省委宣传部部长孔玉芳出席。此后，"中原作家群"替代"文学豫军"逐渐成为当代河南作家的集体称谓。

1 月 12 日　决定写二哥，"这是现成的我自己的素材，而且有意义"。

2 月 9 日　收到《中国作家》第 2 期样刊。

2 月 26 日　与上海文艺出版社丁元昌联系，希望出版 8 卷本文集。"稿子他很赞赏，却担心市场，这是个降低中国文学品位的紧箍咒。我做了些工作，说服了他。"28 日，丁元昌表示愿意出版。

2 月　长篇小说《十七岁》发表于《中国作家》第 2 期。

这部长篇由一则日记和十四个中短篇联结而成，它们之间既相互独立又存在着人事关联，而且不少篇目已经作为小说甚至回忆性散文发表过。所以，它虽然可以视为小说，但在一定程度上也可以看作田中禾青少年时期的自传。田中禾在一次访谈中十分坦白地说："《十七岁》可以看作是我的自传。你可以从中看到我的童年，因而窥见我内心成长的经历和写作风格形成的精神因素。"[1] "小说叙事以建立在安全的可把握的回忆基调上追溯了包括'我'在内的六位家族成员的青春岁月的悠远故事，温习着那些斑斓有声的往来，感叹着今昔的物是人非，涌起人世潮汐的感慨，大有麦秀黍离之感。叙事语调平稳舒缓、亲切自如，这是一次温暖的叙事。"[2]

按：回望田中禾六十多年来的文学之路，对亲人和往事的追忆一直是他创作的恒久主题。从 1997 年的《落叶溪》到 2010 年的《父亲和她们》，从 2011 年的《十七岁》到 2020 年的《模糊》，故乡、亲人，还有那个让人怀念又让人五味杂陈的时代，一直是小说中最动人的风景。在一定程度上我们甚至觉得，田中禾最好的小说就是它们。

3 月 2 日　与人民文学出版社联系。对方表示，"新作两部她倾向后者《二十世纪的爱情》。这种选择很合理，但《十七岁》受委屈了"。

3 月 15 日　完成《十七岁》校读。"确实是一部很扎实也

① 李勇、田中禾：《在人性的困境中发现价值与美——田中禾访谈录》，《小说评论》2012 年第 2 期。
② 苗变丽：《"青春之歌"的多重变奏曲——田中禾〈十七岁〉成长叙事研究》，《南方文坛》2012 年第 4 期。

很深刻的作品，与《二十世纪的爱情》的主题是一致的，是相呼应的，写了人被改造的可怕力量。"

3月16—17日　读行者的长篇小说《圣西门》。"赞佩他的观念和勇气，语言质量很好，坚实而富于质感，很成熟的西方式表达。""不知道他是怎么酝酿出这个题材，怎么想象出那么荒诞至极的情节。这是一本很另类的书，也许是从《金瓶梅》《废都》受到的启发。但它的放浪既是当今时代的潜意识，又是这个时代最勇敢的心灵剖析。语言流畅，节奏紧张，造成了一种态势，带动着读者。"

按：《圣西门》初刊于《长江文艺》长篇小说2009年春季号，2010年由群众出版社出版时改名为《爱谁是谁——一个青年艺术家的成长史》，2014年收入《行者文集》由江苏凤凰美术出版社出版时又改名为《忏悔录：一个青年艺术家的自画像》。关于这部小说的评价可以参考薛继先发表在2010年6月10日《南阳日报》上的《圣西门还是西门庆——评行者长篇小说〈爱谁是谁〉》。另外，这篇小说初刊的杂志笔者没有见到，与作者行者联系后证实该小说发表于《长江文艺》长篇小说2009年春季号。

3月23日　列长篇小说《我和你》提纲。

按：或许就是后来的长篇小说《模糊》。

3月　长篇小说《二十世纪的爱情》发表于《十月·长篇小说》第2期。

按：2010年8月，这部小说由作家出版社出版时更名为

《父亲和她们》。

田中禾在介绍这部小说时说："这个题材在我心里酝酿了不止二十年……从 1995 年开始，每章用一个叙述方式，试验性地写出了三十来万字，一些章节已经以中篇小说形式发表，最终还是觉得不满意，就索性放了几年。到 2003 年重新拿起来。"①"小说里的人物来自我的故乡县城，来自我身边熟悉的乡邻、亲友。我曾经和他们一起生活，一起度过中国历史上举世瞩目的几个转折时期的难忘岁月。"② "《父亲和她们》写得开阔而厚重，它不仅通过一个知识分子的情感历程展现了 20 世纪的中国历史，更重要的是通过几个血肉丰满的人物传达出对中国民族文化和民族人性的思考，以四个主人公的象征意义揭示出人性被改造的沉重主题。"③ 田中禾认为，这部小说有两个特点："一是它触及了这个民族的每一个人的自由被异化的过程，而这个主题是我们迄今为止的文学作品还没有触及的。这是它思想上的价值。再一个是它在艺术上的探索，这种长篇的结构也是没有的，双重后设的，复调的，多角度的。这两点是这个小说存在的价值。"④

在田中禾自己看来，他的很多小说都贯穿着"自由"的主

---

① 墨白、田中禾：《小说的精神世界——关于田中禾长篇新作〈父亲和她们〉的对话》，《文学报》2010 年 10 月 14 日第 7 版。

② 田中禾：《父亲和她们》封底，作家出版社，2010。

③ 墨白、田中禾：《小说的精神世界——关于田中禾长篇新作〈父亲和她们〉的对话》，《文学报》2010 年 10 月 14 日第 7 版。

④ 苗梅玲、田中禾：《在文本现场自由行走——田中禾访谈录》，《东京文学》2012 年 3 月刊。

题。"由于自幼丧父，母亲娇惯，从小被呵护宠坏，大半生玩世不恭，至今还是不谙世事，讨厌循规蹈矩。崇尚天性，骄矜自若，是母亲培养出的性格，深入我的意识，自然而然成为作品底色、构思故事的习惯。回首一望，我笔下的主人公都有自己的影子。挑战流俗，反叛出走，任性妄为，屡遭挫折，最终被改造、驯化，灰溜溜地回到母亲身边。母亲，是传统的象征，具有不可战胜的包容性和强大的说服力。""自由是有条件的，世上没有为所欲为、不负任何责任的自由。自由是有代价的，追求自由，必然要付出代价。模糊二哥因为天真，单纯，不合流俗，不断被妻子、朋友出卖，付出了一生的代价，最终被改造成废人。我六十年的作品在写着同一个主题——人如何在追求自由中丧失自由。自由，始终是人类的梦想，不断幻灭，却永不放弃。自由常常让涉世未深的人迷失，却诱导着人类创造力的发挥。"①

3月 散文《颍河的精灵——漫说孙方友》发表于山东《时代文学》（上半月刊）第5期。

4月7日 人民文学出版社编辑联系，要求对《二十世纪的爱情》第十五章进行修改。此后几天田中禾对该作进行了认真校改。

4月11日 与花城出版社联系出版事宜，对方索要了稿子和内容提要、作者简介。

---

① 舒晋瑜：《田中禾：没有人强迫给你的大脑植入芯片》，《中华读书报》2019年11月27日第18版。

4月12日　收到《十月》样刊。校读之后认为，"第十五章的确很逊色，大损全书的品格，必须重写"。

4月20日　与出版社联系后对《十七岁》的市场前景表示担忧。"《十七岁》不会顺利，走市场有些困难。卖不卖钱，市场很奇怪。读过的人都说好，市场为何走不开？郁闷。"

4月26日　作家出版社联系，对市场前景表示担忧，要了一份内容提要、作者简介。

4月30日　修改作品。"改的过程才是'觉今是而昨非'。再看原稿不忍卒读，当时写得兴奋，竟以为得意，真惭愧。"

4月　访谈《当我们老了，当我们谈论爱情》发表于《中国文学》（半月刊）第8期。

5月5日　与人民文学出版社联系。"稿子的麻烦不小，提出人称问题，而这是我最用心找到的叙述方式，改过来会是什么样子？出版社从大众阅读出发，逼作家向大众阅读投降。真让人郁闷。"

5月12日　到河南科技学院讲学，题目为《网络时代的读书与人生》。

5月14日　将《二十世纪的爱情》书稿发给作家出版社编辑张亚丽。

5月15—17日　与南丁、李佩甫在信阳市商城县汤泉池参加"小小说汤泉池笔会二十周年纪念笔会"。

5月18日　"接到江苏文艺出版社黄孝阳的电话，说听说我发了两个长篇，他们正编凤凰丛书，让发过去看看，一两天就能敲定。话说得很自信、利索，年轻人，很有热情。"19日，上午田中禾将书稿发去，"下午黄就打来电话，要出《十七岁》，看中这一部，而且评价很高，说超出预期。看来这个年轻人比较唯美，更重视文学性"。20日，与黄孝阳就《十七岁》出版时间进行讨论。黄坚持在2011年出版，田中禾感觉有些迟。最后，"冲着这位年轻人的热情，不忍心不签。昨天中午发去稿子，今天已经拍板。这个效率实在惊人。说明这个出版社的管理机制好，观念新，有活力"。

5月20日 就《十七岁》出版与上海文艺出版社丁元昌联系，丁希望在上海出版，田中禾心生疑虑。"上海文艺能有这样的营销宣传活力吗？能签1.2万起印？能有这么活跃的操作？"

作家出版社张亚丽打电话讨论《二十世纪的爱情》，提出修改意见，认为"进入太慢"，"我的感觉相同"，决定进行修改。

5月28日 给大哥的诗集写序，回想彼此的一生。"真的感谢有这么一位兄长，在我的人生中他发挥了至关重要的作用。"

按：田中禾大哥的诗集名为《长流诗钞》，没有正式出版。田中禾写的这篇序文的题目是《浪漫是人生的翅膀——读〈长流诗钞〉》。

5月29日 妻子韩瑾荣建议将《二十世纪的爱情》改名为

《父亲和她们》。"我觉得可以。"

6月7—14日　与妻子到河北兴隆花果山庄中国作协创作之家休假。

6月12日　在北京与作家出版社签订《父亲和她们》出版协议。

6月17日　读黄孝阳的长篇小说《人间世》。

6月22日　重温考茨基的《马克思的经济学说》。

7月11—13日　读完多丽丝·莱辛的长篇小说《金色笔记》《野草在歌唱》《又来了，爱情》。

7月12日　收到《十月》稿费1.3万元、《中国作家》稿费1.2万元。

7月18日、19日　读勒克莱齐奥的小说《金鱼》和《沙漠》。

7月21日　作家出版社要求提供评论家短评，表示拒绝。"一、不愿求人；二、非常不乐意在书后附上一些人的推荐语。"

7月29日至8月10日　到鸡公山避暑写作、读书会友。读《明史》《法兰克福学派论著选辑》《晚期资本主义的文化逻辑》。"读纯理论的书，再做笔记，需要极大的耐心。有时感到痛苦不堪，时而觉得理论全是废话，毫无意义。"

8月7日　散文《人世留给我什么》发表于《今晚报》。

8月16日　读莫瑞森的小说《天堂》。

8月17日　读库切的小说《慢人》。

8 月 23 日　看电影《美丽心灵》。

8 月 27 日　读完库切的小说《凶年纪事》。"他这种结构方式十年前我想过，只是没能付诸实践，他把它完成得很好。"

《父亲和她们》封面

8 月　长篇小说《父亲和她们》由作家出版社出版。

9 月 7 日　收到《父亲和她们》样书。

9 月 20 日　参加南丁 80 寿辰暨文学创作 60 年恳谈会，"很隆重"。

9 月 23 日　与家人一起在保利影城看《山楂树之恋》。"沉静、纯正、苦涩时代、……比我想象的要好，文学性比以往大制作要高、集中。语言简洁含蓄，应该算一部不错的作品。墨白、剑冰持否定态度，各人审美差别不小。"

9 月 29 日　河南省作家协会、河南省文学院等联合举办田中禾长篇小说《父亲和她们》研讨会。参会的作家、评论家主要有吴长忠、南丁、郑彦英、张一弓、李佩甫等。

10 月 13 日　散文《山楂树下的絮语》发表于《大河报》。15 日，发表于《今晚报》。

10 月 14 日　对话录《小说的精神世界——关于田中禾长篇新作〈父亲和她们〉的对话》（墨白、田中禾）发表于《文学报》。

10月23日　在中国人民解放军信息工程大学举办《父亲和她们》学术研讨会。参会的专家、学者主要有：邢小利、黄发有、王春林、耿占春、孙先科①、黄轶、李勇、刘宏志等。"各种观点都摆出了，不乏不同而深刻的见解。学术水平不错，发言水平比论文水平更高。"

11月3—5日　参加河南省图书评奖活动。

11月15—18日　参加河南省社会科学期刊二十佳评奖活动。

11月23—26日　参加"坚守与突破——2010中原作家群论坛"。参会的作家、评论家主要有：铁凝、雷达、叶延滨、李敬泽、吴义勤、张燕玲、李建军、南丁、张一弓、田中禾、二月河、刘庆邦、周大新、张宇、李佩甫、柳建伟、李洱、乔叶、孙广举、鲁枢元、耿占春、王鸿生、曲春景、孙先科、何向阳、张鸿声、梁鸿②、黄轶等。讨论了全球化、网络化的背景下文学该往何处去等议题。论坛通过了"中原作家群宣言"，号召中原作家努力使文学重放光彩。

---

① 孙先科（1964— ），男，河南台前人。博士、教授、博士生导师。曾任河南大学文学院院长、河南师范大学副校长、郑州师范学院院长，现任河南省文艺评论家协会主席。有学术著作《颂祷与自诉——新时期小说的叙述特征及文化意识》《叙述的意味》等。

② 梁鸿（1973— ），女，河南邓州人。现任中国人民大学文学院教授。有非虚构文学作品《中国在梁庄》《出梁庄记》《梁庄十年》，短篇小说集《神圣家族》，长篇小说《梁光正的光》《四象》，学术著作《黄花苔与皂角树：中原五作家论》《外省笔记：20世纪河南文学》等。

11 月 29 日　散文《向往纯粹》发表于《大河报》。12 月 23 日，发表于《文学报》。

11 月　《父亲和她们》选发于《长篇小说选刊》第 6 期，同期刊发了创作谈《奴性是怎样炼成的》。

12 月　文论《墨白的近景与远景》发表于中国煤矿文化艺术联合会主办的《阳光》第 12 期。

2011 年　71 岁

2 月 26 日，国务院办公厅发出《关于积极稳妥推进户籍管理制度改革的通知》。指出，要落实放宽中小城市和小城镇落户条件的政策，引导非农产业和农村人口有序向中小城市和建制镇转移，逐步实现城乡基本公共服务均等化。

3 月 21 日　"收到《十七岁》样书，不如《父亲和她们》雅致，版式也较粗糙。"

3 月　长篇小说《十七岁》由江苏文艺出版社出版。

4 月 21 日　提交《父亲和她们》申报茅盾文学奖的材料。

4 月 27—30 日　在河南省周口市淮阳县参加全省文学创作会议暨文学采风活动。参会的作

《十七岁》封面

家、评论家主要有：孟繁华、陈福民、田中禾、李佩甫、郑彦英、邵丽、何弘等。

5月27日　参加《莽原》创刊三十周年座谈会。出席会议的著名作家主要有：南丁、田中禾、张宇、李佩甫、何弘等。

5月29日　在河南省政协参加河南中华豫剧文化促进会成立大会。

6月8日　考虑创作长篇小说《模糊》。"经过这一段反复琢磨，决定还是先写《模糊》。有感情有优势的题材为什么还拖着，去新编不成熟的故事？"

6月24日　参加由郑州市政府主办、《百花园》杂志社承办的"中国郑州·第四届小小说节"。参会的作家、学者主要

2011年为创作长篇小说《模糊》赴新疆考察

有：吴泰昌、南丁、田中禾、聂鑫森、江曾培、何秋声等。

7月16日至8月6日　与妻子韩瑾荣一起赴新疆寻找"二哥的人生足迹"。其行程为郑州—乌鲁木齐—奎屯—农七师—128团—乌苏—乌鲁木齐。

16日，"经过前段读书修整，反复权衡，我决定下一部长篇写二哥，然后就决定去新疆"。"拿上车票，我想起了二哥，想起了自己。我和他都是少年离乡，辞家远行。二哥其瑞十七岁离家去西安求学。1952年考入西安交通运输学校，1954年毕业，分配到成立不久的新疆维吾尔自治区交通厅。由于爱好文学，组织了一个文学社，崇拜路翎、绿原，'反胡风'时被组织审查批判，从省城调到乌苏新疆第三汽车运输公司。1957年鸣放时，他为自己在肃反中所受的审查、处理鸣不平，给领导提意见，被打成右派。由于态度不好，被打为极右，送到兵团去劳动教养，在那里改造了大半生。沿巴楚、泽普、叶城、和田、且末，绕着塔克拉玛干大沙漠修公路、铁路，直到1979年右派改正，重回三公司，到沙湾工作。那时他已经有了严重的被迫害狂的妄想症，总是幻想有人害他，与单位的关系搞得很糟，与人争执时挨了打。大哥先是托单位的人去看他，然后又费尽心机把他调回来，安排在密县（今新密市）保险公司。到了新单位，他仍然幻想有人害他，最终因忧郁症和精神病，58岁就去世了。二哥被划右派使我受到影响，我的高考成绩很好，却不能进入理想的大学，被录取到兰州艺术学院（那是1958年'大跃进'新成立的学校，由兰大中文系、甘肃师范大学艺术系和甘肃艺术干部学校等几所学校凑起来的）。这对我是个很大的打击，是我人生的转折点。一个自负、骄矜的少年从此变得消沉、忧愤。入学两年后愤而退学，开始了二十年的流浪生活。而今要沿着西出阳关的旧路，向幽暗的岁月深处去寻找痛楚的记忆，心情格外复杂。"

19 日乘车离开奎屯到 128 团。路上，田中禾见识了新疆的自然风光。"新疆的大地有四种颜色：沙漠近乎白色，耀眼、洁净，像海浪一样起伏着褶皱。忽然，迎面出现一片绿洲，树木、庄稼蓬勃盎然，绿得令人感动。戈壁是灰色的，满眼灰冷的砂石、干涸的河滩，充满了西部的悲壮、苍凉。荒漠斑斓多彩，即使没有水也照样生长着茂密的芦苇，涌动着毛茸茸的芦花，黑色的梭梭柴、骆驼草倔强地向天边蔓延，红柳摇着粉色的轻云，牧草像成熟的麦田一样一片金黄。"在 128 团，"我算真正掉进了河南窝"。兵团组织了支边老同志座谈会，田中禾深入了解了第一代支边人当年的生活。20 日，田中禾到 128 团连队体验当地生活。"现在连、队已经不分了，从前，连是连，队是队。连，是转业军人、国民党起义人员和支边人员；队，是劳改新生和其他改造的人。连里的人是好人，队里的人是专政对象。""我忽然明白了，其瑞二哥大半生一直在队里，没资格进连里去。""连队聚居的村庄像西部所有村落一样，是一片白色的平顶的土房子，虽然被绿树、野草包围，村子却光秃秃的，看不到一点绿荫。村庄里倒生机勃勃，停放着卡车、三轮农用车，远远就能听到狗叫声。"

21 日，到达乌苏县城。"现实中的乌苏比我想象小一些，市区规模不大，没有内地县城那样喧嚣。我仔细打量车窗外的马路，楼房，街市，街上走动的人，路边的一草一木。愈向城区走近，心底愈有一种惶恐。到乌苏来，最大的心愿是希望能寻访一点二哥当年生活的踪迹，哪怕能找到一片老街去转转也行。""走进市场，依旧看到一座旧城的影子。低矮、破旧的店铺，街心凌乱不整的摊位，杂货店，锅碗瓢盆、家用电器，与家乡不同的是，店铺间夹杂着出卖民族用品的小店和器物。市场尽头连着一条偏僻的小街，街两边是未经改造的老房旧院，带着西部民居的特点，泥墙院落，白色泥顶平房，几乎没有树木。院里保持着小城的简朴，活动在其间的维吾尔族、汉族老人带着老市民的悠闲散漫，使我仿佛看到几十年前故乡的小巷。"就在这一天，田中禾找到了二哥曾任职的"三公司"（在《模糊》中改成了"五公司"）所在地。

22 日，田中禾对"三公司"有了进一步了解。"三公司曾经是乌苏最牛的单位，占了半个县城"，"三公司的女孩不外嫁；本地女孩找上三公司男人，亲戚邻居都羡慕死了"。"乌苏的早晨这般宁静，塞外的图画这般美丽，其瑞二哥来到这里的时候是那样年轻、英俊，幼稚、单纯，对人世的凶险浑然不知。我想起二哥年轻时的模样，想起他从西安交通学院毕业，分配到乌鲁木齐时寄给家里的照片。雪白的衬衫，带背带的呢子西裤，梳理整齐的长发，脸上带着自信的微笑，目光炯炯，神采飞扬，一副展翅欲飞的神态。这块笼罩着晨光的土地，给了那么多人温馨和幸福，却无情地埋葬了二哥的梦想，埋葬了他的青春和人生。现在它就在我的脚下，在我的视线里。天山洁白的雪峰还在远处不动声色地闪光，新盖的楼盘充满勃勃生机，没人知道这里发生过什么，没人在意一个充满幻想的年轻人如何在一片口号声里一夜间变成罪人，被发配到兵团，开始一生的苦难。那一年他才二十三岁，是一个风华正茂、满腔热血的青年。我找出一片纸，写下这首诗：塞外天高独临窗，故地扑面荡回肠。游子身影飘逸处，晨光似烟空迷茫。不忍少年沦落地，新楼如浪湮旧伤。天山雪峰遥不语，孤魂何处是故乡？"

按：后来，田中禾给这首诗增加了题目《乌苏华联八楼哭二哥》，诗中的"沦落"也改成了"沉沦"。

在这一天，田中禾打听到第一任二嫂的下落。"她十五岁来到我家，和我一起在城关第一小学读书，后来母亲托人把她介绍进县医院。她是个知道发奋上进的人，在医院表现很好，不久便被评为积极分子，入了党。1957年，母亲帮她调到乌苏。她到乌苏不久就开始反右派，把二哥的日记拿出来检举揭发他，使张其瑞这位公子哥儿遭遇到人生的第一次背叛。"在这里，田中禾知道了"乌苏的全名是库尔喀拉乌苏，蒙古语，意思是雪山融化的水"。在这里，田中禾了解到，在那些特殊的岁月，"新疆这个地方保护、救活了很多内地'盲流'"。但是，"五十年代从学校毕业分配到新疆来的知识分子"却"大多在历次运动中遭遇挫折，折戟沉沙"。24—26日，在乌鲁木齐，田中禾找到了第二任二嫂和她的两个女儿。"到乌鲁木齐的第一件事是拜望我的第二任二嫂，去看看从未见过面的二哥留在新疆的两个孩子。这是我和家人多年的心愿，也是我此次新疆之行的重要任务。""这第二位二嫂是我在小湾下乡劳动时的邻居。""其实，二哥是被二嫂的背叛摧垮了。他一生中遭受了太多背叛，她的背叛成为压垮二哥的最后一根稻草。"

7月28日至8月1日，游览南疆。路线为吐鲁番—库尔勒—库车，参观了交河故城、坎儿井博物馆、葡萄沟、天山大峡谷、克孜尔千佛洞、罗布人村寨、博斯腾湖等地。

按一：这次"西行"应该给田中禾创作《模糊》提供了丰富的灵感和素材。这20天的"西行日记"田中禾记录得十分详细，其中不少内容甚至直接运用到了小说文本中。这一点再次证明了田中禾小说创作的自叙传色彩。由此我们甚至可以说，田中禾后期的小说具有较为浓厚的自叙传色彩，在他的人生经历和小说创作之间具有较为明显的互文性质。

按二：田中禾日记中对张其瑞大学校名的记述前后矛盾，而且都不正确，正确的校名见本书第18页的按语。

按三："第二任二嫂"即《模糊》中的"小六"。

7月　散文《小圈子与大众——关于艺术的未来》发表于《随笔》第4期。

8月8日　艾克拜尔发信息说，《父亲和她们》进入茅盾文学奖初选81篇名单。9日，墨白告知该小说排第33名。

9月6—9日　到平顶山汝州市参加第二届中国曲剧艺术节，节目评价很好。"基本功扎实，唱腔浑厚，节拍圆熟，韵味悠长。"腔正嗓亮、表演精彩、"功夫到家"。

10月8日　开始创作长篇小说《模糊》。"一写起来，思路便活跃起来，才思涌动。"

10月11—12日　到遂平县嵖岈山参加河南省散文学会年会。

11月12—13日　回唐河县参加冯友兰纪念馆开馆典礼暨冯友兰哲学思想研讨会，并作发言。

按：该发言后来整理为《商业文化中的哲学拷问——在冯友兰学术思想座谈会上的发言提要》。

11月22—25日　赴京参加中国作家协会第八次全国代表大会。参会的河南代表团成员主要有：南丁、张一弓、田中禾、孙荪、张宇、李佩甫、二月河、马新朝①、王剑冰、何弘、邵丽、乔叶、墨白、李庚香等。

按：中国作家协会第八次全国代表大会在北京举行，3300名代表出席。大会选举铁凝为主席，王安忆、叶辛、刘恒、李存葆、李敬泽、何建明、张平、张抗抗、陈忠实、陈建功、莫言等为副主席。

本年度重要论文：

刘军：《负重隐忍与自我删节：〈父亲和她们〉中的两位母亲形象》，《郑州大学学报（哲学社会科学版）》2011年第

---

① 马新朝（1953—2016），男，河南唐河人。曾任河南省作家协会副主席，河南省文学院副院长。长篇抒情诗《幻河》获得第三届鲁迅文学奖。

1 期。

苗变丽：《讲述和反思——〈父亲和她们〉论》，《扬子江评论》2011 年第 1 期。

张舟子：《传统、现代、革命文化间的复杂对话——〈父亲和她们〉的思想意蕴》，《平顶山学院学报》2011 年第 3 期。

李少咏：《现代知识者的创伤记忆与文学想象——解读田中禾长篇小说〈父亲和她们〉》，《平顶山学院学报》2011 年第 3 期。

王春林：《知识分子、革命与二十世纪中国历史——评田中禾长篇小说〈父亲和她们〉》，《平顶山学院学报》2011 年第 3 期。

林虹、胡洪春：《历史·爱情·人性——评田中禾新作〈父亲和她们〉》，《文艺争鸣》2011 年 5 月号（上半月）。

刘军：《十七岁：个人切片与历史还原——田中禾〈十七岁〉阅读札记》，《扬子江评论》2011 年第 4 期。

刘思谦：《"她们"中的"这一个"与"另一个"——田中禾长篇小说〈父亲和她们〉中"两个母亲"人物谈》，《中州学刊》2011 年第 6 期。

2012 年　72 岁

10 月 11 日，瑞典文学院宣布，将 2012 年诺贝尔文学奖授予中国作家莫言。这是中国籍作家首次获得该奖项。

1 月 4 日　对《模糊》的叙述方式感到不满，"《模糊》应该有新的叙述方式才好"。

3 月 23 日　参加杜甫诞辰 1300 周年纪念暨李铁城《杜甫诗传》研讨会。

3 月　散文随笔集《在自己心中迷失》由河南大学出版社出版。

3 月　短篇小说《木匠之死》发表于开封市文联主办的《东京文学》3 月刊，同期发表的还有创作谈《以人性之光烛照历史——写在〈木匠之死〉之后》及对话录《在文本现场自由行走——田中禾访谈录》（苗梅玲、田中禾）。

3 月　创作谈《二十一世纪我在怎样生活？——自述》发表于《小说评论》第 2 期，同期发表的还有李勇、田中禾的对话录《在人性的困境中发现价值与美——田中禾访谈录》。

4月9—10日　校读《南风》。"二十多年前的作品，感觉很不错，视野开阔，生活面很宽广，结尾有点人为痕迹。"

4月15—17日　读《哈萨克民俗文化》。

4月19日　创作谈《重读〈五月〉》发表于《今晚报》。

4月23日　读完《十二木卡姆歌词选》。

按：《十二木卡姆歌词选》，李东明、孟星主编，新疆人民出版社2007年9月出版。

4月27日　参加李佩甫长篇小说《生命册》研讨会。出席研讨会的作家、学者主要有：南丁、田中禾、鲁枢元、张宇、李佩甫、郑彦英、何向阳等。"大家一致认为，这是一部植根于平原大地的灵魂之书，是一部书写平原的百科全书，为'平原三部曲'巅峰之作。"[1]

5月11日　校读《明天的太阳》。"大龄女青年的心理把握得非常好，当年获了《上海文学》奖。"

5月19日　在郑州师范学院举办"《在自己心中迷失》新书首发式暨田中禾近作研讨会"。参加活动的作家、学者主要有：田中禾、刘思谦、孙先科、李洱、张燕玲、梁鸿、杨庆祥、房伟、张莉、周立民、霍俊明、墨白、张云鹏等。

5月21日　校读《椿谷谷》，"感觉它比《五月》更好"。

5月23日　参加纪念《在延安文艺座谈会上的讲话》发表

---

[1]　尚新娇：《长篇小说〈生命册〉作品研讨会召开》，《郑州晚报》2012年4月28日第A32版。

70 周年座谈会。

6月8日　校读《印象》。"读着感动，感情很真挚，二哥的一生成为我永远的叹息。"

7月6日　参加墨白长篇小说《手的十种语言》研讨会。参会的作家、学者主要有：南丁、田中禾、张宇、李佩甫、孙荪、马新朝、王鸿生、耿占春、刘海燕、李少咏等。田中禾认为这篇小说的艺术特色主要包括：以人性为主要关注点、强烈的文本意识和形式上的创新追求、后现代观念的艺术表达。

7月26日至8月13日　到信阳市光山县参加康继生长篇小说《冰上的火焰》研讨会。会后到新县参观许世友故居，而后到鸡公山避暑。

8月28—29日　在北京中国国际博览中心参加第十九届北京国际图书博览会"中国作家馆"开馆仪式暨"文学中原崛起"主题展。

9月3—4日　创作散文《王屋悟山》《济渎悟水》，"两篇都很满意"。11日，《王屋悟山》发表于《大河报》，15日再刊于《今晚报》。26日，《济渎悟水》发表于《大河报》，10月1日再刊于《今晚报》，10月25日再刊于《文学报》。

9月21日　散文《从三岛由纪夫到石原慎太郎》发表于《大河报》。

9月27日　在郑州东区小剧场看豫剧寻根晚会。"很令人感动。""出台的老演员幼则七十余岁，长则九十五岁。其中九十岁苏兰芳唱《桃花庵》非常好，声宏气亮，板眼规整，行腔流腔，很难得。她是周海水的大弟子（常香玉①是其四弟子），现在的唱腔仍高于常香玉。豫东一位九十多岁老人，男旦，还能唱那么一大板，艺术给人的精神力量令人鼓舞。看了一场难忘、难得的晚会。"

10月11日 对莫言获得诺贝尔文学奖"感到很高兴，很欣慰"，"证明我的文学观是正确的，有利于廓清当前中国文学价值观的乱象，改善创作环境"。

10月29日 散文《令人感动的寻根之旅》发表于《大河报》。

11月16—17日 在郑州巩义市竹林镇参加首届中国小小说名家沙龙年会并发言。

11月18—19日 回唐河给父母上坟。

11月21—23日 参加河南省2010—2011年优秀图书评奖活动。

11月30日 长篇小说《父亲和她们》获首届河南杜甫文学奖。奖金1万元。

按：河南杜甫文学奖是由河南省作协主办的河南省最高荣誉的文学奖项。评奖门类包括长篇小说、中篇小说、短篇小说、诗歌、散文杂文、报告文学、理论评论、儿童文学等。

11月 散文《西行日记：岁月深处的寻找》发表于《绿

---

① 常香玉（1923—2004），女，河南巩义人。著名豫剧表演艺术家。曾任中国戏剧家协会副主席、河南省戏剧家协会主席、河南豫剧院院长。代表作有《花木兰》《拷红》《断桥》《大祭桩》《红灯记》等。

洲》第 6 期。

12 月 8 日 读莫言在瑞典文学院的演讲词，"深受感动"。"这是一篇精彩的演说，感性，但很丰富，充分表现了中国元素，中国的历史与现实，民风与文化，民间智慧与哲理。"

12 月 12—14 日 在南阳市社旗县参加"文鼎中原——长篇小说精品工程优秀作品"颁奖典礼。《父亲和她们》与李佩甫的《生命册》、乔叶的《拆楼记》等 22 部长篇小说获奖，每部小说奖金 5000 元。

本年度重要论文：

黄轶：《身份：二十世纪的"中国结"》，《小说评论》2012 年第 2 期。

李勇：《思想者的苦恼和艺术家的逍遥——论田中禾的小说创作》，《小说评论》2012 年第 2 期。

米学军：《又一曲母爱的颂歌》，《小说评论》2012 年第 2 期。

苗变丽：《"青春之歌"的多重变奏曲——田中禾〈十七岁〉成长叙事研究》，《南方文坛》2012 年第 4 期。

周立民：《大地上的禾苗》，《南方文坛》2012 年第 5 期。

刘思谦：《〈父亲和她们〉的叙述方式与人物塑造》，《南方文坛》2012 年第 5 期。

房伟：《历史的反思和艺术的创新》，《南方文坛》2012 年第 5 期。

霍俊明：《他是一个持续性的"少数者"——田中禾近作与"当代"写作的难度》，《南方文坛》2012 年第 5 期。

刘宏志：《作家的思想自觉与艺术自觉——由田中禾的近作谈起》，《南方文坛》2012 年第 5 期。

刘宏志：《话语嬗变与革命叙事的转型——田中禾〈父亲和她们〉对传统革命叙事的突破》，《郑州大学学报（哲学社会科学版）》2012 年第 6 期。

2013 年　73 岁

9 月 24 日，由中国作家协会和共青团中央共同举办的全国青年作家创作会议在北京开幕。中国作协主席铁凝、共青团中央书记处常务书记贺军科出席。

1 月 11 日　读完《寻找失落的西域文明》。

按：《寻找失落的西域文明》，杨镰著，北京航空航天大学出版社 2010 年 8 月出版。

1 月　散文《从莫言获得诺贝尔文学奖谈起》发表于《躬耕》第 1 期。

2 月 17 日　听九十一岁苏兰芳豫剧演唱录音。"不惟嗓音干净明丽，唱功根底很深，吐字清晰，优雅婉转，令人叹惋。竟埋没民间几十年，论声腔造诣，应该比常香玉更佳，人生命运就是这样不公。"

3 月 15 日　读傅高义著《邓小平时代》。

4 月 1—3 日　在洛阳参加云社书画展。

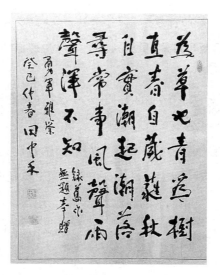

田中禾书法作品

4月4日 散文《踏青戴柳话清明》发表于《文学报》。

4月27—30日 由云社成员黄飞牵线，到青岛市参加艺术品收藏拍卖文化活动。

5月18日至6月18日 受朋友邀请，与妻子到青岛海边"艺术文化名家"避暑写作。"在这里，时间利用率较高，利于写作，但太偏僻，无法安排生活和荣（韩瑾荣）的时间。"

6月24日 在郑州师范学院参加《李洱作品系列》新书发布会暨作品研讨。出席活动的作家、学者主要有：白烨、陈福民、邱华栋、田中禾、李佩甫、耿占春、计文君等。

按：《李洱作品系列》2013年1月由上海文艺出版社出版，包括《花腔》《石榴树上结樱桃》《鬼子进村》《导师死了》《喑哑的声音》《午后的诗学》《问答录》《儿女情长》等八部。

7月12日至8月21日　到位于洛阳嵩县车村镇的木札岭避暑写作。

8月　散文《一个人的主义——"新古典主义"对中国当代戏曲的意义》发表于《艺术评论》第8期。

9月16日　农历八月十二，"过节的感触是，过去的岁月里积累下的人情，这时表现得很温暖。对于一个已经退休在家的人，这些来客是出于感情而非功利。当今之世，应当感到欣慰"。

9月25日　把《西行日记》校订后发给《南阳晚报》，以应约稿。

9月26日　高中同学来访。"他总是在回忆高中时我对他说过的话，让我惊讶。我读高中时就有那么深刻的见解，那样洞察时事与政治的头脑。不但不比现在差，甚至更见锐气。"

9月29日　得知阎连科获得马来西亚花踪世界华文文学奖。"很赞佩他的想象力。从政治到抽象，阎连科完成了一次大飞跃。反思之后，觉得虽然赞赏他的才华，自己却仍然要坚守写实。为了历史、民族的记忆，宁肯具象。这也是别人不可替代无法完成的。"

10月26日　翻读《中国国家地理》最新一期新疆专号。

10月31日　散文《从21世纪的诺贝尔文学奖说起》发表于《文学报》。

11月6日　看电影《告密者》。"看完感到很绝望。人性被金钱、权力与伪善的高官强奸、蹂躏，在文明的体制的幌子下，看不到一点希望。"

11 月 8—9 日　回乡扫墓。

11 月 21 日　"小说迟迟没进展，又不能着急、焦躁，既然要写一部重要的书，就只能悠着点，找到最佳状态。"

12 月 7 日　到郑州市清华城房地产营销部作以"商业时代的文学"为题的讲座。

12 月 20—21 日　到信阳市参加"美丽南湾湖"全国散文大奖赛颁奖活动。

12 月 22 日　参加郑州师范学院中原作家研究中心揭牌仪式暨墨白作品研讨会。参加活动的作家、学者主要有：白烨、陈福民、张燕玲、孙郁、李国平、田中禾、邵丽、孙先科、李伟昉①、张云鹏、武新军、孟庆澍、刘涛、刘海燕等。

12 月 29 日　在河南大学文学院参加羽帆诗社成立三十周年纪念暨《羽凡诗选》新书发布研讨会。

本年度重要论文：

陈雪红：《田中禾小说创作论》，宁夏大学 2013 年硕士学位论文。

晋海学：《在多样的历史叙事中思考——评田中禾的长篇小说〈父亲和她们〉》，《河南师范大学学报（哲学社会科学版）》2013 年第 6 期。

———————————

① 李伟昉（1963—　），男，河南开封人，二级教授、博士生导师。曾任河南大学文学院院长，现任《河南大学学报》主编。

2014 年　74 岁

10 月 15 日，习近平主持召开文艺工作座谈会，强调只有牢固树立马克思主义文艺观，真正做到了以人民为中心，文艺才能发挥最大正能量。

4 月 5—7 日　清明节到孟津县踏青游春，后创作散文《春游孟津》。

4 月 20—30 日　受浙江省作家协会创作之家邀请，与妻子韩瑾荣到杭州参观修养。其间，参观游玩了西湖、胡雪岩故居、绍兴鲁迅故居、徐渭故居、沈园、岳庙、乌镇茅盾故居、石门镇丰子恺故居、杭州西溪湿地、钱塘新区、京杭大运河等处。

4 月 29 日　文论《马尔克斯：中国作家的启蒙者》发表于《今晚报》。

6 月 7—24 日　到西峡县桦树盘风景度假区度假，几乎全部是在感冒生病中度过。

6 月　中短篇小说集《明天的太阳》由河南人民出版社

出版。

按：这部小说集是河南省文学艺术界联合会编选的"河南省著名老作家、老艺术家丛书"的一种。这套丛书中其他作家的文集有：张一弓的《张一弓小说自选集》、段荃法的《段荃法小说选集》、老张斌的《老张斌小说自选集》、王绶青的《王绶青诗文选》、孙荪的《孙荪文论选》、卞卡的《走笔唱晚》等。

6月　短篇小说《五月》《椿谷谷》分别收入郑电波主编《中国乡土小说名作大系》第一卷中、第三卷下。

按：《中国乡土小说名作大系》共6卷，郑电波主编，中原农民出版社2014年6月出版。

7月12日至8月10日　在洛阳市嵩县木札岭避暑。其间以生病为主，主要是颈椎。其余时间打牌、看电影，写作时间不多。

9月21日　"偶然浮出几句诗：当我订阅的杂志无处插放的时候/我就会从人世离去/当我购买的书读不完的时候/我就会在地下腐烂/当我的思想渗入泥土的时候/我就不再有向往/我把激情留给消失的时光/埋进我的文字/我就会变成偶尔被人说起的故事/直到然后……然后……"

10月23日　文论《文学创作的魔力》发表于《河南日报》。30日，又发表于《文学报》。

10月　散文《我和〈奔流〉》发表于《时代报告·奔流》2014年第1期。

按：《奔流》的前身是创刊于1950年3月的《河南文艺》，

1957 年 1 月《河南文艺》改版更名为《奔流》，1966 年停刊，
1979 年复刊，1989 年年底再次停刊。

11 月 20—24 日　回唐河老家扫墓、探亲。

12 月 30 日　参加河南戏曲声音博物馆开馆仪式。听苏兰芳
演唱《桃花庵》窦氏一段。"唱得太好了！92 岁，嗓子依然嘹
亮，尤其板眼、韵味，令人十分感动。"

2015 年　75 岁

9 月 3 日，纪念中国人民抗日战争暨世界反法西斯战争胜利 70 周年大会和阅兵仪式举行。

1 月 23 日　读莫迪亚诺的小说《缓刑》。

1 月 29 日　参加河南省优秀图书评奖。

1 月　中篇小说《库尔喀拉之恋》及其创作谈《人性的万花筒》发表于《大观·东京文学》1 月上旬刊。"中篇小说《库尔喀拉之恋》是其即将面世的长篇小说当中的节选，这是一部带有自传体意味的小说，故事的男主人公以其在新疆农场工作的二哥为原型，描述了特殊年代知识分子的人生遭际，是田中禾先生酝酿多年的一部呕心之作。"①

2 月 8 日　看韩剧《明成皇后》。

3 月 28 日　参加孙方友《陈州笔记》研讨会。参会的作

---

① 张延文：《失语者的声音——评田中禾的〈库尔喀拉之恋〉》，《大观·东京文学》2015 年 1 月上旬刊。

家、学者主要有：南丁、田中禾、李佩甫、孙荪、周大新、刘庆邦、何向阳、何弘、刘海燕等。

3月　与张延文的对话录《边缘的价值——田中禾访谈录》发表于《莽原》第2期。

4月14日　"写到母亲的葬礼，悲情难禁。"

4月29日　散文《两宋绘画的画里画外》发表于《书法导报》，再刊于新疆《西部》第5期、《大观·书画家》第2期。

5月1日　短篇小说《断章》发表于伊犁州文联主办的《伊犁河》第3期。

6月10日　读冯友兰的《中国哲学简史》。"观点鲜明、视野开阔、学识扎实。""可以从中看到冯友兰当年的学识与风采，极大地改变了我对冯友兰的看法。"

6月21日至7月26日　与家人到嵩县木札岭避暑，读冯友兰的《中国哲学简史》及相关著作，写作正在进行中的长篇小说。

6月　哲学笔记《社会政治与个人自由》发表于唐河县内部交流刊物《石柱山》第6期。

7月9日　文论《纯情年代的歌：〈花儿与少年〉》发表于《文学报》。

9月8日　散文《戏外说"芦花"》发表于《河南日报》。

11月17日　"自髋关节出现异常，深感又老了一截，稍久坐必须起来活动，否则就腰疼，腰椎劳累沉重。"

12月1日　读《西方哲学史》。

12 月 15 日　读女儿张晓雪新近发表的写青海的一组诗。"读来令人感动、心动，作者是在用心灵的琴弦弹奏眼里的风景。"

12 月 17 日　在网上观看刘法印演唱《黄鹤楼》的视频。"听他唱腔已有气力破绽，但还是很过瘾，很亲切。"

散文《那年头，读书人那些事儿》发表于《文学报》。

12 月 29 日　参加南丁新作《半凋零》研讨会。与会的作家、学者主要有田中禾、李佩甫、张宇、何弘、乔叶等。认为《半凋零》从个人的记忆和视角出发，鲜活地记录了中原腹地作家、艺术家的奋斗与收获，描绘了河南文学发展沧海桑田的历史画卷。

按：《半凋零》是南丁于 2015 年 11 月在作家出版社出版的一部回忆性散文集，南丁在书中深情回忆了与河南省文艺界人士徐玉诺①、苏金伞、李蕤、常香玉、李佩甫、张宇、张一弓、乔典运、孙方友等人的交往，收录回忆田中禾的散文《浪漫的田中禾》。

是年 4 月　徐洪军编著《田中禾研究》由河南大学出版社

---

① 　徐玉诺（1894—1958），男，名言信，字玉诺，笔名红蟫，河南鲁山县人。1921 年毕业于河南省立第一师范学校。文学研究会成员，有十首诗歌、两篇小说分别收入《中国新文学大系·诗集》《中国新文学大系·小说一集》，受到鲁迅、茅盾、叶圣陶、郑振铎、闻一多等著名作家的关注和肯定，被著名学者刘增杰誉为"现代中原诗歌谱系第一人"。有《徐玉诺诗文辑存》（河南大学出版社 2008 年 8 月版）行世。

出版。这是全面展示田中禾研究成果的第一本史料汇编，"它汇集了田中禾本人的自述、创作谈5篇，文学对话2篇，访谈录2篇，印象记2篇，研究论文28篇，作品年表1则，研究资料索引1则"。在这本资料汇编的《编后记》中，徐洪军表达了这样一个观点："一个持续创作整整50年又成果丰硕的作家，其影响力却始终停留在本省以内，在全国性的批评界一直受到冷落，几乎没有产生什么影响。到底是哪里出了问题？是新时期的文学批评太过势利，还是作家本人的创作没有取得显著的突破？对这一问题的回答，不仅关乎对田中禾50年创作历程的公正评价，而且关乎对新时期以来中国文学批评生态的反思。"①

按：《田中禾研究》是程光炜、吴圣刚主编的"中原作家群研究资料丛刊"的一种，其他几种为：《白桦研究》《二月河研究》《李洱研究》《李佩甫研究》《刘庆邦研究》《刘震云研究》《墨白研究》《邵丽、乔叶、计文君研究》《阎连科研究》《张一弓研究》《张宇研究》《周大新研究》等。

本年度重要论文：

李勇：《追述历史的方式》，《大观·东京文学》2015年1月上旬刊。

刘海燕：《非主流作家：田中禾》，《大观·东京文学》2015年1月上旬刊。

---

① 徐洪军：《田中禾研究·编后记》，河南大学出版社，2015，第259页。

张延文：《失语者的声音——评田中禾的〈库尔喀拉之恋〉》，《大观·东京文学》2015年1月上旬刊。

李晓筝：《历史讲述：可靠与不可靠——论〈父亲和她们〉中叙事者的悖反性格》，《郑州大学学报（哲学社会科学版）》2015年第4期。

郭浩波：《阉割的主体：论田中禾长篇小说〈父亲和她们〉人物形象的文学史意义》，《山花》2015年第20期。

朱凌：《大地·母爱·诗意情怀——田中禾乡村生态世界中主题意象解析》，《中国现代文学论丛》2015年第2期。

2016 年　76 岁

1 月 3 日，国务院印发《关于整合城乡居民基本医疗保险制度的意见》，提出整合城镇居民基本医疗保险和新型农村合作医疗，建立统一的城乡居民基本医疗保险制度。

1 月 10 日　参加河南省小小说学会成立仪式。

张一弓去世后，在乔叶陪同下前去吊唁。

2 月 19—21 日　到开封看灯会，逛万岁山庙会，到登封卢崖看古村落。

3 月 27—28 日　与女儿张晓雪参加洛阳诗会。

5 月 15 日　到孟津县为古村落开发提意见。

6 月　散文《留在文化馆里的故事》发表于《河南公共文化》第 6 期。

7 月 26 日至 8 月 13 日　到嵩县木札岭避暑。

9 月 2 日　总结反思文学创作心得。"写作的过程很神奇，有时陷入迷茫，大脑一片空白，仿佛被清空的优盘；有时又会突然涌出故事，如泉水破土流出。"

9月4日　吊唁河南著名诗人马新朝。

10月2—4日　与家人到信阳市郝堂村度假。回到当年生活过的六里棚小湾村。"六里棚是我最不堪回首的地方，非常不愿重去旧地。"在小湾，田中禾见到了当年为他们一家提供帮助和保护的乡亲。"今日一会，心里很是温暖。""这场会面，冲淡了我对小湾屈辱、愤懑的记忆，唤回了当年曾经的美好。"

11月17日　到河南省文学院参加南丁追思会。

12月2日　散文《鱼和熊掌的困境》发表于《河南日报》，12月3日再刊于《今晚报》，12月15日又刊于《文学报》。

本年度重要论文：

石午强：《嬗变之路与新文学传统——田中禾小说创作谈》，《宿州教育学院学报》2016年第2期。

刘宏志：《叙事与经验——以田中禾的小说为例》，《平顶山学院学报》2016年第3期。

2017 年　77 岁

10 月 18—24 日，中国共产党第十九次全国代表大会举行。大会通过的报告《决胜全面建成小康社会　夺取新时代中国特色社会主义伟大胜利》，作出中国特色社会主义进入新时代、我国社会主要矛盾已经转化为人民日益增长的美好生活需要和不平衡不充分的发展之间的矛盾等重大政治论断，确立习近平新时代中国特色社会主义思想的历史地位，提出新时代坚持和发展中国特色社会主义的基本方略，确定决胜全面建成小康社会、开启全面建设社会主义现代化国家新征程的目标。大会通过《中国共产党章程（修正案）》，把习近平新时代中国特色社会主义思想同马克思列宁主义、毛泽东思想、邓小平理论、"三个代表"重要思想、科学发展观一道确立为党的指导思想并载入党章。

3 月 18 日　到洛阳荣宝斋看画展，参观私人龙门博物院。

4 月 26 日　读《田中禾研究》。"感觉编者很用心，大量阅读，有自己的看法，治学态度严谨，令人欣慰。"

5月12日 接到唐河县20世纪50年代农民作家李文元①外孙女电话，引发历史感慨。"这消息让我感叹唏嘘。当年李文元被划右派，流浪安徽，无钱医病，病死在枣阳车站。一家人受尽歧视和磨难。这一家人的经历，代表了两个时代的中国人生。"

6月23日 完成长篇小说《模糊》初稿。"转眼这本书写了六年。不知是怎样走过来的。写作使人忘记时间。"

6月24日 将《模糊》书稿发给李洱、邱华栋、施战军，"听听反应再说"。

7月10日 "像预感的那样，没东西写，心开始落寞、悒郁、病态。"

7月19日至8月5日 与家人到新疆旅游，游览了那拉提、巴音布鲁克、伊宁、赛里木湖、奎屯、额尔齐斯河、喀纳斯湖、布尔津等地。

8月7日 将《模糊》发《当代》主编孔令燕、《中国作家》主编王山。

8月17日 将《模糊》发作家出版社张亚丽、上海文艺出版社曹元勇。

---

① 李文元（1916—1974），男，河南唐河人，农民作家。20世纪50年代曾是河南省文联成员、河南省和中南行政区先进文艺工作者代表、中南区文联成员，出席全国青年作家代表大会。后被错划为"右派分子"，打成"现行反革命"。1974年年初病逝，1978年得到改正。代表作有中篇小说《婚事》、诗歌《鬼计》等。

9月4—8日　在南阳市参加戏曲评奖。

9月12日　江苏文艺出版社黄孝阳发合同，愿意出版《模糊》。

9月29日　与河南大学出版社张云鹏联系文集出版事宜，对方表示愿意出版。

10月4日　读罗素的《西方哲学简史》。

10月10日　"开始新长篇《娜娜》的创作，列故事提纲。"

11月3日　《花城》杂志朱燕玲有意发表《模糊》，但《中国作家》已确定在第12期发表。"不无遗憾。一切皆有定数吧。"

11月15日　《模糊》开始在《今晚报》连载，12月12日连载完毕。

12月8—9日　在驻马店市确山县老乐山风景区参加《奔流》60华诞庆典暨中国作家走进老乐山采风活动，并为《奔流》杂志编辑部举办的"第五届作家研修班"讲课。

12月9日　接黄孝阳微信，江苏文艺出版社出版《模糊》的选题未获江苏省新闻出版局批准。"黄很沮丧，除了道歉，还有'很茫然'。"

12月19日　与作家出版社商定《模糊》出版事宜。

12月23日　将作家出版社出版合同交邮局发出。邮递员说，"往北京发的邮件整顿，时间上会迟滞"，心生感慨。

12月29日　夜晚梦见母亲。"梦中回唐河，从电影院后坑小道沿护城河回家。看到妈妈在盖房，嘴里念着：'妈，你别激动，千万别激动。'抱着她的脸狠亲，哭出声来。猛醒过来，忽然想到该是母亲冥诞的日子了。起来查看万年历，果然，母亲1902年（癸卯）十一月十五出生，正是2017年元旦，115岁冥诞。"

按：该日日记对田琴生日记述有误，田琴生于1903年（癸卯兔年）农历十一月十五。

12月 长篇小说《模糊》发表于《中国作家》第12期。

本年度重要论文：

徐洪军：《田中禾文学年谱》，《东吴学术》2017年第4期。

2018 年　78 岁

1 月 2 日，中共中央、国务院印发《关于实施乡村振兴战略的意见》。

3 月 11 日，十三届全国人民代表大会第一次会议通过《中华人民共和国宪法修正案》。

1 月 17 日　与作家出版社秦悦讨论修改《模糊》书名，初定改为《塔特达里亚芦苇》。18 日又说："我还是喜欢《模糊》，不喜欢新起的书名，感觉有悖初衷。"

按："塔特达里亚芦苇"，命运之河里的芦苇。塔特达里亚，命运之河。2022 年 6 月 8 日，笔者与田中禾微信确认。

2 月 7 日　参加河南文艺出版社春宴。共同参加的河南作家主要有：田中禾、张宇、李佩甫、孙荪、乔叶、何弘、冯杰、墨白等。

2 月 22 日　参加云社郑州樱桃沟聚会。

2 月 27 日　"读石黑一雄，很失望。"3 月 5 日再读，"读不下去，本来对日本文风就不太喜欢"。

4月21—22日　在开封参加陈素真诞辰100周年纪念活动并作发言。

4月27日　在河南省人民会堂看纪念陈素真诞辰100周年祥符调演唱会。"总体感觉不错"，"气氛很好"，"说明陈派深得人心"。

4月29日　"晚上，沛、雷回来，打牌至深夜。"

按：在田中禾的晚年生活中，与家人一起打牌是很重要的一种娱乐方式。

5月22日　在信阳师范学院（现信阳师范大学）讲座，题目为《网络时代的读书》。23日与妻子到六里棚小湾探访当年的乡亲。

5月30日　阅读《长物志》，赞赏注者李瑞豪的学问。"通读《长物志》，惊叹编注者学问做得好，注疏、点评，可见博引博读。不相信出自38岁女孩之手。"

7月10日　"接秦悦微信，出版总署要中国作协拿意见申报，并要作者详细介绍。"

7月25—30日　与女儿张晓雪一起到三门峡市卢氏县参加奔流文学院成立仪式，参与作家下乡采风活动，见到李炳银、刘庆邦。

8月2日　读《世界简史》。

9月10日　看完电视剧《延禧攻略》。

9月13日　重启因编选、创作散文随笔集《同石斋札记》

而中断的长篇小说《娜娜》的创作。"这么好的小说怎么会鬼迷心窍被别人诱惑，中断创作？为别人的策划打乱了自己的步伐？一进入小说，心中马上浮起一句陶诗：觉今是而昨非。"

9月上旬 散文《读画随想：怪圈的背后》发表于《大观·东京文学》9月上旬刊。

9月28—30日 到荥阳市广武镇桃花峪参观云社拓片展，并作为评委观看县区级民营剧团红梅奖戏曲比赛。

10月9—27日 在驻马店市参加第八届黄河戏剧节第一阶段评奖活动，每天看戏两到三场，半个多月基本上全在看戏评戏中度过。

2018年参加第八届黄河戏剧节（主席台左起第三人为田中禾）

按：黄河戏剧节每两年举办一次，评出河南省最高专业戏剧奖项——黄河戏剧奖。第八届黄河戏剧节于2018年10月和

2019年7月分两个阶段在驻马店市举行。2018年10月是省、市院团的节目演出，2019年7月是县区级暨民营院团的节目演出。

10月26日 收到秦悦信息，《模糊》书号获批。

12月7日 "《模糊》清样发来，书名嫌拗口，决定用《模糊二哥野史》，简练点。"

12月8日 孙子张一鸣考上清华大学博士研究生，田中禾与家人回唐河给父母扫墓，"告慰先人"。

12月22—27日 因颈椎问题，在河南省中医院（河南中医药大学第二附属医院）住院。一般是上午在医院输液，下午在家写作。

2019 年　79 岁

10 月 1 日，庆祝中华人民共和国成立 70 周年大会在北京天安门广场隆重举行。

12 月，新冠疫情暴发，蔓延全球。根据世界卫生组织统计，截至 2021 年年底，全球因新冠疫情而不幸离世的人数近 1500 万。

1 月 7 日　观看石磊导演、徐俊霞①主演的陈派名剧《宇宙锋》。"传统音乐，非常过瘾。"

1 月 28 日　把《模糊》最后定稿，发给花城出版社朱燕玲。

2 月 5—7 日　全家人到太行大峡谷石板岩过春节。返程时心生感慨："年龄大了，今后不能再到山里过年，不能这么长途奔波。还是到城市，交通便利、设施完备的地方去住。"

---

①　徐俊霞（1971—　），女，河南信阳人，国家一级演员，中国戏剧梅花奖获得者，代表作品有《三上轿》等。

2月12日　读完《简明哲学导论》。

按：《简明哲学导论》，美国学者所罗门著，张卜天译，广西师范大学出版社2005年1月出版。

3月6日　与秦悦联系，得知《模糊》书号出了问题："没彻底放行。"

3月11日　与妻子到影院看电影《绿皮书》。

3月12日　开始写作系列随笔《谢菲尔德书简》。

3月14日　《文学报》选载《伏牛山笔记》二则。

3月18日　与大象出版社王刘纯联系，希望将《同石斋札记》丛书以五册出版，增加一册《痴者的谜语》，并将目录发去。

4月30日　与河南文艺出版社签订中篇小说集出版合同。

5月5日　《莽原》第3期重发中篇小说《轰炸》，并附刘海燕评论《一部经典，靠什么托起》。

6月14日　"体验老人晚年生活：吃、睡、坐，看看电视垃圾节目。没有任何事情需要处理，没有任何事情发生，没有任何内容……"

7月2—16日　在驻马店市参加第八届黄河戏剧节第二阶段评奖活动。

8月21日　为郑州大学文学院李勇新著《新世纪文学的河南映像》作序。

9月30日　大象出版社反馈，《同石斋札记》书稿在编委会上受到严格审查，"两本过关，三本遭忧疑"。10月1日，夜不能寐，阅读出版社审稿意见。2 日，书稿进行"重新编辑组合"。

10 月 22 日　读波兰女作家奥尔加·托卡尔丘克的作品，"没被吸引"。"想当年读显克微支的《灯塔看守人》，情境大不同。"

10 月　散文《回答所罗门》发表于《作家》第 10 期。

散文《伏牛山笔记：文明之外》发表于《钟山》长篇小说专号 B 卷。

11 月　文集《同石斋札记》四卷由大象出版社出版。

《同石斋札记》书影

按：四卷的书名分别是《落叶溪》《花儿与少年》《自然的诗性》《声色六章》。《落叶溪》完全保留了 1997 年河南文艺出版社版本的原貌，《花儿与少年》收录的主要是回忆性文章，分

"闲情短章""故园乡风""人在旅途""岁月留痕""花儿与少年"五部分，共收录75篇散文。《自然的诗性》主要是作者对文学、文化的思考，分"眺望丝绸之路——读《世界简史》""谢菲尔德书简""回答所罗门——一个东方人的哲学作业""淡说诺贝尔文学奖""书里书外""窗外风景——序五位北美华文女作家""文明的沉思""闲说写作"八个部分，共收录随笔、创作谈、序言等34篇。《声色六章》主要是作者对绘画、音乐、戏剧、戏曲、影视等艺术领域的思考，分"赏画""听音乐""说戏剧""谈豫剧""评影视""读艺思议"等六个部分，共收录43篇文章。

11月23日 "田中禾文学创作六十年暨《同石斋札记》

2019年田中禾文学创作六十年暨《同石斋札记》新书研讨会合影

新书研讨会"在郑州市弘润华夏大酒店举行。来自全国的知名学者、作家、评论家、编辑共 90 多人出席了研讨会，中国社会科学院学部委员陈众议、北京师范大学教授张清华、沈阳师范大学教授贺绍俊、南京大学教授王彬彬、《花城》杂志主编朱燕玲、《十月》杂志主编陈东捷、《作家》杂志主编宗仁发、《小说评论》主编李国平、《世界文学》主编高兴、郑州师范学院教授孙先科等在研讨会上作了发言。

河南省文联党组书记王守国在研讨会开幕式上致辞时表示，田中禾从高中出版第一部长篇诗歌，到年过七十之后依然佳作不断，取得了丰硕的成就，这份初心和赤子之情令人充满敬意。在担任河南文学艺术界领导期间，田中禾先生为河南文学事业的繁荣，为文学豫军的崛起做出了无可替代的重要贡献。

从 1959 年出版童话体叙事长诗《仙丹花》算起，到 2019 年出版四卷本文集《同石斋札记》，60 年间，田中禾笔耕不辍，创作了大量小说、诗歌、散文、随笔等优秀作品，先后获得全国优秀短篇小说奖和地方众多文学奖项。他以超前的创新意识和深湛的文学艺术修养，在表现时代风貌、反映社会生活、刻画人物形象的同时，又融入了自己对人性、历史、现实的深刻思考，给中国当代文坛留下深刻印象。

11 月 27 日　《中华读书报》发表舒晋瑜对田中禾的访谈文章《田中禾：没有人强迫给你的大脑植入芯片》。

12 月 5 日　散文《迷失与出走》发表于《文学报》。

12 月 10 日　"给《山西文学》题词，贺创刊七十周年。"

12 月 17 日　终止在作家出版社出版《模糊》的合同。

本年度重要论文：

张旭：《田中禾小说乡村书写研究》，河南师范大学 2019 年硕士学位论文。

墨白：《文学是人们修正自身的理想图像——读田中禾长篇小说〈父亲和她们〉》，《南腔北调》2019 年第 6 期。

张向辉：《模糊的人生，永恒的人性——谈〈塔特达里亚芦苇——模糊二哥的野史〉》，《南腔北调》2019 年第 9 期。

朱一帆：《纪实与虚构的双重交织——评〈塔特达里亚芦苇——模糊二哥的野史〉》，《南腔北调》2019 年第 9 期。

墨白：《田中禾先生的文学风雨路》，《中华读书报》2019 年 11 月 20 日第 3 版。

2020 年　80 岁

11 月 23 日，贵州省宣布剩余的 9 个贫困县退出贫困县序列。至此，我国 832 个贫困县全部脱贫。

1 月 25 日　正月初一，疫情严重，全家取消外出计划。

2 月 2 日　对新冠疫情表示强烈关注。

3 月 10 日　收到《大观·东京文学》样刊。"本期发了六篇研讨会文章。写得都很好，出自真诚，理解论述到位。"

按：《大观·东京文学》2020 年 2 月中旬刊发表了《田中禾作品短评六章》，作者分别为陈众议、舒晋瑜、李浩、汪漫、李敏、马新亚。

3 月 22 日　"木子播讲的《模糊》发来，一二十段录音，听了听，还不错。"

按：木子播讲的《模糊》在喜马拉雅平台播放。

4 月 23 日　读奥地利作家汉德克的长篇小说《缓慢的归乡》。

5 月 14 日　读爱因斯坦的《我的人生观》。

6月1日　规划小说创作。"有生之年酝酿把两部长篇写出来，能不能顺利出版并不重要，重要的是写出来。"

6月12日　接朱燕玲电话，花城出版社希望出版《模糊》。

7月9日　散文《爱因斯坦与贡贝尔事件》发表于《今晚报》。

7月31日　不愿在低沉的生命状态中度过，勉励自己保持激情。"这个庚子年上半年，感到自己老了、废了，既不想写作又不想看书。上午走走转转，下午睡睡躺躺，看看电视。对自己的状态很无奈。"8月14日勉励自己。"我忽然明白这种消沉仅仅是因为一部小说的结构没能成熟。故事虽有，不知如何下笔。写作的困顿期造成了这种无奈。我必须战胜它，相信肯定能战胜。当我在苦闷中彷徨时，我正在孕育一部重要作品。我一定能把它写出来，把它写好。"

8月22日　看电视剧《清平乐》。"片子制作得比较严肃。"

10月8日　因当年诺贝尔文学奖公布，评价网上列举的几位中国可能获奖的作家。"在所有这几位中，我认为只有阎连科有此实力，一方面他有丰富的想象力，批判的激情，另一方面又并非持不同政见，在国外持续有影响力。"

10月16日　参加郑州七中建校七十周年庆典，代表校友作了发言。

10月26日　阅读本年度诺贝尔文学奖得主格丽克的诗集《月光的合金》。

11月2日　《模糊》在花城出版社通过专家审读，"专家给予了高度好评"。

12月29日 听闻江苏凤凰文艺出版社黄孝阳去世，深感叹惋。"一个难得的正直、敬业、纯粹的文人。"

12月 长篇小说《模糊》由花城出版社出版。

按：从2017年9月初小说完成，到2020年12月正式出版，这部小说的出版过程经历了一些曲折。2017年9月2日，田中禾给笔者写信，基本可以判定这部小说的完成时间："洪军：开学忙吧？把新完成的长篇《模糊》发给你，在正式见刊之前，听听你的看法。田中禾。"从9月初完成，到12月初在《中国作家》第12期发表，这中间似乎还比较顺利。但是接下来单行本的出版就没那么简单了。书稿先是给了曾经出版过《十七岁》的江苏文艺

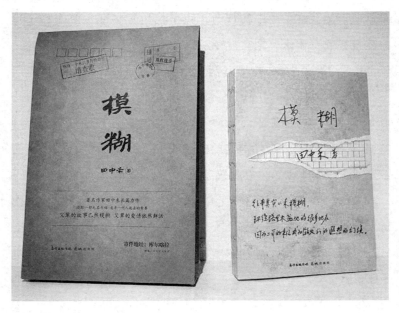

《模糊》书影

出版社，江苏省新闻出版局审核没有通过。而后又给了曾经出版过《父亲和她们》的作家出版社，在把书名改为《塔特达里亚芦苇》之后，审核依然没有通过。最后，书稿在作者手中放了三年多，才由花城出版社出版，名字也改回了《模糊》。

在回忆这部小说的创作动机和过程时，田中禾说："模糊，是我二哥的绰号。暗合着他的人生和他所经历的时代。书中故事和很多细节都来自真实的生活。如果说《十七岁》是心愿之作，《模糊》则是心结之作。写出《模糊》，是我毕生的安慰。为了把一个真实故事写出情趣，写出虚构效果，在结构上不得不花费颇多心思。"

"我到二哥当年生活的地方做了一次实地调查，从乌苏出发，翻越天山，绕着塔克拉玛干东沿走了一遭。书的后半部就是这次走访的产物。在瑰丽的自然风光里，一个遥远的故事与当下的生活联系在一起，人物的命运起伏、情感纠葛，人性异化的深层探微，就变成了大漠里的美丽传说。"[1]

本年度重要论文：

贺绍俊：《田中禾的"纯文学"》，《南腔北调》2020年第2期。

赵立功：《一个值得深入挖掘的文学宝矿》，《南腔北调》2020年第2期。

---

[1]　舒晋瑜：《田中禾：没有人强迫给你的大脑植入芯片》，《中华读书报》2019年11月27日第18版。

刘宏志：《历史延展中的人性呈现——谈田中禾长篇小说〈模糊〉中的人性叙述》，《中州大学学报》2020 年第 1 期。

张翼：《记忆的动机、途径与伦理——从〈十七岁〉到〈模糊〉》，《中州大学学报》2020 年第 1 期。

吕豪爽：《历史回望中的人性反思——读田中禾长篇小说〈父亲和她们〉》，《河北广播电视大学学报》2020 年第 1 期。

李少咏：《建构一种梦想的诗学——论田中禾的小说创作》，《南腔北调》2020 年第 3 期。

陈众议：《特殊的现场——评田中禾的两部近作》，《小说评论》2020 年第 2 期。

徐兆寿：《叩问中原：阅读田中禾作品有感》，《小说评论》2020 年第 2 期。

李勇：《作家与作家之外的田中禾》，《小说评论》2020 年第 2 期。

刘宏志：《从田中禾笔记小说〈落叶溪〉看电子媒介时代小说叙事的可能性》，《郑州大学学报（哲学社会科学版）》2020 年第 3 期。

孙先科：《"日常经验"的历史及其"还原"诗学——论田中禾小说的历史叙事》，《中国现代文学研究丛刊》2020 年第 7 期。

2021 年　81 岁

2 月 25 日，全国脱贫攻坚总结表彰大会在京举行，习近平总书记发表重要讲话，庄严宣告我国脱贫攻坚战取得了全面胜利。

7 月 1 日，庆祝中国共产党成立 100 周年大会在北京天安门广场隆重举行。

7 月 17—23 日，河南省遭遇历史罕见特大暴雨，发生严重洪涝灾害，特别是 7 月 20 日，郑州市遭受重大人员伤亡和财产损失。

1 月　随笔《当文学不再打动人心》发表于《世界文学》第 1 期。

2 月 1 日　夜，痛风发作。

3 月 11 日　对《模糊》的装帧设计感到新奇。"被这本书另类的装帧惊呆了。一个封套装着一本书，书脊裸露，似乎没有制作完成，真是一部书稿。装帧的别出心裁使它与众不同。

心中始终没太大喜悦，只是了却一件事。但'花城'这帮人确实值得尊敬、感谢。"

3月24日　完成河南大学博士研究生冯美的访谈。

按：访谈的题目是《田中禾：写作是自己的事，评价是别人的事》，发表于2021年4月2日花城微信公众号。

3月30—31日　回唐河老家给父母上坟。

5月14—15日　参加"《丰年之路》新书发布暨研讨会"。参会的作家、学者主要有：田中禾、墨白、陈众议、孙先科、李伟昉、高兴、朱燕玲、宗仁发等。

5月　散文《书成偶得》发表于《大观·东京文学》5月中旬刊。

7月11日　《同石斋札记》获河南省第七届文学艺术优秀成果奖。

本年度重要论文：

刘宏志：《"民族的现代派"与当代作家的叙事维度——从田中禾的小说谈起》，《南腔北调》2021年第4期。

2022 年　82 岁

10 月 16—22 日，中国共产党第二十次全国代表大会在北京召开。

12 月 7 日，国务院联防联控机制综合组公布《关于进一步优化落实新冠肺炎疫情防控措施的通知》。"新十条"打破了跨地区人员流动的限制，要求对于跨地区流动人员不再查验核酸检测阴性证明和健康码，不再开展落地检；要求除养老院、中小学等特殊场所外，不再查验核酸阴性证明，不再查验健康码和行程码；明确无症状感染者和轻型病例一般采取居家隔离。

1 月　长篇小说《十七岁》由花城出版社再版。

《十七岁》封面

本年度重要论文：

朱颖颖：《论田中禾作品中的母性崇拜意识》，《南腔北调》2022 年第 1 期。

陈茜：《论田中禾〈模糊〉的叙事艺术》，《南腔北调》2022 年第 1 期。

杨文臣：《大地上的苦难与诗意——田中禾乡土小说创作综论》，《周口师范学院学报》2022 年第 3 期。

2023 年　83 岁

3 月　散文《我与家乡的塔》发表于《雨花》第 3 期。

4 月　《模糊》申报第十一届茅盾文学奖。

5 月　回唐河老家时感染新冠病毒。

7 月 25 日　因感染新冠病毒引发肺气肿基础病在郑州逝世。生前遗嘱："不举行任何告别、悼念仪式，不举办任何纪念会、追思会，不发讣告。"

按：田中禾去世后，诸多亲友发文纪念，其中著名作家墨白接连发表了四篇纪念文章：《六十四载风雨文学路——纪念作家田中禾先生》（《郑州日报》7 月 30 日）、《到阳光里去》（《河南日报》8 月 3 日）、《忘年长久成兄弟——纪念田中禾先生》（《中华读书报》8 月 9 日）、《一位具有傲骨和探索精神的作家——纪念田中禾先生》（《文艺报》8 月 11 日）。

10 月　散文《我与家乡的戏》《我与家乡的河》以《田中禾散文二题》为题发表于《人民文学》第 10 期。

按一："生命的最后时光写的。本来要完成家乡全回忆系

列，仅写出三篇。"（张晓雪）

按二：另一篇指是年 3 月发表于《雨花》第 3 期的《我与家乡的塔》。

参考资料

一、作品

田中禾：《月亮走我也走》，作家出版社，1993年。

田中禾：《匪首》，上海文艺出版社，1994年。

田中禾：《印象》，上海文艺出版社，1996年。

田中禾：《落叶溪》，河南文艺出版社，1997年。

田中禾：《轰炸——田中禾中短篇小说自选集》，华夏出版社，1997年。

田中禾：《田中禾小说自选集》，河南文艺出版社，1998年。

田中禾：《故园一棵树》，海燕出版社，2001年。

田中禾：《父亲和她们》，作家出版社，2010年。

田中禾：《十七岁》，江苏文艺出版社，2011年。

田中禾：《在自己心中迷失》，河南大学出版社，2012年。

田中禾：《明天的太阳》，河南人民出版社，2014年。

田中禾：《同石斋札记》（4卷），大象出版社，2019 年。

田中禾：《模糊》，花城出版社，2020 年。

田中禾：《十七岁》，花城出版社，2022 年。

二、日记

田中禾 1972 年 8—10 月、1977 年下半年、1978—1979 年、1983—2020 年、2021 年上半年日记。

三、著作

洪子诚：《中国当代文学史》，北京大学出版社，1999 年。

南丁：《经七路 34 号》，河南文艺出版社，2017 年。

四、史料

河南省作家协会编《河南作家通讯》，1982—1984 年、1985 年、1988 年、1992—1996 年、2000 年、2001 年。

中国作家协会山西分会编《首届黄河笔会文集》。

中国作家协会河南分会编《二届黄河笔会文集》。

中国作协河南分会编印《河南作家出版著作目录》，1988 年。

唐河县地方史志编纂委员会编《唐河县志》，中州古籍出版社，1993 年。

李允豹主编《河南新文学大系·史料卷》，河南大学出版社，1996 年。

徐达深、张树军、蒋建农主编《中华人民共和国六十年实录》（全 10 册），吉林人民出版社，2009 年。

徐洪军：《田中禾研究》，河南大学出版社，2015 年。

附录一　田中禾创作年表

按：该年表由田中禾先生女儿、著名诗人张晓雪老师于
2023 年 9 月 10 日提供，笔者进行了补充、删减、核对、考证和
校订。根据编辑需要，所有作品依据"小说""诗""散文、随
笔、杂文""故事""报告文学""文论、访谈、对话、创作谈"
等分类并排序，每类作品内部依发表时间排序。另外，依据文
学史分类惯例，小说只标明长、中、短篇，"小小说""微型小
说"按照"短篇小说"处理。特此说明。

1959 年

诗

《仙丹花》（长篇童话叙事诗），河南人民出版社 1959 年 5 月
初版，1960 年 5 月再版；收入《河南十年儿童文学选（1949—
1959）》（河南人民出版社 1961 年 7 月出版）和《唐河县文艺作
品选（1949—1979）》（唐河县文化馆 1979 年，内部资料）。

1960 年

诗

《公社雨》，《宁夏文艺》1960 年 5 月号；

《儿童诗二首》，《甘肃文艺》1960 年第 6 期。

散文、随笔、杂文

《社会主义的晨歌》，《广西文艺》1960 年第 10 期。

文论、访谈、对话、创作谈

《工人阶级的创业史》，《甘肃文艺》1960 年第 12 期。

1980 年

散文、随笔、杂文

《遗老与西崽》，《河南日报》1980 年 7 月 23 日。

1981 年

诗

《鲁迅故居诗抄》（三首），《洛神》1981 年第 3 期；

《彩色的石子》，《郑州晚报》1981 年 8 月 12 日；

《书包里，装着火》，《河南日报》1981 年 8 月 22 日；

《鲁迅的眼睛》，《人民日报》1981 年 9 月 10 日；

《我是中国人》，《郑州晚报》1981 年 11 月 17 日。

散文、随笔、杂文

《嫦娥与维那斯》，《工人日报》1981 年 7 月 13 日；

《文明小议》，《河南日报》1981 年 10 月 29 日。

1982 年

小说

《二号位》（短篇小说），《郑州晚报》1982 年 4 月 23 日；

《小县里的新闻人物》（短篇小说），《百花园》1982 年第 4 期；

《玉鸽》（短篇小说），《百花园》1982 年第 5 期；

《梦，在晨曦里消散》（短篇小说），《躬耕》1982 年 7—8 月合刊；

《一点梅落网》（短篇小说），《群众文化》1982 年第 8 期；

《梧桐院》（短篇小说），《躬耕》1982 年第 5 期；

《静夜思》（短篇小说），《百花园》1982 年第 11 期；

《明天，我怎样走》（短篇小说），《郑州晚报》1982 年 12 月 29 日。

1983 年

诗

《珠贝的项链》，《广州文艺》1983 年第 11 期。

小说

《一棵树，两棵树……》（短篇小说），《躬耕》1983 年第 2 期；

《两垄麦》（短篇小说），《百花园》1983 年第 3 期；

《遥远的彼岸》（短篇小说），《百花园》1983 年第 7 期；

《月亮走，我也走》（短篇小说），《当代》1983 年第 4 期。

1984 年

诗

《小手拖》，《广州文艺》1984 年第 4 期；

《泉州湾·日湖塔》，《广州文艺》1984 年第 5 期。

小说

《秋水》（短篇小说），《百花园》1984 年第 2 期。

1985 年

小说

《槐影》（短篇小说），《上海文学》1985 年第 1 期；

《嫩伢儿》（短篇小说），《广州文艺》1985 年第 1 期；

《小小一片云》（短篇小说），《躬耕》1985 年第 2 期；

《五月》（短篇小说），《山西文学》1985 年第 5 期；

《伐柯》（短篇小说），《小说天地》1985 年第 7 期；

《山这边》（短篇小说），《奔流》1985 年第 10 期；

《剑峰之雾》（中篇小说），《百花园》1985 年第 10 期；

《无花泉》（中篇小说），《莽原》1985 年第 6 期。

文论、访谈、对话、创作谈

《简论巴尔扎克对理想形象的塑造》，《文学论丛》（第四辑）；

《我写〈五月〉》，《河南农民报》1985 年 9 月 12 日。

1986 年

小说

《泥路》（短篇小说），《躬耕》1986 年第 2 期；

《春日》（短篇小说），《奔流》1986 年第 3 期；

《椿谷谷》（短篇小说），《奔流》1986 年第 7 期；

《秋天》（中篇小说），《山西文学》1986 年第 10 期；

《河滩》（短篇小说），《躬耕》1986 年第 6 期。

报告文学

《爱的事业》，《河南日报》1986 年 4 月 11 日。

文论、访谈、对话、创作谈

《我写〈五月〉》，《文学知识》1986 年第 4 期；

《我的文学梦》，《莽原》1986 年第 4 期；

《面临痛苦的抉择》，《郑州晚报》1986 年 10 月 5 日；

《文学的乡土性、哲理性、世界性思考》，《奔流》1986 年
第 12 期。

1987 年

小说

《娃娃川》（短篇小说），《奔流》1987 年第 6 期；

《莲妮儿》（短篇小说），《洛神》1987 年第 10 期；

《金灯之梦》（中篇传奇小说），《冰凌花》总第 46 期；

《落叶溪》（系列短篇小说五题，包括《玻璃奶》《人头李》

《米汤姑》《周相公》《八姨》），《上海文学》1987年第12期。

散文、随笔、杂文

《炼狱十八年点滴》，《热流》1987年第1期；

《花儿与少年以及春天》，《青年导报》1987年8月21日。

1988 年

小说

《落叶溪》（二题）（包括《罂粟》《霍八爷》），《北京文学》1988年第7期；

《最后一场秋雨》（短篇小说），《人民文学》1988年第12期。

散文、随笔、杂文

《母亲三章》，《河南教育》1988年第3期。

报告文学

《河南劳工之歌》，《河南农民报》1988年3月8日。

1989 年

小说

《枸桃树》（中篇小说），《十月》1989年第1期；

《南风》（中篇小说），《当代》1989年第1期；

《流火》（中篇小说），《莽原》1989年第2期；

《鬼节》（短篇小说），《当代作家》1989年第2期；

《明天的太阳》（中篇小说），《上海文学》1989年第6期。

散文、随笔、杂文

《"小垫窝"的艺术与人——悼念豫剧沙河调表演艺术家刘法印》,《河南戏剧》1989 年第 4 期;

《饥饿的一课》,《青年导报》1989 年 6 月 9 日。

文论、访谈、对话、创作谈

《倾听历史车轮下人性的呻吟》,《莽原》1989 年第 2 期;

《你不必太在意,也不必……》,《中篇小说选刊》1989 年第 3 期;

《相信未来》,《中篇小说选刊》1989 年第 6 期;

《在历史与人性的切点上观照乡土》,《山西文学》1989 年第 12 期。

1990 年

诗

《不曾寄出的蔷薇》,《大河》诗刊 1990 年第 2 期。

小说

《坟地》(中篇小说),《当代》1990 年第 1 期;

《河滩》(短篇小说),《莽原》1990 年第 1 期;

《青草地》(短篇小说),《莽原》1990 年第 1 期;

《落叶溪》(二题)(包括《呱哒》《画匠李》),《当代小说》1990 年第 9 期;

《轰炸》(中篇小说),《收获》1990 年第 5 期;

《梧桐院》(短篇小说),《火花》1990 年第 10 期;

《落叶溪》（四题）（包括《椿树的记忆》《花表姊》《绿门》《兰云》），《上海文学》1990 年第 11 期；

《草泽篇》（中篇小说），《人民文学》1990 年第 12 期。

散文、随笔、杂文

《却说布莱希特》，《河南读书报》1990 年第 1 期。

1991 年

小说

《元亨号和石义德商行》（中篇小说），《当代作家》1991 年第 1 期；

《落叶溪（三题）》（包括《虞美人》《鲁气三》《夹竹桃》），《人民文学》1991 年第 6 期。

散文、随笔、杂文

《猜猜看：九十年代的中国文学》，《南阳日报》1991 年 2 月 2 日；

《梦中的妈妈》，《妇女生活》1991 年第 2 期；

《汴京之幻》，《东京文学》1991 年第 5 期；

《面对世纪之末》，《中国青年报》1991 年 11 月 2 日。

文论、访谈、对话、创作谈

《短篇小说与门杰海绵》，《山西文学》1991 年第 8 期。

1992 年

小说

《天界》（中篇小说），《小说家》1992 年第 1 期；

《落花溪》（三题）（包括《二度梅》《吕连生》《第一任续姐》），《天津文学》1992 年第 2 期；

《一元复始》（中篇小说），《莽原》1992 年第 2 期；

《城郭》（长篇小说），《花城》1992 年第 3 期；

《落叶溪（三题）》（包括《祠堂印象》《马粪李村》《缠河》），《热风》1992 年创刊号；

《印象》（中篇小说），《小说家》1992 年第 6 期。

散文、随笔、杂文

《业兮余兮》，《作家与企业家纪实》1992 年第 1 期；

《我心中的泗洲塔》，《南阳日报》1992 年 4 月 19 日；

《人和树叶》，《江苏健康报》1992 年 7 月 19 日。

文论、访谈、对话、创作谈

《面对世纪末的中原文学》，《时代青年》1992 年第 1 期；

《就〈落叶溪〉答朋友问》，《南阳日报》1992 年 10 月 28 日。

1993 年

小说

《落叶溪》（二题）（包括《马粪李村》《缠河》），台湾《联合报》1993 年 2 月 1 日；

《落叶溪》（二题）（包括《上吊》《投河》），《山西文学》1993年第2期；

《落叶溪（二题）》（包括《石印馆》《牌坊街三绝》），《中国作家》1993年第2期；

《一样的月光》（中篇小说），《黄河》1993年第2期；

《落叶溪》（二题）（包括《石榴姊妹》《马氏兄弟》），《天津文学》1993年第7期；

《月亮走我也走》（中短篇小说集），作家出版社1993年7月；

《落叶溪二题》（包括《疟疾的记忆》《疥疮·马伕·茶叶店》），《钟山》1993年第5期。

散文、随笔、杂文

《为鲜活的你积存美好》，《人生与伴侣》1993年第2期；

《女人——永不厌倦的话题》，《文化艺术报》1993年3月8日；

《人世留给我什么》，《江南晚报》1993年4月16日；

《青春的放逐》，《青年导报》1993年4月20日；

《长大以后》，《中州统战》1993年第6期；

《在自己心中迷失》，《小说家》1993年第4期；

《让好奇心深入精彩的世界》，收入《名作家忆童年作文》（弘征、孙健忠主编），湖南师范大学出版社1993年8月；

《在绅士的客厅里聊天》，《世界文学》1993年第6期；

该年发表的散文还有：《寄给冰川纪前的情人》（《群众文

艺》1993 年 5—6 月)、《走出愚昧》(《文学报》1993 年)。

按：上述两篇散文无法确定确切刊期，故置于末。

文论、访谈、对话、创作谈

《鸡年文学走向》，《南阳日报》1993 年 1 月 17 日；

《1993：文学热点话题》，《河南日报》1993 年 2 月 8 日；

《人性与写实》(与墨白对话录)，《文学自由谈》1993 年第 2 期；

《真诚的心灵的声音》，《郑州晚报》1993 年 5 月 20 日；

《作品的定位和文学的三个领域——创作通信》，《小说家》1993 年第 5 期。

1994 年

诗

《三亚之旅》，《鹿回头》1994 年第 1 期。

小说

《匪首》(长篇小说)，上海文艺出版社 1994 年 2 月；

《落叶溪二题》(包括《普济大药房》《钟表店》)，《天津文学》1994 年第 4 期；

《浪漫种子》(中篇小说)，《莽原》1994 年第 4 期。

散文、随笔、杂文

《我和〈百花园〉》，《百花园》1994 年第 2 期；

《高雅而潇洒的遁逃》，《随笔》1994 年第 3 期；

《为了梦中的橄榄树》，《公安月刊》1994 年第 8 期。

1995 年

小说

《徐家磨坊》（短篇小说），《文学世界》1995 年第 1 期。

散文、随笔、杂文

《享受人生》（三题），《金潮》1995 年第 3 期；

《花儿与少年以及春天》，《热风》1995 年第 6 期；

《油罐和羊》，《大河报》1995 年 7 月 26 日；

《说东道西》，《随笔》1995 年第 4 期；

《常给自己讲讲童话》，《大河报》1995 年 8 月 11 日；

《武则天随想》（二题），《郑州晚报》1995 年 8 月 15 日；

《美和年轻的要诀：保护你的好心情》，《美与时代》1995
年第 9 期；

《钟摆·树叶·人性的磁极》，《随笔》1995 年第 6 期。

文论、访谈、对话、创作谈

《文学与人的素质》（与何向阳对话），《文学世界》1995 年
第 1 期；

《超级玛莉的历险——〈匪首〉创作札记》，《小说评论》
1995 年第 1 期；

《莴笋搭成的白塔》，《人民文学》1995 年第 10 期；

《更自觉地追求审美价值——关于长篇小说〈匪首〉的对
话》（与孙荪对话），《河南日报》1995 年 12 月 22 日。

1996 年

小说

《印象》（中短篇小说集），上海文艺出版社 1996 年 1 月；

《杀人体验》（短篇小说），《人民文学》1996 年第 3 期；

《不明夜访者》（短篇小说），《天津文学》1996 年第 4 期；

《诺迈德的小说》（短篇小说），《莽原》1996 年第 3 期；

《姐姐的村庄》（短篇小说），《山西文学》1996 年第 11 期。

散文、随笔、杂文

《青春，一个梦的诱惑》，《妇女生活》1996 年第 1 期；

《母亲和年》，《武汉晚报》1996 年 3 月 21 日；

《春天的思念》，《大河报》1996 年 5 月 8 日；

《读音乐（二题）》，《随笔》1996 年第 4 期；

《一个孩子对一个老人的记忆》，《热风》1996 年第 11 期。

文论、访谈、对话、创作谈

《任怪圈继续旋转——现实主义的当下命运》，《时代文学》1996 年第 2 期；

《在沉静中突围》，《人民日报》1996 年 4 月 4 日；

《罪恶·苦难·力量》，《中华读书报》1996 年 4 月 17 日；

《精神与现实的对策》，《文艺报》1996 年 5 月 17 日；

《乡村：原生态的文化标本》，《山西文学》1996 年第 11 期。

1997 年

小说

《落叶溪》（散文体小说集），河南文艺出版社 1997 年 5 月；

《轰炸》（中短篇小说集），华夏出版社 1997 年 8 月。

散文、随笔、杂文

《故园一棵树》，《郑州晚报》1997 年 1 月 2 日；

《融入尘世》，《都市》1997 年第 5 期。

1998 年

小说

《田中禾小说自选集》，河南文艺出版社 1998 年 9 月。

散文、随笔、杂文

《书斋二题》，《河南工人报》1998 年 4 月 13 日；

《博尔塔拉》，《绿洲》1998 年第 2 期；

《一读诗翁三吟哦》，《河南日报》1998 年 6 月 26 日；

《二战中欧洲的王宝钏》（署名"祁华"），《河南戏剧》1998 年第 4 期；

《丰子恺的奇闻和大江健三郎的趣事》，《书摘》1998 年第 11 期；

文论、访谈、对话、创作谈

《获诺贝尔文学奖的戏剧家》，《河南戏剧》1998 年第 3 期；

《写作与激情》，《四川文学》1998 年第 8 期；

《重读苏金伞》，《莽原》1998 年第 6 期；

《纯粹的过程》，《散文选刊》1998 年第 12 期。

1999 年

小说

《进入》（中篇小说），《中国作家》1999 年第 1 期；

《白色心迹》（中篇小说），《莽原》1999 年第 2 期；

《外祖父的棺材和外祖母的驴子》（中篇小说），《人民文学》1999 年第 4 期；

《出世记》（短篇小说），《上海文学》1999 年第 8 期；

《1944 年的枣和谷子》（中篇小说），《钟山》1999 年第 6 期。

散文、随笔、杂文

《三仙姑搽粉的话题》，《文艺报》1999 年 4 月 27 日；

《"角色"和"我"》，《公安月刊》1999 年第 5 期。

2000 年

小说

《亲人》（二题）（短篇小说），《小说家》2000 年第 3 期；

《六姑娘的婚事》（中篇小说），《绿洲》2000 年第 5 期；

《倏忽远行：我在某一日的列车上》（中篇小说），《莽原》2000 年第 5 期。

散文、随笔、杂文

《美术与文学》（六篇），《莽原》2000 年第 1—6 期；

《独自远行》，《中学生阅读》2000 年第 4 期；

《准备好你的客栈》，《散文选刊》2000 年第 4 期；

《在生命的链条上永恒》，《人生》2000 年第 8 期。

故事

《咱县的城标》，《故事会》2000 年第 3 期。

2001 年

散文、随笔、杂文

《造访马克·吐温》，《热风》2001 年第 2 期；

《故园一棵树》（忆语体文丛），海燕出版社 2001 年 3 月；

《照顾好自己》，《公安月刊》2001 年第 5 期；

《掌门人导语》，收入《平民百姓的宴席情结》，学苑出版社 2001 年 10 月；

《为青春作序》，《大河报》2002 年 11 月 19 日；

《从〈沙恭达罗〉〉到〈第二十二条军规〉》，《世界文学》2001 年第 6 期。

文论、访谈、对话、创作谈

《圈外说戏——关于振兴豫剧》，《东方艺术》2001 年第 3 期；

《好日子　坏日子——读戴来的〈将日子折腾到底〉》，《青春阅读》2001 年第 10 期；

《诗情——散文的灵魂》，《散文选刊》2001 年第 10 期。

2002 年

小说

《黄昏的霓虹灯》（短篇小说），《青春阅读》2002 年第 6 期。

散文、随笔、杂文

《关外洋芋》，《散文》2002 年第 6 期；

《南阳牌枚》，《湘泉之友报》2002 年 7 月 11 日；

《为田敏喝彩》，《南腔北调》2002 年第 11 期；

《关于礼仪之邦之瞒和骗》，《随笔》2002 年第 5 期。

2003 年

小说

《来运儿，好运！》（中篇小说），《长城》2003 年第 2 期；

《小车庄》（短篇小说），《牡丹》2003 年第 5 期；

《诗人的诞生》（中篇小说），《莽原》2003 年第 6 期。

散文、随笔、杂文

《传播豫剧经典的人》，《大河报》2003 年 1 月 13 日；

《美丽垃圾》，《文学报》2003 年 1 月 23 日；

《眷念皇帝》，《随笔》2003 年第 2 期；

《欲说忘言看中岳》，《嵩山风》2003 第 1 期。

文论、访谈、对话、创作谈

《樊粹庭的启示——读〈樊戏研究〉》，《大河报》2003 年 12 月 3 日。

2004 年

小说

《第一次远行》（短篇小说），《躬耕》2004 年第 7 期。

散文、随笔、杂文

《因智慧而幸福》，《大河报》2004 年 2 月 10 日；

《艺苑跋涉者的足迹》，《河南新闻出版报》2004 年 2 月 20 日；

《没什么大不了的》，《大河报》2004 年 2 月 27 日；

《永远的家园梦》，《大河报》2004 年 3 月 9 日；

《凭吊我的自行车》，《今晚报》2004 年 4 月 25 日；

《关于诚和信》，《随笔》2004 年第 4 期；

《深闺识秀》，《大河报》2004 年 11 月 30 日；

《上海编辑》，收入《上海印象》（上海市作家协会编），上海文艺出版社 2004 年 12 月。

文论、访谈、对话、创作谈

《理性与爱心的灵光——读简宛〈从东方到西方〉》，《大河报》2004 年 1 月 6 日；

《"女强人"的古典情怀——王娟〈方寸之间〉》，《大河报》2004 年 1 月 13 日。

2005 年

散文、随笔、杂文

《修道院纪事：我的书房》，《上海新书报》2005 年 1 月 21 日；

《张择端与老勃鲁盖尔》，《世界文学》2005 年第 1 期；

《抽象的发现》，《平顶山矿工报》2005 年 3 月 4 日；

《李唐与荷加斯》，《世界文学》2005 年第 2 期；

《梁楷与莫奈》，《世界文学》2005 年第 3 期；

《倪瓒与高更》，《世界文学》2005 年第 4 期；

《吴镇与莫迪里阿尼》，《世界文学》2005 年第 5 期；

《徐文长与凡·高》，《世界文学》2005 年第 6 期。

文论、访谈、对话、创作谈

《为墨白描白》，《文学报》2005 年 9 月 8 日。

2006 年

散文、随笔、杂文

《窗外风景》，《莽原》2006 年第 5 期；

《走过阿坝（二题）》，《四川文学》（上半月）2006 年第 10 期。

文论、访谈、对话、创作谈

《写作：自由与理性的互动》，《作文指导报》（高中版）2006 年第 11 期；

《在快乐中忧思——读陈峻峰》，《大河报》2006 年 12 月

14 日。

2007 年

小说

《进步的田琴》（中篇小说），《作品》2007 年第 4 期。

散文、随笔、杂文

《遥看草色》，《大河报》2007 年 3 月 7 日；

《人生的色调》，《大河报》2007 年 3 月 13 日。

文论、访谈、对话、创作谈

《选好你的角度》，《中学生阅读（初中版）》2007 年第 1 期；

《美景处处在，只待留心人》，《中学生阅读（初中版）》2007 年第 2 期；

《一个小故事的结构和悬念》，《中学生阅读（初中版）》2007 年第 3 期；

《好文章的开头》，《中学生阅读（初中版）》2007 年第 4 期；

《个人——文学至高无上的主人公》，《作品》2007 年第 4 期；

《好结尾使文章生辉》，《中学生阅读（初中版）》2007 年第 5 期；

《写文章就是文雅、艺术地说话》，《中学生阅读（初中版）》2007 年第 6 期。

2008 年

小说

《何家沟的星星》（短篇小说），《天津文学》2008 年第 7 期；

《姐姐的村庄》（短篇小说），《莽原》2008 年第 5 期。

散文、随笔、杂文

《贝·布托死了，如果……》，《大河报》2008 年 1 月 2 日，《今晚报》2008 年 1 月 3 日；

《故乡的年》，《大河报》2008 年 1 月 23 日；

《童谣中的年》，《大河报》2008 年 1 月 24 日；

《走亲戚》，《大河报》2008 年 1 月 25 日；

《年集》，《大河报》2008 年 1 月 28 日；

《中国年和中国神》，《大河报》2008 年 1 月 29 日；

《玩故事》，《大河报》2008 年 1 月 30 日；

《十五的柏枝桥》，《大河报》2008 年 1 月 31 日；

《1978：历史的瞬间》，《随笔》2008 年第 4 期；

《让经典融入现代》，《大河报》2008 年 9 月 17 日。

文论、访谈、对话、创作谈

《诗歌应该拨动人性的琴弦》，《大河报》2008 年 10 月 8 日。

2009 年

散文、随笔、杂文

《九莲三奇》,《大河报》2009 年 8 月 7 日,《今晚报》2009
年 8 月 8 日;

《坝上月色》,《大河报》2009 年 8 月 11 日。

2010 年

小说

《十七岁》(长篇小说),《中国作家》2010 年第 2 期;

《二十世纪的爱情》(长篇小说),《十月·长篇小说》2010
年第 2 期;

《父亲和她们》(长篇小说),作家出版社 2010 年 8 月;

《父亲和她们》(长篇小说),《长篇小说选刊》2010 年第 6
期转载。

散文、随笔、杂文

《颍河的精灵——漫说孙方友》,《时代文学》(上半月刊)
2010 年第 5 期;

《人世留给我什么》,《今晚报》2010 年 8 月 7 日;

《山楂树下的絮语》,《大河报》2010 年 10 月 13 日,《今晚
报》2010 年 10 月 15 日;

《向往纯粹》,《大河报》2010 年 11 月 29 日,《文学报》
2010 年 12 月 23 日。

文论、访谈、对话、创作谈

《当我们老了，当我们谈论爱情》，《中国文学》（半月刊）2010 年第 8 期；

《小说的精神世界——关于田中禾长篇新作〈父亲和她们〉的对话》（与墨白对话），《文学报》2010 年 10 月 14 日；

《奴性是怎样炼成的》，《长篇小说选刊》2010 年第 6 期；

《墨白的近景与远景》，《阳光》2010 年第 12 期。

2011 年

小说

《十七岁》（长篇小说），江苏文艺出版社 2011 年 3 月。

散文、随笔、杂文

《小圈子与大众 ——关于艺术的未来》，《随笔》2011 年第 4 期。

2012 年

小说

《木匠之死》（短篇小说），《东京文学》2012 年 3 月刊。

散文、随笔、杂文

《在自己心中迷失》（散文随笔集），河南大学出版社 2012 年 3 月；

《王屋悟山》，《大河报》2012 年 9 月 11 日，《今晚报》2012 年 9 月 15 日；

《从三岛由纪夫到石原慎太郎》，《大河报》2012 年 9 月 21 日；

《济渎悟水》，《大河报》2012 年 9 月 26 日，《今晚报》2012 年 10 月 1 日，《文学报》2012 年 10 月 25 日；

《令人感动的寻根之旅》，《大河报》2012 年 10 月 29 日；

《西行日记：岁月深处的寻找》，《绿洲》2012 年第 6 期。

文论、访谈、对话、创作谈

《以人性之光烛照历史——写在〈木匠之死〉之后》，《东京文学》2012 年 3 月刊；

《在文本现场自由行走——田中禾访谈录》（与苗梅玲对话），《东京文学》2012 年 3 月刊；

《二十一世纪我在怎样生活？——自述》，《小说评论》2012 年第 2 期；

《在人性的困境中发现价值与美——田中禾访谈录》（与李勇对话），《小说评论》2012 年第 2 期；

《重读〈五月〉》，《今晚报》2012 年 4 月 19 日。

2013 年

散文、随笔、杂文

《从莫言获得诺贝尔文学奖谈起》，《躬耕》2013 年第 1 期；

《踏青戴柳话清明》，《文学报》2013 年 4 月 4 日；

《一个人的主义——"新古典主义"对中国当代戏曲的意义》，《艺术评论》2013 年第 8 期；

《从 21 世纪的诺贝尔文学奖说起》，《文学报》2013 年 10 月 31 日。

2014 年

小说

《明天的太阳》（中短篇小说集），河南人民出版社 2014 年 6 月。

散文、随笔、杂文

《我和〈奔流〉》，《时代报告·奔流》2014 年第 1 期。

文论、访谈、对话、创作谈

《马尔克斯：中国作家的启蒙者》，《今晚报》2014 年 4 月 29 日；

《文学创作的魔力》，《河南日报》2014 年 10 月 23 日，《文学报》2014 年 10 月 30 日。

2015 年

小说

《库尔喀拉之恋》（中篇小说），《大观·东京文学》2015 年 1 月上旬刊；

《断章》（短篇小说），《伊犁河》2015 年第 3 期。

散文、随笔、杂文

《两宋绘画的画里画外》，《书法导报》2015 年 4 月 29 日，《西部》2015 年第 5 期，《大观·书画家》2015 年第 2 期；

《社会政治与个人自由》（哲学笔记），唐河《石柱山》2015 年第 6 期；

《戏外说"芦花"》，《河南日报》2015 年 9 月 8 日；

《那年头，读书人那些事儿》，《文学报》2015 年 12 月 17 日。

文论、访谈、对话、创作谈

《人性的万花筒》，《大观·东京文学》2015 年 1 月上旬刊；

《边缘的价值——田中禾访谈录》（与张延文对话），《莽原》2015 年第 2 期；

《纯情年代的歌:〈花儿与少年〉》，《文学报》2015 年 7 月 9 日。

2016 年

散文、随笔、杂文

《留在文化馆里的故事》，《河南公共文化》2016 年第 6 期；

《鱼和熊掌的困境》，《河南日报》2016 年 12 月 2 日，《今晚报》2016 年 12 月 3 日，《文学报》2016 年 12 月 15 日。

2017 年

小说

《模糊》（长篇小说），《今晚报》11 月 15 日至 12 月 12 日连载，《中国作家》2017 年第 12 期。

2018 年

散文、随笔、杂文

《读画随想：怪圈的背后》，《大观·东京文学》2018 年 9 月上旬刊。

2019 年

作品集

《同石斋札记》（四卷，包括《自然的诗性》《声色六章》《花儿与少年》《落叶溪》），大象出版社 2019 年 11 月。

小说

《轰炸》（重发，附刘海燕评论《一部经典，靠什么托起》），《莽原》2019 年第 3 期。

散文、随笔、杂文

《伏牛山笔记》（二则），《文学报》2019 年 3 月 14 日；

《回答所罗门》，《作家》2019 年第 10 期；

《伏牛山笔记：文明之外》，《钟山》长篇小说专号 2019 年 B 卷；

《迷失与出走》，《文学报》2019 年 12 月 5 日。

文论、访谈、对话、创作谈

《田中禾：没有人强迫给你的大脑植入芯片》（舒晋瑜访谈），《中华读书报》2019 年 11 月 27 日。

2020 年

小说

《模糊》（长篇小说），花城出版社 2020 年 12 月。

散文、随笔、杂文

《爱因斯坦与贡贝尔事件》，《今晚报》2020 年 7 月 9 日。

2021 年

散文、随笔、杂文

《当文学不再打动人心》，《世界文学》2021 年第 1 期；

《书成偶得》，《大观·东京文学》2021 年 5 月中旬刊。

2022 年

小说

《十七岁》（长篇小说），花城出版社 2022 年 1 月再版。

2023 年

散文、随笔、杂文

《我与家乡的塔》，《雨花》2023 年第 3 期；

《田中禾散文二题》（包括《我与家乡的戏》《我与家乡的河》），《人民文学》2023 年第 10 期。

附录二　仙丹花（长篇童话叙事诗）

按一：现在市面上已经很难见到《仙丹花》的单行本，收录有这首长诗的《河南十年儿童文学选（1949—1959）》《唐河县文艺作品选（1949—1979）》也已不常见。现在我们以《河南十年儿童文学选（1949—1959）》中的版本为底本，把这首长诗收录在这里，以备研究参考。需要特别指出的是，在《河南十年儿童文学选（1949—1959）》和《唐河县文艺作品选（1949—1979）》两个版本中，《仙丹花》均无序号"五"，而在河南人民出版社出版的《仙丹花》单行本中是有序号"五"的。我们收录的这首诗，文字底本为《河南十年儿童文学选（1949—1959）》，只是根据河南人民出版社出版的《仙丹花》单行本加上了序号"五"。

按二：2022 年 5 月 27 日，在与田中禾先生的电话沟通中，该诗的收录得到了田中禾先生的授权，特此说明。

天空没有一丝云彩，

弯弯的月亮挂在树梢上。
小朋友啊快来坐下，
听我把歌儿唱。

我的喉咙不好，
歌声也不美妙。
但我要唱出这支歌，
歌颂善良，唾骂强暴。

一

不知道是一千年前还是两千年前，
不知道是在东边还是在西边。
反正那时有一座高高的黄花岭，
它是当时世界上最高的山。

黄花岭上啊开满黄花，
黄花村啊住满人家。
村北柏树下有一个少年叫徐全，
小小年纪就受尽了无比饥寒。

他有年老的父母和一条破扁担，
强壮的身体就是他的财产。

徐全人穷志不穷，
谁都知道他善良勇敢。

那一年灾难笼罩了黄花村，
太阳皱眉月亮也闭上眼睛。
野火烧坡满山里红，
恶病蔓延得比火还凶。

新坟添了三十三，
病人多了九十九。
"死亡"不嫌穷人苦，
它夺走了徐全的父母。

一铲土一把泪埋了亲人，
徐全暗暗地下定决心：
病魔啊，我一定要制服你，
决不能再让你残害人们。

决不能让妇女早年守寡！
决不能让儿女失掉父母！
决不能让人们都跟我一样——
孤苦伶仃无处托身。

哪一个山上没有树?!
哪一个山上没有石头?!
有树的地方就有徐全的影子,
有石头的地方就有徐全的脚印。

东方才透出白光,
草叶上还蒙着薄霜。
黄鹂还没有叫出第一声,
徐全已经采了药草一大筐。

爬遍东山西山,
走遍南涧北涧。
药草找来三百种,
总是治不住这恶病。

东山的石头西山的松,
比不上徐全的意志坚定。
只要能救活乡亲们,
哪怕脚掌上磨穿十个窟窿!

东方才透出白光,
草叶上还蒙着薄霜。
黄鹂还没有叫出第一声,

徐全已经采了药草三大筐。

黄花为他开得更鲜艳，
黄鹂为他唱得更响亮。
小溪给他准备了洗脸水，
松针给他铺好床。

坐在溪边喘一口气，
脱下鞋子包包磨破的脚。
捧起清水洗洗脸，
迎着山风吃山果。

脚踏岩石手拍药筐，
面向着青山和太阳，
徐全愉快地唱起山歌，
歌声像云雀在山谷飞翔。

　　"连绵的黄花岭翻滚着层层波浪，
　　满山的黄花似金色的海洋。
　　万恶的病魔就是狂风暴雨，
　　扰乱得大海不能安详。

　　风暴总会过去的，

海上总会升起太阳。

多采药啊不怕辛苦，

早日平息狂风巨浪。"

一阵阵风儿细细吹，

满山飘着花香味。

徐全忽然觉得浑身困，

躺在草丛里昏昏睡。

琴声叮咚响过，

小溪里漂来莲花一朵。

它闪着花瓣不断扩大，

慢慢地遮住了整个山坡。

花蕊里升起一缕白云，

一眨眼变成了一个高大的老人。

他的身躯像对面那座山峰，

一道道山谷就是他脸上和善的皱纹。

宽袍大袖红红的脸膛，

眼睛像炉火一样射出温暖的光芒。

他爱怜地看着徐全，

亲切地对他微笑：

"勇敢的小伙子，

你的心事我早知道。

为了治病救人，

你踏遍荒山采集药草。

你是个好心的孩子，

一定有勇气去寻找仙草。

黄花岭顶峰天泉里有一株仙丹花，

找到它就能把病魔赶跑。"

老人晃晃身子又变成一股清风，

山雀把徐全从梦中唤醒。

抬头望望黄花岭，

望穿了白云还望不见山顶。

"不怕山高路难走，

不怕山上有猛兽。

云彩飘不到的地方我要爬上去！

鸟儿飞不过的山峰我要攀上去！"

二

山上有香花也有毒草，

村里有好人也有坏人。

梧桐树下住着李顶天，

祖孙三代都是坏心肝。

梧桐树大叶密啊遮住了天，

他家的元宝沾满了穷人的血汗。

深宅大院啊阴森森，

骡马嘶叫啊牛羊满山。

喝穷人的血喝得眼珠通红，

吃穷人的肉吃得头发落完。

鹰钩鼻子蛤蟆嘴，

歪眉毛配着一对夜猫眼。

人走路绕过他的大门，

鸟飞行躲过他的房檐，

狗不吃他拉的屎，

羊不啃他门前草。

俗话说：没有不透风的墙，

再秘密的事儿也会有人知道。

徐全要去寻找仙丹花，

这事情李顶天也听说啦。

夜猫眼忽闪忽闪眨几眨，
心里喜开了一朵花：

　　　"这一下我真要顶着天了，
　　　找到仙草我就能发家。"

好心的徐全啊忠厚诚恳，
李顶天的诡计瞒过了他。
收拾了行装带上干粮，
两个人一同把山上。

仙丹花的事儿传遍全村，
乡亲们都来送行，
队伍排了三里长，
无数的眼睛看着徐全的身影。

老头子额上的皱纹加深了三寸，
老太婆的眼泪流了三缸。

　　　"早点回来呀，孩子！
　　　别忘了病人还在床上。"

乡亲们赠给他一张弓三支箭，
祝他像山鹰一样勇敢。

徐全接过弓箭，

感动得热泪滴到胸前：

　　　"只要能找到仙丹花，

　　　　就是刀山我也要攀！"

山风为他沐浴，

松林为他歌唱。

灰尘腾起了一片片黄云，

山鹰和乌鸦一同飞翔……

三

走啊走，爬啊爬，

山路崎岖脚下滑。

李顶天叹一口气：

　　　"唉，真不如舒舒坦坦地坐在家。"

夜来了。

山风吹得树林呼呼响。

像是千百个猛虎在咆哮，

像是千百个狮子在发狂。

"黑暗"从天边爬来，

他那长长的黑发遮住了天上的星光。

他的大嘴像一口无底的深井，

额角上吊着一只小小的圆眼睛。

"黑暗"吞噬了山岗，

"黑暗"吞噬了岩洞，

圆眼里闪着绿色的光芒，

肩头上披着黑色的斗篷。

　"我要撕烂你们的肝胆，

　　吸干你们的冷汗。

　　我派狂风把你们卷进深谷，

　　我派恶狼把你们的大腿咬断。"

李顶天把头插在裤裆里，

一边号叫一边哀告徐全：

　"你快点赶跑他吧，

　　早知道还不如不上山。"

徐全想起了乡亲们的嘱咐，

心里烧起了熊熊的火焰。

这火焰从他嘴里喷出来，

烧亮了半边天。

　　"磐石不怕风吹雨打，

　　松柏不怕霜雪严寒。

　　为了救活乡亲们，

　　我的脚步要永远向前。"

火焰烧呀烧，

烧尽了"黑暗的斗篷"。

他不甘心地逃走了，

他又搬来了"寒冷"。

"寒冷"头上竖着一根根冰柱，

他身上披着一层层厚冰。

走起路来咔咔嚓嚓震天响，

嘴里喷着刺骨的寒风。

树上的叶子霎时黄了，落了，

草上的露珠冻成了冰蛋蛋。

"寒冷"挥着围裙高声喊：

　　"赶快给我滚下山！"

李顶天双手捂着胸膛，

牙齿碰得嗒嗒响：

"'寒冷'啊，要冻你把他冻死，
　　我明天一定回家乡。"

徐全想起了老头子脸上的皱纹，
心里的火烧得更旺：
　　"磐石不怕风吹雨打，
　　松柏不怕霜雪严寒。
　　为了救活乡亲们，
　　冻死我也心甘。"

火焰烧呀烧，
将"寒冷"的鼻子烧掉。
他抱着头跑向天边，
急忙去找凶恶的"风暴"。

徐全刚一眨眼，
"风暴"已经狂吼着来到面前。
他瞪起布满血丝的眼睛，
一头乱发像燃烧着的火焰。

左手敲着霹雳的大鼓，
右手舞着闪电的长剑。
他像要压崩山峰揉碎森林，

他扯着破嗓子直喊：

　　"我要折断你们的筋骨，

　　我要把你们摔成肉饼。

　　我用炸雷劈开你们的脑袋，

　　我用闪电刺穿你们的喉咙。"

李顶天抱着徐全的腿，

藏在他的背后躲避"风暴"：

　　"'风暴'啊！要打你把他打死，

　　都是他要来寻找仙草。"

徐全想起了老太婆们的眼泪，

心里的火焰烧得更高：

　　"磐石不怕风吹雨打，

　　松柏不怕霜雪严寒。

　　为了找到仙丹花，

　　顶着风雨也要上山。"

火焰烧呀烧，

狂风吹不熄，

暴雨扑不灭，

它烧着了"风暴"的胡须……

太阳升起来，

黄鹂唱起来，

细风吹起来，

黄花开起来。

好心的徐全想起家乡的病人，

一步比一步走得快。

坏心的李顶天想起了金银，

一步比一步迈得大……

四

月亮追着太阳，

白天赶走夜晚。

时光像小溪的水，

哗哗地流走了三三见九天。

黑暗、寒冷、风暴，

没有扑灭徐全心里的火。

吃干粮喝溪水，

他们爬上了第一道山坡。

绿茸茸的松柏刺破了蓝天，

瀑布垂下长长的白缎，

红的花、黄的花百花开放，

山雀、百灵群鸟齐唱。

忽然，小溪边传来野鸭的惨叫，

像病人的呻吟一样凄凉。

一只野猫瞪着凶恶的眼睛，

正要咬断野鸭的喉咙。

乡亲们的箭啊是好箭，

乡亲们的弓啊是硬弓。

徐全拉弓射箭，

射死野猫救下了野鸭的生命。

李顶天啊气红了眼，

咬着牙齿埋怨徐全：

　　　"局外的事你为什么要管？

　　　白白费了一支箭。"

好心的徐全啊挺起胸来，

好心的徐全啊理直气壮：

　　　"乡亲们的礼物最珍贵，

　　　除强救弱正是乡亲们的希望。"

野鸭扑到徐全脚边，

送给他一片羽毛：

　　　"好心人，你收下这点礼物吧，

　　　把它带在身上你就不怕水淹。"

李顶天啊红了眼，

对着野鸭赔笑脸：

　　　"也给我一片羽毛吧，

　　　我们俩是亲密的伙伴。"

他扑向野鸭，

抓着它的羽毛向外拔。

小朋友哟！

野鸭的毛像是铜铸的，

就是一根也拔不下！

李顶天发了怒，

把野鸭摔在岩石上。

小朋友哟！

野鸭像是铁打的，

它飞下小溪拍拍翅膀……

月亮追着太阳，

白天赶走夜晚。

时光像小溪的水，

哗哗地流走了三七二十一天。

黑暗、寒冷、风暴，

没有扑灭徐全心里的火。

吃野果喝泉水，

他们爬上了第二道山坡。

荒草齐腰荆棘绊脚，

毒蛇在脚下盘绕。

伸手就能抓到的云彩，

像锦缎缠在树梢。

忽然，一只凶恶的老雕冲下来，

从草丛中抓起一只白兔。

它挣扎着弹着腿，

红红的眼里流出了眼泪。

乡亲们的箭啊是好箭，

乡亲们的弓啊是硬弓。

徐全又一次拉弓射箭，

救下了白兔的生命。

李顶天摇着头埋怨徐全：

　　　"这些闲事咱为什么要管？

　　　箭射完弓拉断，

　　　遇上了野兽怎么办？"

好心的徐全啊挺起胸来，

好心的徐全啊理直气壮：

　　　"乡亲们为我赠送弓箭，

　　　我为白兔动动手腕。

　　　除强救弱是我们的责任，

　　　这些事情怎能不管！"

白兔扑到徐全脚边，

给了他一撮绒毛：

　　　"好心人，你收下这点礼物吧，

　　　带上它你就会打洞穿山。"

李顶天啊红了眼，

对着白兔赔笑脸：

　　　"也给我一撮绒毛吧，

　　　我们俩是亲密的伙伴。"

兔子没吭声，

两腿一蹬钻进草丛。

荒草湮没了它的身影，

只留下狗尾草在轻轻摇动。

月亮追着太阳，

白天赶走夜晚。

时光像小溪的水，

哗哗地流走了三九二十七天。

黑暗、寒冷、风暴，

没有扑灭徐全心里的火。

啃草根，喝雪水，

他们爬上了第三道山坡。

白云在脚下飘荡，

飞鸟在头上盘旋。

这里是一片赤红的山岩，

像一个秃头老年。

忽然，空中传过燕子悲哀的唧唧声，

像小女孩在低声求援。

一只残暴的鹞子抓着她，

马上就要啄碎她的心肝。

乡亲们的箭啊是好箭，
乡亲们的弓啊是硬弓。
徐全第三次拉弓射箭，
救下了燕子的生命。

李顶天第三次埋怨徐全：
　　"这些闲事咱为什么要管？
　　三支箭你已经用光，
　　为什么没有一支用在自己身上！"

好心的徐全啊挺起胸来，
好心的徐全啊理直气壮：
　　"太阳整天为别人放光，
　　月亮把人们的道路照亮。
　　有了它们人们才能活，
　　谁不愿意把它们作为榜样！"

燕子扑到徐全脚边，
给了他一根翎毛：
　　"好心人，收下这点礼物吧，
　　把它带在身边你就会自由地飞翔。"

李顶天啊红了眼，

对着燕子赔笑脸：

　　"也给我一根翎毛吧，

　　我们俩是亲密的伙伴。"

他扑向燕子，

燕子飞向山顶。

他抬头望望灰色的浓雾，

一泡燕子屎落进他的口中……

五

月亮追着太阳，

白天赶走夜晚。

时光像小溪的水，

哗哗地流走了七七四十九天。

爬过三道山坡，

攀上三个高峰，

跨过三条山谷，

他们爬上了山顶。

太阳就在左脚边，
像咸鸡蛋的蛋黄。
他头上披着轻纱般的薄雾，
他脸上闪着金色光芒。

月亮就在右脚边，
像姑娘们梳妆的圆镜。
她害羞地眯着眼微笑，
把白嫩的手指含在口中。

天泉像蓝天，
安详又平静。
和风吹起花香，
水面上金波层层。

泉边长满了琵琶花、喇叭花，
泉上罩着翠柏和青松。
果子映在水里圆溜溜，
花儿随着水波摇动。

世界上的花儿这里都有，
世界上的鸟儿都在这里飞。
闻着花香你就醉了，

听着鸟叫你就忘记了你在哪里。

这里的鸟都是银翅金嘴，
这里的花都是珍珠玉宝。
李顶天哟忙坏了，
又是采花又是捉鸟。

花香醉不了徐全，
鸟叫迷不了徐全，
一心想着家乡的病人，
看不见仙丹花心里不安。

琴声叮咚响过，
像摔碎了几十个细瓷茶碗。
花儿一齐围向天泉，
鸟儿排起队伍站在泉边。

蓝莹莹的水底升起一朵含苞的荷花，
它像箭一样飞出水面。
"叮呤呤"，莲花开了，
它遮住了整个天泉。
花瓣中间坐着一位白头发的老人，
就像是一座巍峨的青山。

他的头发像厚厚的白雪，

他的胡须像银色的瀑布，

一道道山谷就是他脸上和善的皱纹，

他的眼睛像冬天的太阳射出温暖的光芒。

他头顶有一株奇异的花，

所有的花儿都没有它香。

月亮被它的美丽羞得低下了头，

太阳在它面前也失去了光芒。

老人指着头上的花：

　　"这就是你们寻找的仙花。

　　谁能回答我三个问题，

　　谁就能把它拿到。

　　什么时候最快乐？

　　什么东西最珍贵？

　　你们为什么苦苦把仙丹花寻找？"

李顶天抢先回答，

一心想独得仙丹花。

　　"当上王侯最快乐，

金钱、地位最珍贵，

得了仙花我就能发家，

为了它千难万难我都不怕。"

徐全说：

"乡亲们的快乐最快乐。

乡亲们的信任最珍贵。

他们给了我战胜敌人的力量，

他们给了我铲除暴虐的信心。

仙丹花能治好乡亲们的病，

为了它我爬山越岭不惜付出生命。"

老人脸上一阵春光，

胡须里笑声爽朗。

"处处为别人的人才是英雄，

处处为自己的人就是豺狼。

徐全勇敢心眼好，

他应该得到这株仙花。"

仙丹花哟香气飘，

徐全的心啊高兴地跳。

七七四十九天啊，

总算找到了仙草。

他恨不得插起翅膀，

赶快回去把乡亲们的病治好。

老人抓起一缕白云，

搭起一座窄窄的小桥。

　　"从这个桥上走回家吧，

　　　只要一天一夜就能走到。"

六

徐全得到了仙丹花，

李顶天气得像个癞蛤蟆。

夜猫眼红通通，

口水流了两丈八。

小朋友，恶狗总是要咬人，

李顶天边走边把诡计想。

夜猫眼眨巴眨巴，

一条毒计来到心上。

花不溜溜的蘑菇啊，

那是毒蘑菇，

李顶天的笑脸啊，

比花蘑菇还毒。
好心的徐全啊经不住央求，
好心的徐全啊又中了诡计谋。

徐全拿出了仙丹花，
天空里闪出金光一片。
"你看吧，小心点看，
不要把它掉进山涧。"
李顶天拿到了仙丹花，
歪心儿忍不住暗喜欢。

低头看，
云桥下正是深深的山涧，
波浪凶猛打漩漩。
李顶天啊狗心肝，
把好心的徐全推下山涧。

风儿呜呜哭，
高山不忍看，
森林摇着头啊，
波浪奔流不回还……

七

小朋友！你忘掉了那一撮野鸭毛没有？
就是它救活了徐全。
浪儿猛啊波涛翻，
羽毛保护着他不受水淹。
水上漂了三天又三夜，
一个波浪把他卷上河岸。
这是什么地方？
怎样才能快快地回到家乡？

他问岩石，
岩石默默不说话。
他问山涧，
山涧流水哗啦啦。
他问太阳，
太阳摇摇头。
他问蓝天，
蓝天摆摆手。

一万把刀子一万把火，
火烧刀割也没有徐全的心儿疼。

疼的是不该上了坏人当，

疼的是不能赶快治好乡亲们的病。

他忽然摸到了燕子给他的翎毛，

心里一阵轻松。

"翎毛啊！带我飞吧！

我要赶快飞回家中。"

山中的鸟儿数鹰飞得快，

徐全赶过了所有的鹰。

乘着山风冲破乌云，

脚尖扫过高山和森林。

飞呀飞！

飞到了黄花村。

金车银辔五匹马，

李顶天要进京去献仙丹花。

　　　"仙丹花哟是仙草，

　　　　高官厚禄任我挑。"

乡亲们来到车前，

苦苦哀求李顶天：

　　　"给我们治治病再走吧。"

哭声震得山峰动弹。

一万堆茅草齐燃烧,
徐全心里的火焰比茅草烧得还高。
他停落在李顶天的车前,
他的怒气像爆发的火山。

    "快把仙丹花还给我,
    你这没心没肝的坏蛋!
    仙丹花是给大家治病的,
    不许你去赚钱升官!"

千声雷啊万道电闪,
李顶天的美梦完了蛋。
害死的人没有死,
吓得他心惊胆战。

回车进家来,
搔着秃头打着鬼算盘。
银珠端了十盘,
金珠端了十盘,
金珠银珠光闪闪,
徐全的心不动半点。

"我要的是赶快治好乡亲的病，
　　谁稀罕你的臭钱！"

狼狠狠不过李顶天，
虎暴暴不过李顶天，
金珠银珠买不动徐全，
李顶天叫奴才们拿过皮鞭。

一条皮鞭胳膊粗，
胳膊粗的皮鞭打断了三百条，
刚强的徐全不低头，
刚强的徐全不动摇。

　　"打，你只能打烂我的身体，
　　打烂身体打不碎我的心。
　　打，你只能打死我一个，
　　总打不死全村人。"

金珠银珠买不动，
三百条皮鞭打不倒。
李顶天没有办法，
只得叫奴才们把他关进土牢。

鞭打有什么痛苦?

痛苦的是不能赶快把乡亲们的疾病治好。

徐全被关进阴暗的土牢里,

坐在泥地上像是被烈火灼烧。

　　"千怨万怨全怨我,

　　不该随便拿出仙花。

　　乡亲们还在热锅上,

　　拖一天就多受一天煎熬。"

他忽然摸到了兔子送给他的绒毛,

脸上浮起一层微笑。

那一天晚上没有星星和月亮,

他穿墙打洞逃出了土牢。

一个人就是一条小河,

徐全就是引水人,

小河汇成大海,

愤怒的波浪冲倒了李家的大门。

　　"打呀一齐打!

　　夺回仙丹花!"

什么是长枪?

棍子就是长枪。

什么是短剑？

镰刀就是短剑。

男人们挥起锄头、斧子，

女人们抡起切菜刀、棒槌。

　　"李顶天啊坏心肝，

　　扒出你的心肝来看看。

　　李顶天啊鬼脑壳，

　　把你的脑壳也砸烂。"

乌云过去太阳出来，

黄花村充满了仙丹花的金光和芳香。

病人们看到了金光，闻到了花香，

一个一个都变得活泼又健壮。

病魔和恶霸一齐铲除，

黄花村里多么快乐！

男人们白天里打猎砍柴，

女人们在夜晚给孩子缝衣唱歌。

唱着勇敢善良的徐全，

唱着李顶天的残暴凶恶。

我给你们唱的这一支歌，

她们到现在还天天唱着。

附录三　田中禾诗词选

按：此处收录所有诗词均由张晓雪老师于 2023 年 9 月 10 日从田中禾先生书房电脑上复制转发。这些诗词均为田中禾先生晚年赠人书法作品时悉心创作而成，"皆为性情之作，亦为真气之作"（张晓雪），从中或可窥得先生晚年内心的一些侧面，收录于此，以备研究之用。特此说明。

旧体诗词

和赠张磊大夫二首（选一）

壬午冬至，同院近邻张磊大夫赠诗一首，步其韵答和。

营卫气血岁岁春，

儒医名士寻常心。

寸关尺间行天马，

淡泊诗书琴为身。

2002 年 12 月 27 日

咏剑书赠张磊

利剑日日磨，

非为斩获多。

锋锐千锤得，

霜刃出水火。

岂堪浮名累，

恣意舞捭阖。

倏忽岁已老，

鞘里犹洒脱。

书赠长兄

扁豆棚下斗蟋蟀，

高粱庵里听朔风。

岁月飘忽逝水去，

童心依然旧梦中。

2003 年 1 月 18 日，时在壬午（马年）岁暮

奉赠吉欣璋①先生

闲来诗书养静气，

忙时刀笔弄性情。

---

① 吉欣璋，号梅翁，河南书家。尤以篆刻名世。读书健谈，著长篇小说，以识见资料剔正二月河清史多误。——田中禾原注

且把陇东做东篱，

堪笑梅翁真儒生。

2004 年 11 月 17 日，时在甲申初冬

伏牛山三首

倒回沟

伏牛山水系多向南流，惟倒回沟北流，因而得名。

擎天柱低九曲短，

伏牛披绿笑等闲。

千溪同奔南国去，

倒回独傲北潺湲。

天柱山

即行即止即烂漫，

一级一歌一笑言。

谁谓花甲不识老，

虎虎后生呼在前。

归去来兮

山溪鸣琴当酒令，

石床捧玉憩无眠。

风过林梢夕阳下，

人无归意鸟知还。

2006 年 4 月 24 日，时在丙戌（狗年）暮春

咏云

贺云社成立，戊子腊月小年偶得。五言咏云奉赠云社诸友，鼠年腊月二十六日。

恬淡出无心，

悠然起林梢。

御风自舒卷，

非为弄波涛。

2009 年 1 月 21 日

题赠黄河游览区桂园

北邙静有籁，

大河动无声。

春风不留痕，

绿树掩鸟踪。

2009 年 1 月 21 日，时在鼠年腊月二十六日

题开封揽云阁

云社雅聚题赠揽云阁，己丑仲春。

风过宋都千年事，

春满汴梁一时新。

窗外红尘任喧嚣，

小楼静气自沉吟。

2009 年 3 月 20 日

420

己丑清明

己丑清明遥寄乡愁咏七言一首。

草叶吹绿缱缱意，

柳丝吐黄脉脉情。

轻烟细雨故园梦，

最柔人心是清明。

2009 年 4 月

焦作行

诗咏焦作行，己丑孟夏田中禾撰。

太行作枕梦子夏①，

大河鸣琴听朱律②。

嵇庐③锤砧声犹在，

竹林清风叹唏嘘。

司马虽雄囊天下，

何如昌黎走龙笔。

---

① 子夏（前507—?），名卜商，春秋末晋国温（焦作温县）人，孔子七十二弟子之一。——田中禾原注

② 朱律（1536—1611），朱载堉，明代音乐家。生于怀庆府河内县（焦作沁阳），著《乐律全书》，为世界第一部音律全书。——田中禾原注

③ 嵇庐，即魏晋名士竹林七贤嵇康在山阳（焦作山阳区）结庐隐居打铁之处。——田中禾原注

义山唱叹邀我游，①

云台一瞬万古迷。

2009 年 5 月

太行山月

　　己丑初夏小满前夜，游宿辉县石门坝上，赋得太行山月。

绝壁为屏林为帐，

点点星灯溅湖光。

最是风月依人时，

当醉不醉笑嵇康。

2009 年 5 月 20 日

题赠坝上城堡

八里石门秀，

九莲太行青。

隔山邀二阮，

共吟牧野风。

2009 年 5 月 21 日，时在己丑初夏

---

　　① 司马氏（晋开国人物）、昌黎（唐代文学家韩愈）、义山（唐代诗人李商隐）均为焦作历史人物。——田中禾原注

夜坐石门

太行新月望无际，

天高星稀云自迷。

怕惊群峰混沌梦，

坐临山风窃窃语。

又

岭上弯月悄无声，

群山崔嵬隐峥嵘。

云来无心听闲话，

坐忘牵牛过天中。

2009 年 6 月，时在己丑仲夏

吟诗

一词蓦然得，

四句三日吟。

穷尽工巧后，

拙朴最有神。

2009 年 6 月，时在己丑仲夏

赠戴来

吴地灵芝中原栽，

十年耕耘燕归来。

携得太行山月去，

笔底繁花海上开。

2009 年 7 月 10 日，时在己丑仲夏

端阳诗词三稿

七律一稿

榴花天露少年梦，

香囊巧绣女儿心。

白蛇雄黄寄真爱，

屈子龙舟招忠魂。

千载新艾代代绿，

一包老粽家家馨。

冷斋不觉人间事，

乡野蓦然又泛金。

2015 年 6 月，时在乙未仲夏

七律二稿

艳阳榴花初绽蕾，

乡野麦浪忽泛金。

恍然儿时雄黄梦，

天露一抔洗凡尘。

白蛇情陷人间恨，

屈子沉落家国魂。

古风古节暖厅室，

新艾新香绿盈门。

  2009 年 6 月至 2015 年 6 月，

    己丑初夏初撰，乙未梅月改定

临江仙·端阳忆

榴花天露洗残春，

新艾野芳盈门，

香囊米粽屈子魂。

白蛇佳话，

雄黄见情真。

书斋不觉端阳临，

顽童欢声阵阵，

何处得沽儿时饮？

蓦然思忆，

杏熟麦浪金。

  2015 年 6 月，时在乙未端阳

汶川震后友人寄北川春茶有感奉赠

  见北川明前茶喜咏七言，奉赠藏族友人泽朗卓玛，己丑仲夏田中禾。

  龙门地裂中原动，

  雪山草地梦魂惊。

  一瓣心香北川茶，

劫后蜀山依然青。

2009 年 6 月

兔年春节步韵和大哥

门香门纸五更天，

新衣新帽拜新年。

烛光犹照音容在，

高堂何处空茫然。

2011 年春节

乌苏华联八楼哭二哥

　　2011 年 7 月 21 日，为访二哥其瑞故迹，从奎屯至乌苏，入住华联宾馆。楼下正是二哥当年蒙冤被批的旧址。新疆第三汽车运输公司已破产多年，原地被开发为住宅小区。望楼下一片新盖的楼房，心潮沸荡，遂为此诗。

塞外天高独临窗，

故地扑面荡回肠。

游子身影飘逸处，

晨光似烟空迷茫。

不忍少年沉沦地，

新楼如浪湮旧伤。

天山雪峰遥不语，

孤魂何处是故乡？

2011 年 7 月 22 日晨，辛卯荷月

反用杜甫诗意书赠感怀

借杜甫《白水县崔少府十九翁高斋三十韵》步其韵奉赠，白水后秀赏玩，壬辰槐月。

人生哀乐何须愁，

天地顺逆自随机。

晚风小坐红尘外，

碧山久对白云息。

2012 年 5 月

题郑州七中与学友孙堂家毕业合影

题堂家。其华旧照。赠同窗挚友堂家。壬辰仲秋田中禾。

胶东骄子笑晴空，

宛府顽童傲临风。

五十三载烟云过，

金水河畔少年情。

2012 年 9 月

新春咏兰

丹青赏不尽，

君子常自况。

何干人间事，

临风自幽香。

2013 年 2 月，时在癸巳元宵

咏牡丹

枝摇风姿叶含情，

尽展富贵宠不惊。

只为世人寄傲骨，

一捧春色漫雍容。

2013 年 4 月，癸巳暮春

步乔大壮踏莎行韵·黄海听雨

癸巳槐月十七日，青岛鱼鸣嘴遇雨，步壁上乔大壮书
法踏莎行韵得此小词。

长风呜咽，

细雨挟雾，

水天迷蒙望无处。

谁推白浪拍岸起？

银花碎去惊涛扑。

渔村礁影，

红瓦绿树，

三二贤邻伴诗书。

小楼独坐烟云外，

心潮海涌相与逐。

2013 年 4 月

赠黄飞

与黄飞君共勉，癸巳孟夏于青岛鱼鸣嘴。

墨海尘嚣炼静气，

丹青缭乱养性灵。

笔底时见金石锐，

胸中常存魏晋风。

2013 年 5 月

贺南阳文学院成立

南都多才俊，

英杰代代兴。

两河积沃土，

一盆聚性灵。

吞吐楚汉云，

襟带五洲风。

又看新秀起，

弄潮有后生。

2013 年 6 月，时在癸巳晚夏

无题

录旧作《无题》，君子自况，甲午孟秋。

为草也青为树直，

春自葳蕤秋自实。

潮起潮落寻常事，

风霜雪雨浑不知。

2014 年 8 月

题浚县大伾山天宁寺

山如莲座水如云，

慈悲为怀善为心。

黎阳古风三千载，

浚川新绿万代春。

2014 年 11 月 20 日

咏茶

亭亭君子仪，

尘嚣不相识。

杯中一叶展，

暗香心自知。

2016 年 4 月，时在乙未暮春

春日祭母

农历二月初七是母亲去世三十一周年忌日，赋小诗以志。乙未杏月初七日于绿苑。

柳梢二月送缠绵，

春色千里入故园。

谁谓高堂御风去，

音容伴我笑依然。

慈目未瞑常照看，

弥行弥远弥拳拳。

竖子尔今谙事否？

顽童苗苗闹庭前。

2016 年 3 月

故园

癸巳榴月赠唐河电视台。

牌坊长街戏月影，

竹林青灯听钟声。

倏忽岁月河不老，

古塔又见新顽童。

2013 年 6 月

清平乐·伏牛山雨

乙未仲夏于木札岭听雨楼。

水泼墨染，

云腾千峰黯。

雾海沉浮独自闲，

浪涌青山倏现。

雨打孤伞击缶，
树摇滴呖如诉。
谁伴行者吟哦，
涧底激流应和。

2015 年 7 月

踏莎行

贺 2016 中美牡丹诗会，丙申桃月。

绿染嵩岳，
花满洛城，
燕归中原衔诗情。
此岸彼岸共天香，
魏紫姚黄宠不惊。

大洋洗笔，
长河落虹，
帝都三月春潮生。
杜居白园侧身望，
谁唱唐韵吟汉风。

2016 年 4 月

大河古渡即席奉赠中美诗会诗友

丙申桃月，田中禾于孟津古渡。

孟津十里花，

古渡一陌春。

骚客越洋会，

大河牡丹心。

2016 年 4 月

踏莎行

读《履痕》奉赠孙建英。

织履嵩岳，

留痕淮源，

桐柏山空云鹤闲。

一册新书煮老茶，

半世风雨付笑谈。

白河夜话，

伏牛伴玩，

淡笔轻抹三十年。

相聚莫道廉颇老，

浪掷青春字行间。

2016 年 6 月，时在丙申榴月

踏莎行·夏临鸡公山

丁酉晚夏，北山四栋偶赋小词，奉赠诸友雅玩。

一峰引颈，

三楚闻声，

大别绿来更葱茏。

云出谷底随心飞，

雾起林梢漫有情。

草掩石阶，

竹摇楼影，

旧墅偶露异国风。

幽窗故事话不尽，

烟雨百年蝉鸣中。

2017 年 7 月

临江仙·戊戌立春

丁酉腊月十九戊戌立春，正值苏轼 981 岁诞辰，云社小聚咏词为欢。

春到高楼梦未觉，

车流浑若江声。

岁暮碌碌归蚁虫，

风雅何人知，

434

红尘滚滚行。

千年东坡醉依旧，
诗酒弥远弥浓。
竹林犹在太行青，
魏晋风过处，
大宋杳无踪。

2018 年 2 月 4 日

临江仙

2019 弘润华夏端午文友雅集。

佳节适逢芒种雨，
湿了绿树楼影。
想问故园榴花红，
麦浪金波起，
端阳旧梦中。

痴子骚客谁相知，
常为文字多情。
言欢不觉岁倥偬，
借酒问故人，
笔下留春风。

2019 年 6 月 6 日

临江仙

庚子仲秋寄弘润华夏文学艺术中心诸文友。

深秋曾聚忽仲秋，

相见依然故挚。

耳边铿锵席间语，

曲水流觞寄，

酒酣论诗旨。

庚子春长万家寂，

哪堪天道人痴？

风云过处逝如斯，

何谈阴晴雨，

心朗月自踯。

2020 年 9 月 25 日

庚子重阳雅聚樱桃沟二首
其一

借郑逸群先生第二句。

无诗何谓重阳，

有酒不妨长醉。

人生几度秋凉，

雅集逸风岁岁。

其二

庚子重阳赠胜吾先生。

> 闹市觅草堂，
> 声色难汲古。
> 雅处何须有，
> 心远地自殊。

2020 年 10 月 25 日，庚子桂月

清平乐

> 萧瑟冬意，
> 乡风十来一。
> 爆竹声声青烟起，
> 故园慈母依稀。

> 千年塔，祖辈魂。
> 儿时河，游子心。
> 离愁岂如衰草，
> 叶黄枝老根深。

2020 年 11 月 15 日，庚子十月初一

临江仙·辛丑端阳

旧梦渐远又端阳，

繁华难掩乡愁。

浑然不知夏与秋，

顽劣犹未够，

子孙已过头。

榴花开落人间事，

慈母香囊巧绣。

少年意气半生走，

迷途乐无忧。

任他岁月稠。

2021 年 6 月 14 日

辛丑七夕

秋夜似海星月沉，

蛩吟如歌风奏琴。

零雨无声牛郎远，

故园窗前有何人。

2021 年 8 月 14 日

《十七岁》新书面世奉赠群友

辛丑除夕，《十七岁》新书面世，奉赠《模糊》群诸
友君。

岭南花正艳，

北国傲雪飞。

金牛笑《模糊》，

神虎《十七岁》。

捧书共风雅，

惜音听流水。

春寒竹林暖，

弦歌相与追。

唐河画院即兴题诗

长街一笔少年诗，

古塔心中故土情。

河水脉脉祖辈梦，

四海烟云归牧童。

辛丑秋

癸卯新春

玉兔祥云离月宫，

又闻爆竹满春城。

千障尽扫归家路，

再现融融儿女情。

二月大雪

癸卯二月二十五日，中原突降大雪，令人惊喜。

为报春迟杏花残，

杨柳新绿不惮寒。

谁撒银絮漫天舞，

惊喜人间二月天。

无题

录旧作《无题》赠友，鼠年岁暮田中禾。

为草也青为树直，

春自葳蕤秋自实。

烟云缭乱看风景，

红云眯眼笑不痴。

按：《无题》一诗与其他诗作出自不同文档，田中禾先生没有标识具体日期，作者将其置于旧体诗词末。

楹联、题词

心在物外人生八苦浑不觉；
身处世间悟到虚空即成佛。

甲申暮秋题赠空相寺

山崔嵬海浩荡天生我材必有用；
日灿烂月明媚人来世间不虚行。

己丑晚春

花开花谢稚朴不随苍颜老；
潮起潮落性情更逐白发新。

戊子望牛之际撰句

杆头出智慧；
球中见性灵。

题赠台球爱好者，壬辰暮春，田中禾识

书贵天然气；
诗为真性情。

壬辰槐月

黄岛捧砚会四海名士；

唐湾洗笔揽九州风流。

题赠青岛名家美术馆，癸巳槐月田中禾

有仁有智冷眼常向世俗外；

快人快语热肠还是性情中。

送庚辰远行

少年壮志烽火胶东风雨中原；

终生厚德善及他人泽被后世。

送于浩伯父远行，晚侄

冷对潮头浪；

淡看过眼云。

烟云迷眼过；

风雨浑不知。

新诗

三亚之旅（三首）

海口印象

带着北方的口音

波音 757 降落在漂浮的浪中

挤乱流放地的柴屋

使灰色建筑如海市蜃楼

摇曳猜谜般的目光

北方口音

在树影婆娑的幽暗中

在霓虹灯的闪烁里

被迎头而来的药店招牌惊骇

迷失于无措的暗示

带着咸味的风

吹去遥远的大陆

把每盏心灵点燃为

焦灼饥渴

三亚

拖鞋在赤足上拍熟了

海湾的沙滩

米袋依然沉重

在老妇的斗笠下

颤悠

不在乎色情灼灼的阳光

少妇踩动三轮车的双腿

女郎的倩影

在咸味的风中

一样的裸露

老人蹲在垃圾箱边

袒开诱惑的蔚蓝

遥望

热带的成熟

撩人的大海

椰林发出浓绿的叹息

等待欲望的台风

东瑁岛

过剩的蓬勃

在炫眼的绿色中燃烧

男人的岛

男人的阳光

不堪大海的柔软

仙人掌用胭脂的艳丽染红

想象

剑麻坚挺永不颓败的渴望

南国的相思

探出焦枯的豆荚

白色的海岸线载着浮动的梦

绽开粒粒红唇

那便是小伙子眼底的

船

1991 年 12 月 20 日于三亚

按：东琄岛即东琄洲岛。

后记

　　1959 年，19 岁的田中禾出版了长篇童话叙事诗《仙丹花》。2014 年，34 岁的我第一次接触田中禾的文学作品。当我写下这句话的时候，我不禁问自己：这两组数字意味着什么呢？历史的沧桑？才华的悬殊？相遇的机缘？或许就是这些，或许还要更多。

　　2014 年暑假，博士毕业以后，我从上海回到河南，而后又举家从豫北的焦作迁居豫南的信阳。当时，文学院正在编纂一套 13 本的"中原作家群研究资料丛刊"。负责田中禾研究资料编纂工作的范小伟老师给新进教师提供机会，把编纂工作转给了我，让我得以加入中原作家群研究团队，也给我此后长期阅读研究田中禾提供了机缘。

　　在编纂《田中禾研究》的过程中，我系统阅读了田中禾的所有文学作品和相关研究成果，领略了田中禾的文学才华，也初步意识到批评界对田中禾的不公。

　　"在中原作家群这样一个在全国影响深广的作家群体中，田中禾是一个重要的存在。从 1959 年出版长诗《仙丹花》，到 2010 年发表长篇小说《十七岁》、《二十世纪的爱情》（后以《父亲和她们》为名出版发行），田中禾的创作历程走过了整整 50 年岁月。在中国现当代文学史上，能够保持这样长久创作生命力的作家并不常见。……但是，从作家在新时期中国文坛的影响来看，我们不得不承认，田中禾在全国的影响始终没有超越当年获得全国优秀短篇小说奖的程度。在这种意义上，我们的确可以说，他是新时期中国文坛上一个持续性的'少数者'。作家本人似乎也对自己这种'主流'之外的'少数者'地位感到满意。然而，我们总是感到有些异样：一个持续创作整整 50 年又成果丰硕的作家，其影响力却始终停留在本省以内，在全国性的批评界一直受到冷落，几乎没有产生什么影响。到底是哪里出了问题？是新时期的文学批评太过势利，还是作家本人的创作没有取得显著的突破？对这一问题的回答，不仅关乎对田中禾 50 年创作历程的公正评价，而且关乎对新时期以来中国文学批评生态的反思。"

以上是在完成《田中禾研究》的编纂工作之后，我在这本研究资料《编后记》中写下的一段话。这段话可以视为我对当年田中禾研究的一个整体判断。十年以后，在田中禾先生已经离开我们的当下，在"当代文学历史化"学科意识日益自觉的研究格局中，我觉得这样的判断依然有效，甚至它对我们从事当代文学研究工作的警示意义更加突出。

或许是觉得我曾经为他鸣过不平，或许是觉得我还能够读懂他的作品，自这本研究资料出版以后，田中禾先生与我之间就建立了一种亦师亦友的联系。这种联系一直持续到他去世前三个多月的 2023 年 4 月 9 日。2017 年 9 月 2 日，先生将刚刚完稿的长篇小说《模糊》通过邮箱发给我看，说是在正式见刊之前听听我的看法。小说我是认真地研读了几遍，"看法"却是真的没有。后来就读到了《中国作家》2017 年第 12 期的初刊本。2018 年，天真地以为单行本会很快顺利出版的我竟然不揣冒昧地向先生建议，单行本出版以后，可否办一个"《模糊》新书发布会暨田中禾文学创作六十周年学术研讨会"？后来，因为单行本出版过程的一波三折，也因为学术会议筹办的各种困难，田先生文学创作六十周年的学术研讨会一直延迟到 2019 年 11 月 23 日才在郑州召开，而《模糊》的单行本更是拖到 2020 年 12 月才由广州的花城出版社出版。在此过程中，天真单纯的我多少对世事的复杂与艰难有了些许的认识，而经历过太多坎坷与传奇的田先生则始终表现得十分淡定和超然。

更为淡定和超然的还在后面。2017 年在《东吴学术》第 4 期上发表了《田中禾文学年谱》以后，我逐渐产生了为先生编纂一部完整年谱的想法。2021 年，这一想法得到了学院领导的支持，也得到了田中禾先生的认同。2022 年夏天，他把自己一生中保留下来的所有日记交给我查阅，并提出一个想法，除了让这些日记为年谱提供强大的支撑以外，他还想就自己一生的经历跟我做一次长时间的毫无保留的交流。当时的想法是，等暑假放假，时间充裕了，我们约在鸡公山上，住下来，用一个月甚至更长的时间展开交谈，没有顾忌，没有限定。这本书可以暂时不出，保存下来，留待合适的时机再让它与世人见面。这一想法曾经让我十分激动，充满向往，因为，先生卓然于世的才华让我钦佩，先生曲折传奇的人生更让我充满好奇。我想，这本书会对我，对一些希望从事文艺活动的年轻人提供绝佳的教益。我甚至跟我的研究生交代，那个暑假让她不要回家，跟我一起到鸡公山上聆听先生对八十年人生经历的回顾与思索。然而，让我感到终生遗憾的是，这么好的计划最终却未能实现。那年暑假，鸡公山上的民宿进行修整，住宿很不方便，改约在秋天到唐河县城的长谈因为疫情也未能成行。有些事，一旦错过就是一生。聆听田中禾先生生命教诲的机遇就这样与我擦肩而过。

在研读先生日记、编纂《田中禾年谱》的过程中，我曾反复向先生咨询求证。每次，无论通过文字还是通过语音，先生都是尽力回忆，甚至查阅资料，第一时间给我回复。现在，我仿佛还能听到先生既爽朗有力又常常因为咽炎而大声咳痰的声音，还有旁边韩瑾荣老师提供的旁证或者补充。这些文字到现在还保留在我的手机中，这些声音到现在还萦绕在我的脑海中。我想，它们已经成为我生命的一部分，将一直给我温暖、给我力量，让我有足够的勇气面对这复杂的世事和漫长的人生。

2023 年 7 月 26 日凌晨，我收到著名作家墨白老师的微信，告知田中禾先生已于 25 日晚逝世。不敢相信这一消息的我向晓雪老师求证，才知道田先生在 5 月份回唐河老家的时候感染了新冠病毒，因为引发了肺气肿基础病，一直住院治疗，最终没能挺过来。在当天的微信朋友圈里，我转发了这条信息，并加按语说："今年暑假全力搜集整理的《田中禾年谱》初稿已经接近尾声，本意请田先生审阅，不想竟然成了永久的遗憾！定将年谱好好整理出来，不负先生的期待，并以此纪念先生。"现在，年谱终于就要出版了，希望能够告慰先生。

在年谱编纂过程中，田中禾先生的女儿、著名诗人张晓雪老师数次审阅书稿，提出了很多有益的意见和建议，提供了由田中禾本人编订的创作年表、诗词楹联和大量珍贵的照片。张老师的辛勤付出无疑使这本年谱信息更加准确、史料更加丰富。在此向张晓雪老师表示真诚的感谢。

徐洪军

2023 年 9 月 18 日于信阳浉水河畔